车辆组合定位与导航系统
——理论、方法及应用

王 庆 张小国 著

科学出版社
北 京

内 容 简 介

本书针对城市环境下卫星定位信号受到遮挡而不能准确定位的实际问题，系统阐述了面向车辆定位的数字地图模型及其空间数据库生成的理论，建立了地图匹配、多传感器信息融合、参数校正的方法，分析了数字地图的构建模型、数据质量对车辆定位效果的影响规律，以香港消防处第三代车辆调派系统为典型应用案例，详细介绍了 GPS/DR/MM 车辆组合定位系统在香港特别行政区的实际应用情况。

本书适合从事车辆定位与导航、智能交通系统、地理信息系统研究开发的科研和工程技术人员以及高等学校相关专业的高年级本科生和研究生阅读参考。

图书在版编目(CIP)数据

车辆组合定位与导航系统：理论、方法及应用/王庆，张小国著. —北京：科学出版社, 2016.3

ISBN 978-7-03-047699-9

Ⅰ. ①车… Ⅱ. ①王… ②张… Ⅲ. ①车辆-无线电定位②车辆-无线电导航 Ⅳ. ①U491

中国版本图书馆 CIP 数据核字 (2016) 第 049505 号

责任编辑：惠 雪 曾佳佳／责任校对：张怡君
责任印制：张 伟／封面设计：许 瑞

科学出版社 出版
北京东黄城根北街 16 号
邮政编码：100717
http://www.sciencep.com
北京凌奇印刷有限责任公司 印刷
科学出版社发行 各地新华书店经销
*
2016 年 3 月第 一 版 开本: 720 × 1000 1/16
2023 年 1 月第三次印刷 印张: 16 3/4
字数: 333 000
定价: 98.00 元
(如有印装质量问题，我社负责调换)

前 言

从私家车上安装的 GPS 导航仪，到智能手机上的导航软件，如今导航与定位技术已深入到人们的日常生活。人们也感受到 GPS 定位给他们的日常出行带来的便利。似乎车辆的定位问题已经彻底解决，然而，基于 GPS 定位的导航系统在城市的高楼区、浓密的树荫下、地下隧道里往往不能准确甚至无法定位，即使可以定位，位置偏差也会很大，这是卫星定位本身所固有的短板，即使天上布满了中国的 BEIDOU、俄罗斯的 GLONASS、欧洲的 Galileo 等卫星，也无法弥补这一缺陷。在信息技术日新月异的今天，对车辆的定位已不仅仅限于“大概”在哪，而是朝着位置更准、时效更快的方向发展。

实际上，车辆定位与导航在学术界已经不再是一个很新的话题，对其中的理论问题和技术难题早已开始研究并逐步得到解决，作者在酝酿本书是否出版时曾犹豫再三，初稿一放就是十年，最近接触并了解到几个车载定位方面的工程项目，在重新整理这些资料时，觉得这些成果还是值得进一步梳理和完善的。可以说，本书是作者近十年来在车载组合定位方面所做的研究和应用工作的总结。

形成这些成果的直接动力是来自香港警务处 2000 年面向全球公开招标的 800 辆警车、消防车、救护车的定位工程项目。招标书上对车辆定位的要求是：在香港地区任意道路上，在没有 GPS 信号的情况下，行驶车辆上的定位单元所提供的坐标数值与车辆所在的实际位置的偏差不得超过 15m。在高楼林立的香港岛，尤其是铜锣湾、中环等商业集中区域，GPS 信号基本上被楼房以及街道两侧的广告牌所“屏蔽”，再加上大量的玻璃围墙，对无线信号产生反射，使 GPS 的多路径效应更为明显，GPS 的定位误差会更大。在这些不利的条件下，我们在国内率先将 GPS/DR/MM 车载组合定位技术于 2002 年成功应用于香港警务处的定位工程项目。在近两年的工程实施期间，我们对 GPS/DR/MM 车载组合定位的理论模型、组合算法、地图生成方法以及车载组合定位单元进行了系统的研究，本书的绝大部分内容正是这些研究成果的总结和提炼。

本书的成果还来源于 2001 年华夏银行南京分行开发 12 辆运钞车指挥监控系统、公安部交通管理科学研究所主持的“九五”重点攻关项目“缓解城市道路交通堵塞关键技术的研究与示范工程”之子课题“基于 DGPS/DR/MM 的车辆电子地图与导航系统”（该子课题由东南大学承担）、教育部科学技术重点项目“基于 GPS/DR/MM/SMS 的车辆导航技术研究”、福建省公路管理局“ 公路几何参数车载采集系统”、香港 ARCON 公司的“GPS/INS/SM 车载定位系统”等数个横向项目，这些项目的实施进一步丰富和完善了组合定位的研究成果。

在这些研究成果的形成过程中，作者的博士生导师万德钧教授曾给予了方向性指导，博士生吴秋平、朱庄生、卢大伟、刘炳云以及硕士生王宁、黄海华、郑小元等对本书的研究成果做出了重要的贡献。特别是年轻教师王慧青博士自始至终参加了大量的现场测试和数据分析、整理工作。在书稿的整理过程中，寇海堂同志也做了大量的文字整理和编排工作。在此，一并感谢。

由于作者水平有限，书中不免存在疏漏甚至错误之处，恳请各位同仁批评指正。

著　者

2015 年 3 月

目　录

第1章 绪　论

1.1 研究背景和意义

近年来，我国国民经济和社会得到了飞速的发展。在城市化进程中，机动车和驾驶人的数量迅猛增长 [1]。近五年机动车年均增量 1500 多万辆，驾驶人年均增量 2000 多万人；其中 2014 年新注册登记的汽车数量达 2188 万辆，保有量净增 1707 万辆，新注册量和年增量均达历史最高水平。截至 2014 年底，全国机动车保有量达 2.64 亿辆，其中汽车 1.54 亿辆。机动车驾驶人突破 3 亿人，其中汽车驾驶人超过 2.46 亿人。与此同时，汽车占机动车的比率迅速提高，近五年汽车占机动车比率从 43.88%提高到 58.62%，群众机动化出行方式经历了从摩托车到汽车的转变，交通出行结构发生了根本性变化。全国有 35 个城市的汽车保有量超过百万辆，北京、成都、深圳、天津、上海、苏州、重庆、广州、杭州、郑州 10 个城市汽车保有量超过 200 万辆。机动车和驾驶人迅猛增长还体现在私家车辆的快速增长上，截至 2014 年底，小型载客汽车达 1.17 亿辆，其中，以个人名义登记的小型载客汽车 (私家车) 达到 1.05 亿辆，占小型载客汽车的 90.16%。与 2013 年相比，私家车增加 1752 万辆，增长 19.89%。全国平均每百户家庭拥有 25 辆私家车，北京平均每百户家庭拥有 63 辆私家车，广州、成都等大城市每百户家庭拥有私家车超过 40 辆。

机动车辆的快速增长所造成的直接后果是道路拥挤以及交通设施的不堪重负，而因为拥挤导致的汽车尾气排放量增加直接加剧了城市环境恶化。目前，交通拥堵给出行者和社会所造成的经济、安全和环境等方面的重大损失已引起广泛关注，成为世界各国需要共同面对的难题。

(1) 在美国，美国得克萨斯州交通研究院 (Texas Transportation Institute, TTI) 和得克萨斯州农工大学 2012 年的研究表明：美国人 2011 年堵在路上的时间总计 55 亿小时，因此产生的时间和油耗成本达 1210 亿美元，因交通拥堵浪费燃油 29 亿加仑 (109.8 亿升)，足以灌满 4 个超大规模体育场 [2]。有报道认为，2013 年美国因交通拥堵问题损失了 1240 亿美元，其中包括时间和油耗成本，每年堵车的损失几乎够联邦政府修三年高速公路了，除非有新的方法来逆转交通拥堵状况加剧的趋势，到 2030 年美国全年因道路堵塞付出的成本将比目前的水平增长 50%，达到 1860 亿美元 [3]。

(2) 在法国，2014 年 10 月发表在法国《巴黎人报》的一项研究表明，交通拥堵对法国经济造成的损失每年达到约 170 亿欧元 (约合人民币 1316.21 亿元)，交通拥堵对法国经济造成的损失将持续增加，到 2030 年将增加 30%，达到 220 亿欧元 [4]。

(3) 在巴西，巴西圣保罗市曾被《时代周刊》杂志评价为全球交通最糟糕的城市。近年来，圣保罗商用车销售数量飞涨，每天都有大约 1000 辆新车上路。高峰时间，整条堵车长龙可以排到 120 英里以外。2014 年巴西世界杯即将开幕，当地时间 5 月 23 日周五，这座拥有 1100 万人口的大都市出现了历史上最严重的交通拥堵，有关部门表示，当晚 19 时等候的车辆总长超过了 344 公里，这一举打破了 2009 年 309 公里堵车的纪录 [5]。

(4) 在墨西哥，首都墨西哥城被认为是世界堵车最为严重的城市之一，每天有 700 万 ~800 万辆机动车在路上行驶，每年新增机动车数量达到 25 万辆。在遭遇交通拥堵时走完一段 30 分钟的车程，每年下来要多耗费 110 个小时 [6]。

(5) 在我国，主要的 15 座城市因交通拥堵每天损失近 10 亿元人民币，平均每座城市每天因堵车造成的经济损失达 6600 万元人民币，全年经济损失达 240 亿元。首都北京被认为是“全世界最大的停车场”，一年的拥堵费用可占城市 GDP 的 10%左右，根据北京大学国家发展研究院 2014 年的研究结果，北京因交通拥堵每年约造成 700 亿元的损失 [7]，其中超过 80%为拥堵时间损失，10%为多消耗的燃料成本，环境污染成本约为 10%。

与此同时，每年世界各地因交通事故造成的人员伤亡更是触目惊心。美国国家公路交通安全管理局公布的数据显示，2012 年公路死亡人数达到 33 561 人，与过去数年相比上升了 1082 人 [8]。在我国，2014 年的交通事故死亡人数为 34 292.34 人，比 2013 年的死亡 31 604.3 人增加了 2688.04 人，增长率为 8.5%；相比 2012 年的死亡 30 222.5 人，增加了 4069.84 人，增长率为 13.47%；相比 2011 年的死亡 29 618 人，增加了 4674.34 人，增长率为 15.78%[9]。据世界卫生组织统计，每年全球约有 120 万人死于交通事故，每年有 2000 万 ~5000 万人在交通事故中受伤，预计 2020 年死于道路交通事故的人数将达到 190 万人 [10]。目前，全世界被汽车夺去的生命约为 3000 万，约为第一次世界大战死亡人数的三倍，而受伤者则难计其数。

以上这些惊人的数字及其背后惨痛的损失，使得各国政府越来越重视交通系统，在交通系统建设中投入大量的人力和物力，各国政府和学者也越来越意识到交通需求与日俱增、交通系统日趋复杂，仅仅从车辆或道路单方面考虑，很难有效地解决交通拥堵和交通安全问题。近几年来，随着科技的进步，交通管理部门也越来越多地借助新技术来保障道路通畅、提高交通安全、减少交通拥挤、改善交通环境，这个领域就是智能交通系统 (ITS)。特别是到了 20 世纪 80 年代前后，日益拥挤的交通给人们带来了交通堵塞、运行效率低下、事故频发、环境污染、危害人类生命财产安全和巨大的经济损失等一系列困扰。为排除这些困扰，集通信、导航和信息技术于一体的交通运输系统应运而生。1994 年美国将 5 年前提出的智能车辆道路系统更名为智能交通系统 (intelligent transportation system，ITS)。与此同时，德、英、法、日等国也相继提出了研究开发各种智能化交通管理系统。

智能交通系统是指将先进的信息技术、电子通信技术、自动控制技术、计算机技术以及网络技术等有效地综合运用于整个交通运输管理体系而建立起的一种在大范围内、全方位发挥作用的、实时、准确、高效的交通运输综合管理和控制系统 [11]。通常认为，智能交通系统包括 7 个方面的服务领域：①先进的交通管理系统；②先进的出行者信息系统；③先进的公共交通系统；④先进的车辆控制系统；⑤营运车辆调度管理系统；⑥电子收费系统；⑦应急管理系统。其中交通控制和线路诱导是现今城市交通的两大重要管理手段，即先进的交通管理系统 ATMS (advanced traffic management system) 和先进的出行者信息系统 ATIS(advanced traveller information system)。

先进的交通管理系统 ATMS 用于监测控制和管理公路交通，在道路、车辆和驾驶员之间提供通信联系。依靠先进的交通监测技术和计算机处理技术，获得有关交通状况的信息，并进行处理，及时地向道路使用者发出诱导信号，从而达到有效管理交通的目的。

先进的出行者信息系统 ATIS 采取先进的信息技术、数据通信技术、电子传感技术、控制技术及计算机技术将采集到的各种道路交通及服务信息经交通管理中心处理后传输到交通系统的各个用户 (驾驶员、公共交通利用者、步行者)，使得出行者实时选择出行方式和出行路线。

不论是 ITS，还是 ATMS 和 ATIS，都依赖于即时、准确的车辆位置信息，而这只能通过车辆定位与导航系统来实现。车辆定位与导航系统是 ITS 的核心内容，是设计、实现 ITS 的基础。

本书的主要内容就是讨论现代车辆组合定位与导航系统的理论、方法及其应用。

1.2　车辆导航和定位的发展简史

车辆导航定位系统 (vehicle navigation system，car navigation system) 是指安装或者放置在车辆特定位置帮助确定当前车辆位置，并且通过图、文、声、像等多种手段引导驾驶人员到目的地的电子设备系统。现代车辆定位和导航系统的出现是近 40 年来的事，但是在整个人类文明史上，车辆导航系统的研究和发展已经经历了相当长的历史。

我国公元前 2600 年发明的指南车 (又称司南车) 是目前为止有史料记载最早的古代车辆导航和定位系统 [12−14]。据载，后来东汉科学家张衡，三国时期的魏人马钧，南北朝的祖冲之、姚兴，唐朝的金公立，宋代徽宗年间的燕肃等人都曾经制造过类似的指南车 [14]。但由于年代久远，没有实物流传，并缺乏相关文字资料，指南车的原理、结构和使用方法一直是难解之谜。到了现代，新中国成立后第一任中国社会科学院考古研究所所长王振铎教授历时 20 多年，于 1971 年根据史料的描述仿制了三国魏人马钧的指南车 (现存于中国国家博物馆)，如图 1-1 所示 [15]，其是一种双轮独辕车，利用一套能自动离合的齿轮系统的定向装置，使得车不论朝什么方向转动，站立在车上的一个木人的手臂能够始终指着一个固定的方向。后来，我国河南中学生李琛在 2001 年复原了一台结构比王振铎教授仿制的指南车更简单的“黄帝指南车”[16]，如图 1-2 所示，该车两个车轮直径相等，两车轮轮距等于车轮半径，一车轮边缘上作以红色的标记，另一轮面上标出“东南西北” 等字样，车厢上加一横杆，出发前选择一方向，如果选择东方，转动另一车轮，使刻有或贴有红色标记轮上的标记与另一轮的 “东” 字对齐，当需要确定车辆目前的方向时只需要观察一轮上红标记与另一轮上的哪一字对齐便知现在车的方向。这类指南车的基本原理类似于现代的差分里程计。

图 1-1　指南车

由王振铎教授复制，现存于中国国家博物馆 [15]

图 1-2　李琛复原的“黄帝指南车”[16]

另外一个典型的古代车辆导航系统是计里鼓车[12−14](图 1-3，相传为三国魏人马钧发明，一说为汉人张衡，图为王振锋教授的复制品)，它是目前为止发现的最早的记录里程的仪器。计里鼓车是利用原动齿轮带动一套大小不同的从动齿轮驱动车上的两个木人的手臂，每当车行驶 1 里的时候，一个木人击鼓一下，每当车行驶 10 里的时候另一个木人击锣一下，从而把行车的里数自动地表示出来。

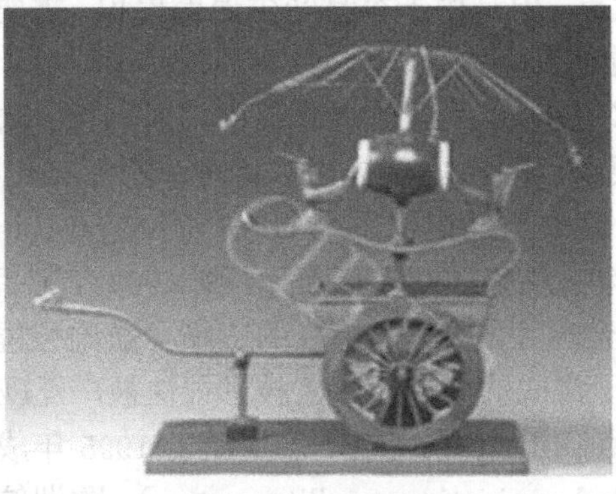

图 1-3 计里鼓车

由王振锋教授复制，现存于中国国家博物馆[17]

此后，东汉年间又出现了磁罗盘，和里程计、差分里程计一起构成了古代车辆导航系统的基本技术，但限于当时的社会生产力，这些技术只能实现简单的导航功能。如指南车和磁罗盘，它只能给车辆指明一个方向，不能确定车辆的位置；计里鼓车也只能使人确定目前车辆离目的地还有多远，还将需要多长时间能够到达目的地。当然，这些传统的技术现在仍或多或少地应用在现代的车辆导航系统中。

在 19 世纪末，出现了现代车辆导航技术的雏形。当时的汽车工业的蓬勃发展带动了车辆导航技术的兴起。1895 年，在美国第一张供汽车驾驶用的交通图出版，它是面向车辆导航的 GIS(地理信息系统) 雏形[18]。20 世纪初，公路上建立了路标并将道路编号。1910 年左右，机械路径引导装置面世[18]。这些装置以其多样化的形式与道路地图信息结合起来，可以自动地提供精确、实时的路径指引。

随着公路标志的改进和地图精确度的提高，人们对路径引导装置的需求和兴趣逐渐减弱了。在第二次世界大战期间，美国为吉普车等军用车辆研制了一种电子车辆导航系统[19]。该系统有一个磁罗盘，磁罗盘的指针位置由一个光电元件检测。罗盘的输出驱动一个伺服机械装置去转动一个与车辆方向相对应的机械轴，这个轴与一个机械计算机连在一起，此计算机根据里程计来算出行驶路程并将其转换成 x 和 y 坐标。同样地，在罗盘轴的驱动下，这些坐标用于自动地在适当比例的地图上绘出车辆的轨迹。在 20 世纪 60 年代，美国联邦公路局开始研发电子路径引导系统。该系统是利用设置各个交叉路口的无线电信标进行双向通信，通过中央计算机提供的实时交通数据信息来实时规划最佳路径并反馈到安装在车辆上的平面显示器上，指引车辆行进。20 世纪 70 年代初，随着微电子工业的崛起，出现了第一代采用航位推算 (dead- reckoning，DR) 模块和地图匹配 (map-matching，MM) 算法的自主导航系统，如荷兰 Philips 公司的 CARIN、德国的 ALL-SCOUT、英国的 AUTOGUIDE 等导航系统 [20]。该类导航系统虽然具有自主性好、不受外界控制、抗干扰能力强等优点，但是由于容易产生误差累积，需要在使用过程中不断进行校准，其实用性受到限制。

于是，美国国防部 (DOD) 为了满足军事部门对海上、陆地以及空中设施进行高精度导航和定位的要求，于 1973 年提出了将海军的 Timation 卫星定位计划和空军的 621-B 计划合并，建立全球定位系统 GPS(global positioning system)[21]。GPS 的开发研究经历 20 余年，耗资 300 多亿美元。到 1993 年 6 月，全球定位系统正式启用。由于 GPS 具有全球、全天候、持久的三维导航定位能力，并且其接收机结构轻便、价格低廉、便于集成的优点，GPS 技术很快被广泛应用到车辆的导航和定位中。鉴于 GPS 的优点，出于国防考虑，俄罗斯于 1995 年成功组建了全球导航卫星系统 GLONASS(global navigation satellite system)，欧洲航天局也组建了全球导航卫星系统 Galileo 计划，我国出于国家安全战略需要于 21 世纪初正式宣布建设北斗卫星导航定位系统 (简称北斗，BEIDOU)[21,22]。目前 GPS、GLONASS 已具备全球定位能力，我国的北斗也具备了亚太区的自主定位能力。在未来，全球的卫星导航市场就是 GPS/BEIDOU/GLONASS/Galileo 群雄争霸的局面。

卫星导航系统以其用户成本低、定位误差没有累积性、结构紧凑便于集成等特点被广泛应用于车辆导航中，但是，当车辆行驶在高楼密集的繁华街道或隧道峡谷地区时，GNSS 因信号受到阻挡或者多径干扰而失效。而且，车辆的速度与机动性能常会受到 GNSS 的约束。因此，卫星导航系统的应用在某种程度上还是受到限制，而且这种情况会随着我国城镇化进程的推进而加剧。

但 GNSS 和 DR 各自的利弊正好可以互补，因此将这两种导航装置集成为组合导航系统，就可以使行驶在繁华城市和山区的车辆获得较高的定位精度。近年来，低成本陀螺仪 (如光纤陀螺、压电陀螺和微机械陀螺等) 的问世，为车辆导航增加了可用的资源。两种装置给出的定位信息通过切换、卡尔曼滤波或信息融合后提供连续、精确的车辆位置。由此，在街道开阔的城市可以选用 GNSS 进行导航定位；在高楼密集的繁华城市，宜采用 GNSS/DR 组合系统。但低成本的 DR 系统由于精度低，在长时间没有 GNSS 信号的情况下误差较大，不能满足人们对车辆定位精度的要求；而高精度的 DR 系统成本比较高，故 GNSS/DR 组合导航系统的广泛应用也受到限制。

随着计算机技术的迅猛发展，地理信息系统 (GIS) 得到前所未有的发展，数字地图技术也逐渐成熟，人们开始考虑利用数字地图匹配 (MM) 技术来提高 GPS/DR

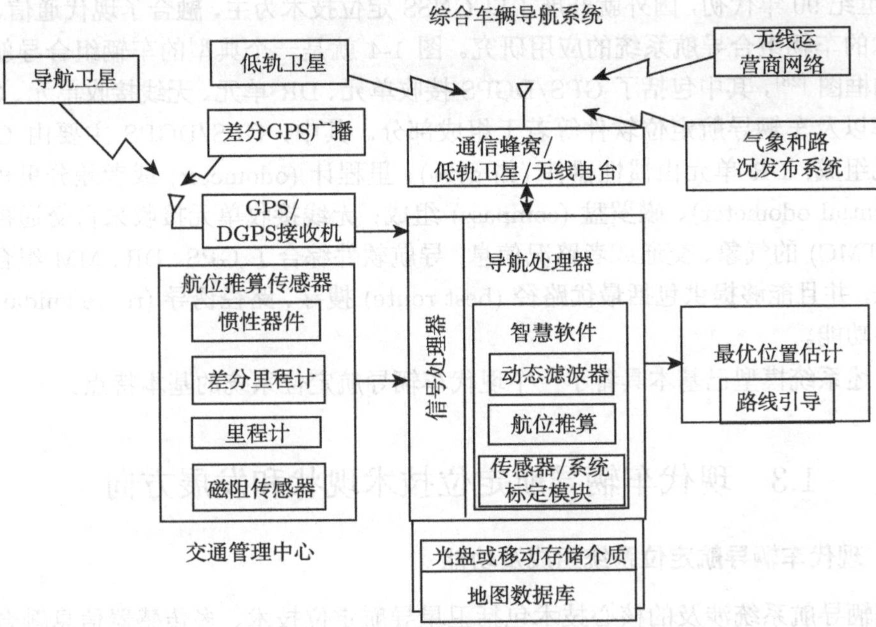

(a) 一个车辆组合定位与导航系统的结构图[23]

(b) 一个车辆组合定位与导航系统的基本模式

图 1-4 一个车辆组合定位与导航系统结构和基本模式

系统的定位精度，相应地可以降低对 DR 系统的要求，从而降低整个系统的价格。在 20 世纪 90 年代初，国外就开展了以 GNSS 定位技术为主，融合了现代通信、信息技术的车辆组合导航系统的应用研究。图 1-4 就是一个典型的车辆组合导航系统结构框图 [23]，其中包括了 GPS/DGPS 接收单元、DR 单元、无线接收单元、GIS 数据库以及车辆导航定位软件等若干组成部分。其中，GPS/DGPS 主要由 GPS 接收机组成；DR 单元由惯性器件 (如 gyro)、里程计 (odometer) 或者差分里程计 (differential odometer)、磁罗盘 (compass) 组成；无线接收单元接收来自交通控制中心 (TMC) 的气象、交通或者路况信息；导航软件综合了 GPS、DR、MM 组合定位算法，并且能够提供包括最优路径 (best route) 搜寻、路径诱导 (route guidance) 等诸多功能。

上述系统模型已基本具备了一个现代车辆导航定位系统的基本特点。

1.3　现代车辆导航定位技术现状和发展方向

1.3.1　现代车辆导航定位系统组成及功能

车辆导航系统涉及的核心技术包括卫星导航定位技术、多传感器信息融合技术、地理信息理论与技术、通信技术、嵌入式实时操作系统技术等。作为智能交通系统中的核心部件之一，ITS 中交通管理、动态路径诱导、自动收费以及涉及公共安全的车辆调度和管理都不同程度地依赖于车辆导航系统提供的位置及姿态信息。

从组成上讲，一个现代车辆导航系统通常包含如下组成模块：定位模块、交通信息获取模块、路径规划模块、实时导航模块、地图显示模块、地图查询模块等。车辆导航系统借助于现代化先进的多通道用户接口技术 (包括图、文、声、像等形式) 提供友好的车辆导航服务。其中：

(1) 定位模块：采用 GPS 定位等形式解算当前车辆的姿态 (位置、航向角、速度等) 并将此信息传递给地图显示模块，最终显示在带电子地图的屏幕上。对于定位要求高的场合，通常会采用 GPS/DR 或者 GPS/DR/MM 组合定位的方式。此外，无线运营商还提供 A-GPS 服务，最大程度降低 TTFF，从而实现快速定位。

(2) 路径规划模块：路径规划模块利用定位模块的定位信息和用户输入终点计算最优路径 (如最短时间、最少距离等)。现代车辆导航系统基本上都提供实时路径规划的功能，在车辆走错路线时，能够快速计算和及时提醒。从实现方式上讲，路径规划可本地计算，也可利用通信模块调用云端服务实现远程计算。

(3) 路径诱导模块：基于当前位置信息，规划路径信息，本模块实现导航诱导的功能。从实现方式上讲，可使用本地模式，也可用云计算模式。

(4) 交通信息获取模块：模块通过无线通信模块连接相关服务器获取实时交通

信息。

(5) 地图显示模块：负责将位置信息、地图信息及其他计算信息显示在屏幕上。

(6) 地图查询模块：提供用户查询兴趣点以及实时交通信息等功能。从实现上，可使用本地模式，也可采用云计算模式。

(7) 无线通信模块：通常采用车载无线电话、电台或无线运营商数据网络以完成信息交互功能，是各项服务的数据通道。

(8) 多通道用户接口：利用图、文、声、像等多种媒体技术将定位和计算结果展示给用户，并和用户交互，涉及核心技术如语音识别、语音合成、视频处理等。

(9) 电子地图引擎模块：负责电子地图空间数据库操作。从实现方式上讲，前装车辆导航系统多用本地存储，本地计算模式；而便携导航设备尤其是智能导航手机多采用云计算模式，电子地图存储在云端，空间计算也多在云端实施。

(10) 其他模块：如车辆保护、自动报警、游戏、娱乐等，提供了基于 LBS 的增值服务。在一些现代导航设备中，有些服务可能以单独的应用程序提供。

现代车辆导航定位系统中，软件是整个系统的大脑。一个典型现代车辆导航系统的软件栈可以用图 1-5 表示。现代车辆导航系统多运行在成熟的嵌入式操作系统 (如 Android、iOS) 上，不再以裸机程序的形式存在。车辆导航系统通过调用操作系统的应用框架接口提供相关功能。此外，在车辆导航系统中，导航应用程序通常只是应用程序中的一个，车辆导航系统附加的娱乐、游戏等功能常常作为单独的程序来提供服务，而不像以往是集成在车辆导航应用程序中。

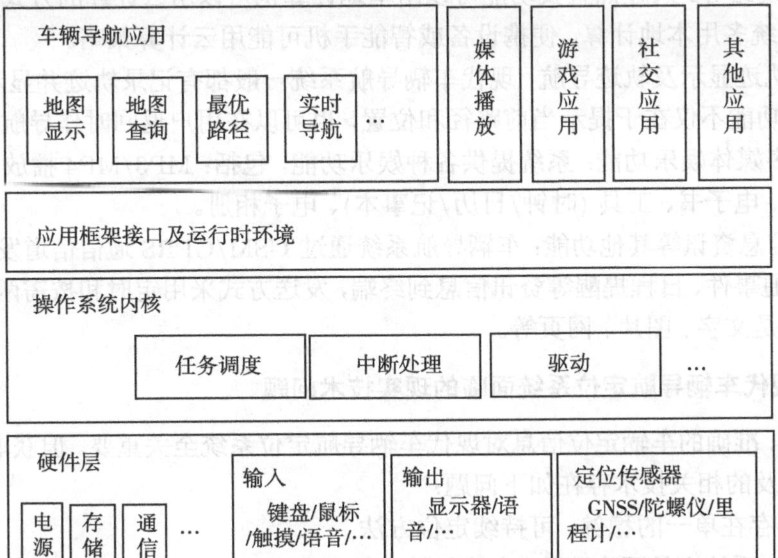

图 1-5　一个车辆典型现代车辆导航定位系统的硬件与软件栈

在现代车辆导航系统中，嵌入式操作系统技术提供了系统运行的支撑环境，卫星导航定位技术及多传感器信息融合技术是现代车辆导航系统的核心技术，路径规划与诱导技术是车辆导航的核心价值，电子地图是车辆导航系统不可缺少的数据支撑，通信技术实现了车辆导航系统与 ITS 的集成，而多通道人机接口技术是展示车辆导航系统核心价值的途径。

从用户角度分析，现代车辆导航系统通常支持如下功能：

(1) 定位及测速：通过 GPS 等定位手段确定当前的位置及速度，并将其在附带电子地图的屏幕上显示或传递到监控中心。

(2) 实时路况展示：通常包括了附带实时交通信息的路况显示、对特定道路的交通信息查询、对主干道实时路况的查询与显示。实时路况信息通常通过特定的服务发送，因此本功能需要在当地存在实时交通服务。

(3) 路径规划功能：在设定终点后，导航系统便会自动根据当前的位置，为车主设计驾驶前和驾驶中的最佳路线 (如距离最短、时间最短、高速优先等)。本功能包括出行前的路径规划与实时路径规划。路径规划功能可以用本地计算的方式实现，也可以用云计算方案通过调用云端服务完成路径规划。

(4) 实时导航诱导：用户查找到目的地后，具备告知选择路况参与规划路径的方式、避开拥堵路段、超速报警、特殊地段提醒等功能，车辆导航系统将使用语音等模式进行实时导航诱导。

(5) 点信息查询功能：目前可获得的 POI 信息包括美食、电影、购物、演出活动、旅游线路等。兴趣点查找功能可以用本地计算也可以用云计算的方式实现。一般前装系统多用本地计算，便携设备或智能手机可能用云计算策略。

(6) 轨迹显示及轨迹导航：现代车辆导航系统一般都有记录轨迹并显示轨迹的功能。其功能不仅在于提示当前路径和位置，也可以在用户返回时作导航之用。

(7) 多媒体娱乐功能：系统提供各种娱乐功能，包括：MP3/MP4 播放、数字电视、游戏、电子书、工具 (时钟/日历/记事本)、电子相册。

(8) 信息资讯等其他功能：车辆导航系统通过 GSM/GPRS 通信信道发送新闻、天气、交通事件、日程提醒等资讯信息到终端，发送方式采用定时和按需两种方式，形式可以是文字、图片、网页等。

1.3.2　现代车辆导航定位系统面临的现实技术问题

实时、准确的车辆定位信息对现代车辆导航定位系统至关重要。但获取车辆位置信息涉及的相关技术存在如下问题：

1) 不存在单一的稳健、可持续定位方法

GNSS 系统容易因为遮挡、多路径效应等因素失效而使得车辆导航定位系统丧失定位能力，INS 具有较高的自主定位能力，但成本过高不适合推广，而 DR 作为低成本解决方案单独定位容易因惯性器件参数漂移或者算法先天的缺陷无法长时间独立定位，TOA/TDOA/AOA 等无线定位技术精度严重受限于蜂窝密度，通常不适合用于车辆定位。国内外学者的共识是目前不存在具有可靠、持续定位能力的单一导航定位方法，多传感器融合是目前解决车辆稳健定位的唯一方法。

2) 导航地图更新困难

电子地图道路网络的缺失在很多情况下可以直接影响车辆导航系统的定位和引导功能。西方发达国家如美国在道路基础设施建设方面，除了每年对道路网络的日常维护外，修建的新道路非常有限。与此对比，我国正处于城镇化和社会转型飞速发展阶段，城镇和农村面貌日新月异，道路网络不断在增加。仅 2014 年，我国新增公路里程 9.38 万公里，其中高速公路 7450 公里，全年新改建 23 万公里农村公路 [24]，由此导致道路网络数字化工作量巨大、滞后严重。而电子地图道路网络及地物的更新缺乏有效技术手段，难以及时、准确地将变更信息推送到用户设备上。

3) 远程监控存在无线网络缺失

车辆位置信息监控及实时交通信息的推送对提升交通效率很重要，但我国幅员辽阔，因为经济因素、自然条件等限制，目前的无线通信网络建设上还很难实现全国范围全覆盖，在部分区域还存在信号弱、通信差等问题，由此导致移动端在部分区域难以及时接收到最新的交通信息，难以及时将自身的位置信息向控制中心反馈。

1.3.3 现代车辆导航定位技术的发展方向

我国的车辆导航定位技术随着我国汽车保有量的迅速增加和汽车工业的飞速发展而同步发展。随着汽车工业的发展和私家车的普及，政府和相关机构在空间定位、通信技术、交通设施方面做了大量的投入，一个千亿元规模的导航产业已形成 [25]。

“十一五”期间，基于 863 项目、自然科学基金、“十一五”国家科技支撑项目的支持，我国相关科研院所对车辆导航定位领域做了大量的卓有成效的研究及示范应用工作。这些研究分别涉及如下核心技术及相关领域：①卫星导航定位及组合导航技术：如解决了通过 GPS/INS 组合实现不论有无 GPS 信号都能持久导航以及 GPS 信号失锁下的快速重锁定的问题，提出了基于多尺度小波变换的多传感器信息融合及 GPS/INS 组合定位位置估计算法。②电子地图生成与更新：如提出了电子地图增量式更新减少同步代价，提高数据现势性。③嵌入式操作系统技术，研制了具有自主知识产权的用于车辆导航的嵌入式操作系统。④传感器与信息获取技术，如定义了交通信息实时发布内容指标体系及空中接口。⑤实时路径优化技术，开放式路径问题及其优化算法以及基于蛙跳算法的路径规划。⑥通信及网络技术，提出了基于 WebService 跨平台解决方案的实时传输交通信息、位置信息的服务框架；⑦交通信息融合及路网交通状态预测技术，用以辅助实时路径规划和决策。此外，多通道人机接口技术，如多媒体技术、语音识别、语音合成也在相关领域得到了长足的发展，并被应用到车辆导航系统中。

总体而言，近年来车辆导航定位系统大致体现出了如下几点特点。

1) 专用车辆导航仪被智能手机大范围取代

因 3G/4G 无线通信技术对定位技术的广泛支持，如安装 iOS 或 Android 操作系统的智能手机因其强大的移动计算能力、良好的用户界面、开放的应用体系大行其道，且出现了大量预装导航软件或第三方导航应用。“通用硬件平台”+ “车辆导航软件” 的解决方案在大众市场越来越普及。

2) 云导航模式大行其道

体现远程存储、计算特点的云计算应用体系正逐渐取代本地存储、本地计算的应用策略。车辆导航系统越来越多地从云端获得最新的地图、兴趣点和交通状况和最优路径。典型的如美国运营商 Verizon, Sprint，车辆导航公司 TeleNav 都推出了各自基于云计算的导航应用；在中国，三大运营商都有自己的云计算方案导航应用，典型如中国电信推出了 “天翼导航”，它们几乎都采用了实时下载地图及远程路径规划的策略。

受限于基础设施建设、交通预测方法、标准化建设、稳健可靠定位技术的发展水平以及电子地图更新发布的限制，实现车辆导航系统、智能交通系统基础设施、交通实时信息的无缝集成和相互支撑还有很长的路要走。具体体现在以下几点。

1) 现代车辆导航定位系统需要稳健导航能力

目前的车辆导航系统功能越来越齐全，涵盖位置显示、语音提示、实时导航、敏感地带自动提醒等功能。然而，在隧道、高楼林立区域，大部分系统将因 GPS 信号被遮挡而丧失定位能力，这不能满足关系国计民生的公安、消防、警车、银行运钞车定位需求。而集成多种定位技术 (全球卫星定位导航系统、无线视频、惯性推算、视觉测量、数字地图辅助定位等) 的多星座、多传感器融合稳健组合车辆导航定位技术在未来很长的时间内将是一个研究热点。

2) 车辆主动安全自动避碰需要精确定位能力

近年来，车辆网涉及的车辆主动安全 (如车辆自动避碰)、车辆通信技术得到了长足的发展。然而，实现车辆自动避碰，定位精度在车道横向和纵向的误差一般来说不能超过 0.5m 和 0.75m。因此，车辆主动安全需要研究廉价、精确的车道级定位技术。

3) 实时交通信息发布标准化及普及化是车辆导航系统急需的技术

在我国，目前多利用交通广播发送实时路况信息。通过建立交通实时服务平台，车辆导航设备可以利用如 3G 无线网络的方式或通过调频副载波接收交通信息，甚至深度集成实时交通信息用以作路线规划和实时导航。这不仅涉及基础设施建设，还需要统一涉及实时交通信息包括内容、空中接口等方面的企业或行业标准。

4) 电子地图快速更新和发布有待进一步的研究

我国交通路网日新月异，这对车辆导航系统的普及推广是很大的挑战，基于云计算的方案可以部分解决上述问题。然而云端的电子地图也需要实时更新。“十一五”和“十二五”期间，国内做了一些这方面的研究，在地图更新和传输方面取得了可喜的成绩，然而如何高效、协同、分布式自动更新地图，如何实现同步导航定位与自动地图制图，还有很多问题需要解决。

1.3.4 现代车辆导航定位系统的研究意义

在目前常用的几种车辆导航定位方法中，GNSS 能够提供全天候、全球、持久的定位能力，且其定位数据不存在累积误差。然而，当车辆行驶在高楼密集的繁华街道或隧道峡谷地区时，GNSS 因信号受到阻挡或者多路径干扰而定位失效。采用惯性器件的 DR 定位系统有着自主性好、不受外界控制和抗干扰能力强等一系列优点，车辆在狭窄的街道、隧道和山谷中行驶都能正常定位，但是它需要车辆初始位置的注入，并且惯性器件的参数漂移和标定误差及里程计数误差必然导致系统定位误差会随着时间累积，从而使定位性能随着时间的增加而下降。地图匹配技术是随着 GIS 技术的发展而出现的，它是借助数字地图数据库存储的高精度道路数据和其他定位技术采集的定位数据进行比较匹配来确定车辆在地图上的位置，并通过数字地图的道路网数据来校正相关定位传感器，从而提高车载导航系统的定位精度和可靠性的一种辅助定位方法，其不能脱离 GPS 或者 DR 等定位方法而独立存在。

将地图匹配技术引入 GNSS/DR 导航系统，可消除组合导航的随机误差和时间累积误差，使得低成本、高可靠性的 GNSS/DR 车辆导航系统成为可能，GNSS/DR/MM 车载导航定位系统如同“一个三条腿的凳子”，是稳定、可靠的汽车导航平台，也是现代车辆导航发展的一个重要技术。无论是现代车载导航系统本身，还是其作为智能交通系统的一部分，仅仅提供定位信息是不够的，在构造适用于 GNSS/DR/MM 车载导航的 GIS 系统的前提下，对路径规划、最优路径、路径诱导的算法和实现研究也是具有很大的实际意义。

本书以 GNSS/DR/MM 组合导航定位技术为重点，以香港消防处第三代车辆调派系统车辆导航定位模块为典型，着重介绍与之相关的现代车辆导航定位系统的理论、方法及应用，其意义在于：

(1) 探讨城市智能交通系统中的车道级定位技术，全面定位及掌控全市交通信息。

(2) 解决定位的“最后一公里”问题，以低成本、可推广的技术模式实现支持精准定位的现代车辆导航定位系统。

(3) 为更新道路数据提供了及时准确的信息源。

参 考 文 献

[1] 公安部交通管理局. 2014 年全国机动车和驾驶人迅猛增长 [EB/OL]. http://www.mps.gov.cn/n16/n1252/n1837/n2557/4330449.html.[2015-08-30]

[2] Schrank D, Eisele B, Lomax T. TTI's 2012 urban mobility report[J]. Texas A&M Transportation Institute. The Texas A&M University System, 2012.

[3] 腾讯财经. 堵车的代价有多高？美国一年损失够修三年高速公路 [EB/OL]. http://finance.qq.com/a/20141108/021917.htm.[2015-08-30].

[4] 环球网. 法国交通拥堵造成每年约 170 亿欧元经济损失 [EB/OL]. http://world.huanqiu.com/exclusive/2014-10/5167390.html.[2015-08-30].

[5] 新华网. 巴西圣保罗出现史上最严重交通拥堵车辆排队 344 公里 [EB/OL]. http://news.xinhuanet.com/photo/2014-05/26/c_126548912.htm.[2015-08-31].

[6] 环球网. 调查：伊斯坦布尔和墨西哥城为全球最拥堵城市 [EB/OL]. http://finance.huanqiu.com/cjrd/2015-04/6216960.html.[2015-08-31].

[7] 网易财经. 北大调查：北京每年因交通拥堵损失 700 亿 [EB/OL]. http://money.163.com/14/0928/13/A780G86Q002526O5.html.[2015-08-30].

[8] 中国汽车报网. 美国交通事故死亡人数 7 年首增 [EB/OL]. http://www.cnautonews.com/gjqc/201311/t20131115_261055.htm.[2015-08-31].

[9] 国家统计局. 2014 年国民经济和社会发展统计公报 [EB/OL]. http://www.stats.gov.cn/tjsj/zxfb/201502/t20150226_685799.html.[2015-08-31].

[10] WHO. Road traffic injuries[EB/OL]. http://www.who.int/mediacentre/factsheets/fs358/en/.[2015-08-31].

[11] 黄卫, 陈里得. 智能运输系统概论 [M]. 北京：人民交通出版社, 1999.

[12] 李国栋. 中国古代磁学上的成就 [J]. 磁性材料及器件, 1974, 3(6): 342-347.

[13] 邓学忠, 姚明万. 中国古代指南车和记里鼓车 [J]. 中国计量, 2009,(8):54-56.

[14] 张春辉. 中国机械工程发明史：第二编 [M]. 北京：清华大学出版社, 2004.

[15] 中国国家博物馆. 指南车模型 [EB/OL]. http://www.chnmuseum.cn/Default.aspx?TabId=212&AntiqueLanguageID=783&AspxAutoDetectCookieSupport=1.[2015-08-31].

[16] 李琛, 李旭. 我复原了黄帝指南车 [J]. 发明与创新, 2003,3:31.

[17] 中国国家博物馆. 记里鼓车模型 [EB/OL]. http://www.chnmuseum.cn/tabid/212/Default.aspx?AntiqueLanguageID=786.[2015-08-31].

[18] 赵亦林. 车辆定位与导航系统 [M]. 北京：电子工业出版社, 1999.

[19] 汪念鸿. 基于无线 Mesh 网的车辆导航系统研究 [D]. 北京：北京交通大学, 2007.

[20] Catling I. System convergence—The potential for an integrated road transport environment[J]. Transportation, 1990,17(3):285-299.

[21] Kaplan E, Hegarty C. Understanding GPS: Principles and Applications[M]. Artech House, 2005.

[22] 北斗网. 北斗卫星导航系统简介 [EB/OL]. http://www.beidou.gov.cn/2011/12/06/20111206e06b16a3bd8846459b969277a3317e5b.html.[2015-08-31].

[23] Hofmann-Wellenhof B, Legat K, Wieser M. Navigation: Principles of Positioning and Guidance[M]. Springer Science and Business Media, 2011.

[24] 中国公路网. 杨传堂: 2014 年新增高速公路 7450 公里 [EB/OL]. http://www.chinahighway.com/news/2014/895431.php.[2015-08-31].

[25] 曹冲. 卫星导航系统及产业现状和发展前景研究 [J]. 全球定位系统, 2009,4:1-6.

第2章　车辆导航及其相关技术的基本理论

从古代的指南车、计里鼓车到现代 GNSS 系统，车辆导航和定位技术由简单的方向指示或距离推算发展到与现代计算机技术、现代数学紧密结合的一门综合学科。纵览车辆导航和定位的发展历程与研究现状，不难发现，这一领域已经形成了其独特的研究方法和手段。

本章将简单介绍车辆导航定位及相关技术的基本理论和方法，其中包括：①GNSS 定位基本原理；②航位推算的基本原理；③GIS 的基本理论；④地图匹配技术的基本原理和研究进展；⑤空间坐标变换；⑥信息融合和 Kalman 滤波；⑦当前车辆导航技术的比较。

2.1　GNSS 定位基本原理

目前已经运行、正在部署的全球导航卫星系统包括 [1−3]：①美国的 GPS 系统；②俄罗斯的 GLONASS 系统；③中国的北斗 2；④欧盟的 Galileo。

下面以运营最久、应用最广泛的 GPS 系统为例，介绍 GNSS 定位的基本原理。全球定位系统 (GPS) 是美国国防部为了满足军事部门对海上、陆地和空中运载体进行高精度导航和定位要求而建立的。它包括三个组成部分 [4]：

(1) 导航卫星。GPS 的导航卫星在离地面约 20 000km 的近圆轨道上运行，卫星轨道面的倾角为 55°，共设置 6 条升交点赤经互隔 60° 的轨道，每条轨道上均匀分布 4 颗卫星，共计 24 颗卫星。

(2) 地面站组。它包括主控站、多个监测站和注入站。地面站组的主要任务是通过对卫星发射导航信号的观测，计算编制每颗卫星的星历，即卫星发射信号的时刻、卫星空间位置、卫星钟、大气及 UTC 时校正参量，然后将导航信息通过注入站注入卫星的存储器。

(3) 用户设备。包括天线、GPS 卫星接收机和处理、控制、显示设备。经天线接收 GPS 卫星发射的导航信息并对之处理，取出卫星星历、卫星校正参量和测量的距离、距离变化率等，这些数据结合用户的估计位置，即可解算出用户的位置、速度和相应的时间。

在 GPS 定位中，通过比较接收到的卫星发射的信号和本地参考信号，测量传播延时。若卫星时钟和用户时钟同步，即两时钟同频同相，或已知相差，那么测得

的延时 τ 正比于卫星和用户间的距离 γ，

$$r = c \cdot \tau \tag{2-1}$$

式中，c 为电波传播速度。

若用户钟和卫星钟有钟差 Δt，这时测得的传播延时 τ 及相应的距离 ρ 并不是真正的电波传播延时 τ 及卫星到用户的距离 γ，此时 ρ 称为伪距，

$$\rho = r + c \cdot \Delta t \tag{2-2}$$

如钟差 Δt=10ns，相当于距离误差为 3m。卫星钟一般为精密的原子钟，而用户钟一般是精度较差的石英钟，此时用户测得的对第 i 颗卫星的伪距为

$$\rho_i = r_i + c \cdot \Delta t_u \tag{2-3}$$

$$r_i = \left[(x - x_{si})^2 + (y - y_{si})^2 + (z - z_{si})^2\right]^{\frac{1}{2}} \tag{2-4}$$

式中，x, y, z 和 x_{si}, y_{si}, z_{si} 分别是用户和卫星 i 在地球坐标系中的位置坐标，Δt_u 表示用户接收机钟差。显然，测量的伪距中有四个未知量，即 $x, y, z, \Delta t_u$。为了解出四个未知量，需要测量到四颗卫星的伪距，由此得到四个独立方程：

$$\rho_i = \left[(x - x_{si})^2 + (y - y_{si})^2 + (z - z_{si})^2\right]^{\frac{1}{2}} + c\Delta t_u \tag{2-5}$$

式中，$i = 1, 2, 3, 4$。联立求解四个方程可得四个未知量，将此非线性方程线性化，通过迭代可以得到用户位置坐标。

通过测量电波载频的多普勒频移而获得伪距变化率，从而建立起另外四个方程，即

$$\rho_i = \frac{(x - x_{si})(x - x_{si}) + (y - y_{si})(y - y_{si}) + (z - z_{si})(z - z_{si})}{\left[(x - x_{si})^2 + (y - y_{si})^2 + (z - z_{si})^2\right]^{\frac{1}{2}}} + c\Delta l_u \tag{2-6}$$

式中，$i = 1, 2, 3, 4$；解上述联立方程，便可得用户的三维速度。

美国政府于 2000 年宣布取消 SA 限制使得 GPS 定位精度有了较大的提高，目前水平定位精度约为 15m，表 2-1 给出了 GPS 误差源及对定位的影响。

表 2-1　GPS 测量误差分类及定位影响

误差源	误差类型	误差范围/m
卫星部分	星历误差；卫星钟差；相对论效应	1.5～15
信号传播	电离层；对流层；多径效应	1.5～15
信号接收	接收机钟差；位置误差；天线相位中心变化	1.5～15
其他影响	地球潮汐；负荷潮	1.0

与海上和空中 GPS 定位相比，城市 GPS 车辆定位所受到的制约因素较多，具体表现在以下三个方面 [5]：

(1) 受高层建筑影响，选星范围变小，PDOP 增大，定位精度降低。据测算，在一个宽为 50 m、两侧有高 5 层的建筑物 (约 15 m) 的道路上，车载 GPS 定位系统在道路两侧所能跟踪到 GPS 卫星的最低高度角为 30°，在这样小的选星范围内，同时能跟踪到四颗以上卫星是非常困难的。

(2) 在浓密的树荫下，GPS 接收机的信号强度降低，有时甚至中断。Brown 等对各种 GPS 接收机在浓密的树荫下的定位性能进行了实际测试，发现大部分接收机都难以确保定位结果的准确性和连续性。图 2-1 是南京市市区某地段上的实际 GPS 跑车定位结果，图中有一段信号强度太弱，定位信息中断，重新捕获后定位需要一个稳定过程。

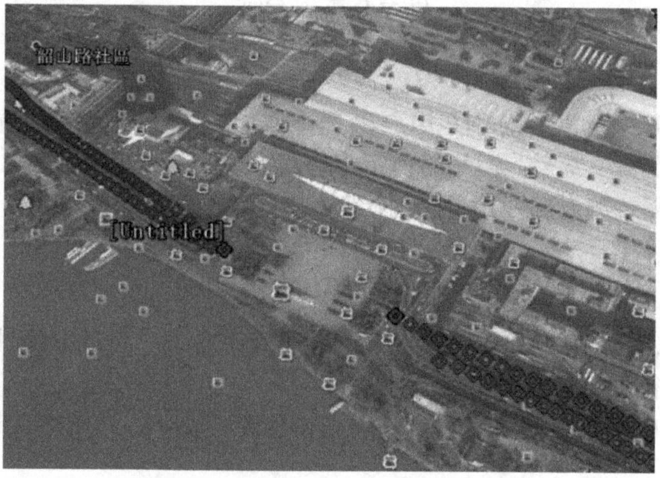

图 2-1　南京市市区某地段定位轨迹图

(3) 多路径效应的影响更复杂。城市 GPS 车辆定位系统受多路径效应的影响是非常复杂的。这是由于车顶上的 GPS 天线不能过高，比如在交通拥挤的街道上，小汽车上的 GPS 天线接收的卫星信号会包含旁边大汽车或楼房折射过来的微弱信号 (图 2-2)，这种多路径引起的定位误差有时会严重影响导航系统的定位性能。

GPS 的上述特点在高层建筑较多、街道两旁树荫稠密、高山环绕的大中城市尤为突出，在这些城市单独使用 GPS 定位系统，其定位精度无法得到保障，即使采用差分方法也无能为力。

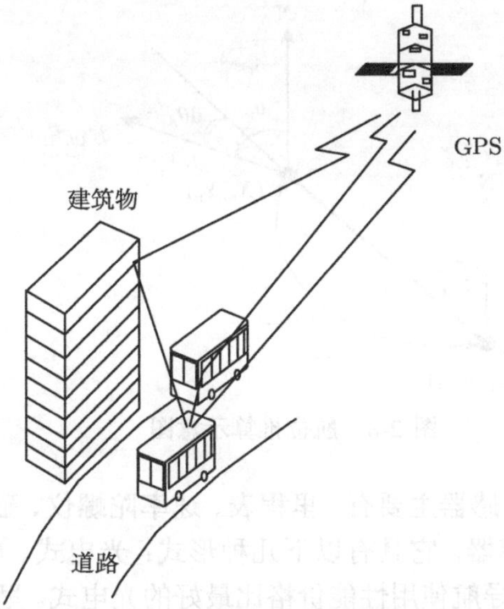

图 2-2 城市车辆定位的多路径效应

2.2 航位推算的基本原理

航位推算技术是一种非常原始的定位技术，也是一种最常用的自主式车辆定位技术。在 18 世纪和 19 世纪期间，各种海图十分缺乏，价格亦非常昂贵，海上船只常常通过已知的航向和速度，利用数学公式推算出当前的位置，这种技术被称为估计推算法 (deduced reckoning), 后来又简称为 ded reckoning，几经演化成为今天的航位推算 DR (dead reckoning)，国内亦有学者称为推测航法。航位推算的现代定义由 Cotter 提出 [6,7]，其定义为 “从一个已知的坐标位置开始，根据运载体在该点的航向、航速和航行时间，推算下一时刻的坐标位置的导航过程称为航位推算。”

航位推算的基本原理是利用通过测得的车辆行驶距离和转角，推算车辆的位置 (图 2-3)。航位推算过程可用式 (2-7) 表示。

$$\begin{cases} X_n = X_{n-1} + \mathrm{d}R_{n-1}\sin\theta_{n-1} \\ Y_n = Y_{n-1} + \mathrm{d}R_{n-1}\cos\theta_{n-1} \\ \theta_n = \theta_{n-1} + \mathrm{d}\theta_n \end{cases} \tag{2-7}$$

式中，$\mathrm{d}R_{n-1}$ 和 $\mathrm{d}\theta_n$ 为从 $n-1$ 时刻位置 (X_{n-1}, Y_{n-1}) 到 n 时刻位置 (X_n, Y_n) 位移矢量和航向的变化。

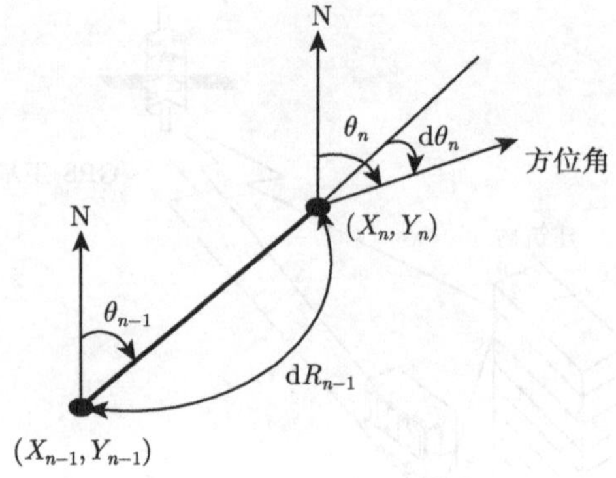

图 2-3　航位推算示意图

航位推算中采用的传感器主要有：里程表、速率陀螺仪、磁罗盘等。里程表是提供车辆行驶距离的传感器，它具有以下几种形式：光电式、电磁式、磁传感式、多普勒雷达等。通常车辆导航使用性能价格比最好的光电式。里程表检测车辆输出变速箱轴的转角，然后将测得的转角乘上标度系数得到车辆行驶的距离。标定常数与车轮的半径成比例，因此车轮半径的变化造成车辆行驶路程计算的误差。车轮半径的变化与以下几个因素有关：①车辆速度：随着速度增加车轮半径增加；②轮胎压力：随着轮胎内部压力增加轮胎半径增加；③轮胎胎面：随着轮胎胎面的磨损车轮半径减小。这三种因素的实际影响见表 2-2。在实际应用中，里程表造成的误差可控制在行驶路程的 2% (非驱动轮)。

表 2-2　影响里程表误差的因素

误差源	尺度/%	备注
轮胎压力	1.65/bar(非刚线) 0.35/bar(刚线)	在正常压力下误差较低
车辆速度	0.016/km/h(非刚线) 0.0023/km/h(刚线)	线性变化 可以计算机校正
轮胎胎面	3	在车辆维护过程中可以重新标定 计算机校正

磁罗盘是用来测量地球磁场水平分量方向的传感器，它对本地磁场的变化特别敏感，因此测量精度与车辆的磁环境有很大的关系。在一般的情况下由于地球磁场场强的分布造成的方向误差是 $1^\circ \sim 5^\circ$，但是在受到金属结构磁场干扰时误差将非常大，例如在通过钢铁大桥时，航向误差可达到 30°。磁罗盘测量航向精度受到以下因素的影响：①地磁场的局部变化；② 外界磁场的干扰；③车辆本身的磁场；④传感器对准误差。

测量车辆航向的另一种方法是通过速率陀螺仪。速率陀螺仪通过测量车辆转角的速率，并对时间进行积分得到车辆的角度变化，根据前一时刻的车辆方向来确定当前车辆的行驶方向。速率陀螺仪存在漂移误差，且随时间积累，但几乎不受外磁场影响。通常采用的速率陀螺仪为光纤和压电两种，光纤陀螺的精度较高，但成本较高，所以目前较普遍采用的是低成本压电陀螺。图 2-4 为日本 ENV-D 型压电陀螺的角度漂移曲线，其中 T 表示时间，Degree 表示输出脉冲转换成的角度值。

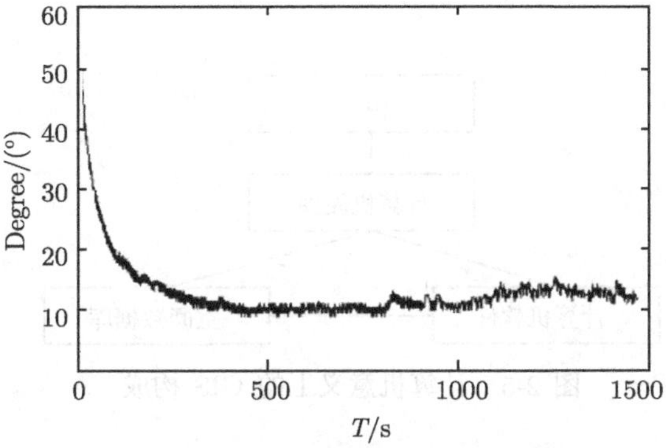

图 2-4　速率陀螺仪的角度漂移曲线

一个典型的航位推算系统的基本组成可以为：车辆里程表 + 速率陀螺仪 + 磁罗盘。针对航位推算系统的传感器特点，目前学界和业界采用了很多方法来提高整个系统的精度 (包括传感器的标定、建模和滤波等)，但是由于其固有的缺陷，因此目前纯航位推算系统的定位精度在车辆行驶路程的 3% ~10%。因此，需要引入其他方法来降低航位推算系统的累积误差。

2.3　GIS 简 介

2.3.1　GIS 的定义及组成

地理信息系统 GIS (geographic information system)，国外亦称为地学信息系统，是一种以采集、存储、管理、显示、分析、描述和传播整个或部分地球表面与空间地理分布有关数据的空间信息系统。GIS 是测绘、遥感、计算机、应用数学以及各种应用学科的有机结合。GIS 以地理空间数据库为基础，采用空间分析方法，能够适时提供多种空间和动态信息，并为地理研究和地理决策服务。GIS 具有如下特征 [8]：

(1) 具有采集、管理、分析和输出多种空间信息的能力，具有空间性和动态性。

(2) 以地理研究和地理决策为目的，以地理模型方法为手段，具有区域分析、多要素综合分析以及动态预测能力，能够产生高层次的地理信息。

(3) 计算机系统支持是 GIS 系统的重要特征。计算机进行模拟常规和专门的地理分析方法，并作用于空间数据，产生有用的信息，并快速、精确、综合地对空间数据进行动态分析。

从计算机科学的角度上讲，GIS 是由计算机硬件、计算机软件、空间数据库和用户组成。其中计算机系统是 GIS 的核心，空间数据反映了 GIS 的地理内容，管理人员和用户决定了系统的工作方式和表达方式。这种系统的构成可以用图 2-5 表示。

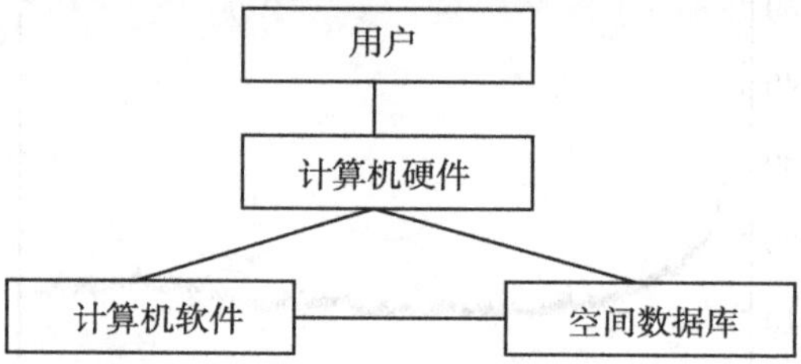

图 2-5　计算机意义上的 GIS 构成

GIS 的硬件结构体系如图 2-6 所示。计算机和外设连接成一个可以建立各种 GIS 的硬件环境。计算机是硬件的核心元素，用以数据的信息管理和加工分析；与之相连的外设包括输入输出设备以及存储设备，如数字化桌面、扫描仪或者其他测绘仪器；常用的输出设备是打印机或者绘图仪，硬盘和光驱被用以实现数据的读入读出。

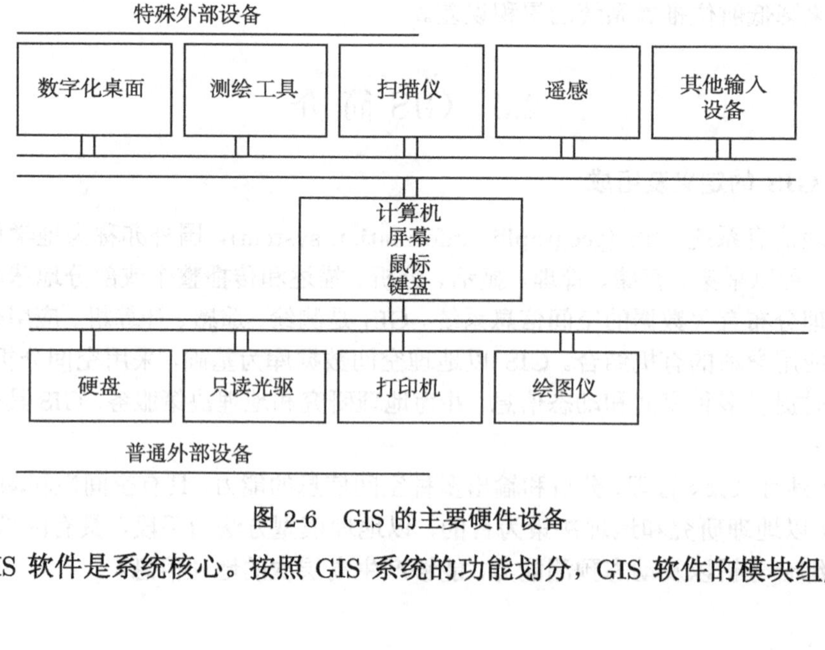

图 2-6　GIS 的主要硬件设备

GIS 软件是系统核心。按照 GIS 系统的功能划分，GIS 软件的模块组成可以用图 2-7 表示。由图可以看出 GIS 软件中空间数据库占据着极其重要的地位，一切 GIS 的操作都可以归结为空间数据库操作过程。

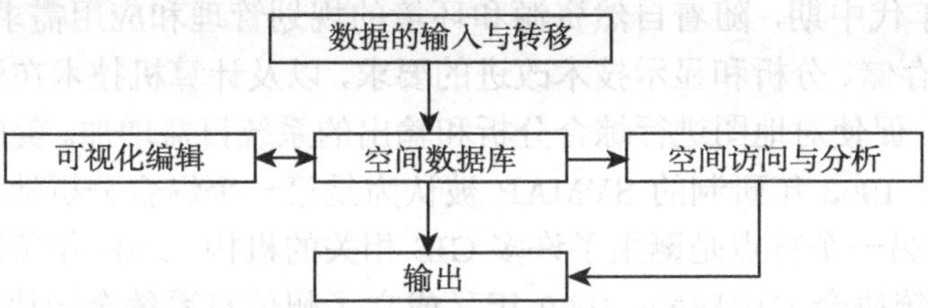

图 2-7　GIS 的软件体系

GIS 按其空间数据结构，可以划分为二维、二维半维、真三维以及时空 (多维)GIS 系统。其中二维 GIS 只支持平面实体，如点、线和平面区域等实体；二维半维 GIS 除了可以处理平面点、线、面实体外，还可以使实体附带高程信息，有较弱的三维功能。时空 GIS 系统不仅能够处理空间信息，而且能够处理空间物体附带的时间信息，如生存时间等。

GIS 按其应用范围可以划分为全球性、区域和局部的 GIS。

GIS 按其内容可以分为三大类：①专题信息系统，具有有限目标和专业特点的地理信息系统，如森林动态监测系统、水土流失信息系统；② 区域信息系统，主要以区域研究和全面的信息服务为目标，可以是国家级、区级或省市级的区域信息系统，或者是以自然分区，或者是以流域为单位的区域信息系统；③地理信息系统外壳，地理信息系统外壳是一组具有图形图像数字化、存储管理、查询检索、分析运算和多种输出的地理信息数据库的软件包。典型的地理信息系统外壳有 Arc/Info、Microstation 以及 ESRI 等。

2.3.2　GIS 的历史发展过程

地理信息系统的创立和发展是和空间数据库的表示、处理以及诸多应用手段的发展分不开的。地理信息系统本质上是计算机图形学、数据库技术在空间数据分析上的应用。1950 年 MIT 为其旋风一号计算机制造了第一台图形显示器；1958 年美国 Calcomp Corp. 首次研制成滚筒式绘图仪；1962 年 MIT 的 IvanEdward Sutherland 发表了题为“*Sketchpad: a man-machine graphical communication system*”的博士学位论文，首次提出了计算机图形学 (computer graphics, CG) 的概念，并确立了这一学科分支的独立地位。与此同时，数据库技术在 20 世纪 60 年代中期开始产生，1969 年 IBM 成功研制了层次型 DBMS 软件 IMS。1970 年关系型数据库之父 E. F. Code 发表了《大型共享数据库的关系模型》一文，开创了数据库关系方法和关系数据理论的研究，为数据库技术奠定了理论基础。地理信息系统正是在这些相关学科相互影响和相互促进中发展起来的。一般认为，从 20 世纪 60 年代到今天，GIS 的发展经历了四个阶段[9,10]：

(1) 发展阶段。20 世纪 60 年代初，计算机技术开始应用于地图量算、分析和制作。到 60 年代中期，随着自然资源和环境的规划管理和应用需求的加速增长，大量空间数据存储、分析和显示技术改进的要求，以及计算机技术在资源管理中应用的迅速发展，促使对地图进行综合分析和输出的系统日益增加。美国城市规划师 H. T. Fisher 于 1963 年研制的 SYMAP 被认为是第一个综合分析地图的程序。早期 GIS 发展的另一个特点是诞生了许多 GIS 相关的机构。1966 年美国成立了城市和区域信息系统协会 (URISA)；1969 年又成立了州信息系统全国协会；国际地理联合会 IGU 于 1968 年成立了地理数据收集和处理委员会。这些组织和机构的建立对 GIS 的传播和发展起了极大的作用。

(2) 巩固阶段。进入 70 年代后，计算机软硬件技术得到了快速的发展，使得 GIS 迅速朝着实用化的方向发展，不同专题、不同规模和不同类型的各具特色的地理信息系统在世界各国得以纷纷研制。1970~1976 年，仅美国地质调查局就建立了 60 多个地理信息系统。1975 年国际地理联合会成立了地理数据传输和处理委员会，1978 年国际测量者联合会决定其第三次委员会的任务是研究 GIS，同年在德国达姆施塔特工业大学召开了第一次 GIS 研讨会。这一时期的 GIS 研究还有一个特点是 GIS/RS 集成得到人们的重视。

(3) 突破阶段。这个时期地理信息系统逐渐走向成熟，相应的 GIS 发展有如下特点：人们从应用开始，在应用中不断开展理论研究。世界各国的很多大学和研究机构投入到这种研究中去，如 New York 大学建立了 GIS 实验，到 1988 年成为包括 California 大学和 Maine 大学在内诸多大学研究机构组成的美国国家科学基金会支持的国家地理和信息分析中心 (NCGIA)。这一时期 GIS 技术已经成为引人注目的领域，得到了政府、商业公司和大学的普遍重视。在计算机软件的研制上，由于微型计算机的蓬勃发展，出现了一大批功能强大的 GIS 软件，如 Arc/Info、IGDS/MRS、TIGER、Microstation、System 9、Genamap 等。

(4) 深化阶段。自 20 世纪 90 年代至今，微型计算机已经普及到公司、企业和普通家庭，GIS 的发展出现了新的趋势，这些趋势包括：①多种高技术综合、集成和社会化应用趋势，地理信息系统不仅融合进其他学科的最新成就，而且向其他学科渗透；②和网络技术结合；③GIS 的研究在理论上也取得了很多成就，如三维乃至时空数据模型等。

2.3.3 GIS 的现状和发展方向

近年来，计算机硬件得到了飞速的发展，硬件成本逐年下降；在软件技术上，面向对象技术、组件技术在软件设计中得到了越来越多的应用；Internet 的迅速普及使得远程分布式计算、数据在世界范围内共享已经变得轻而易举。在这种趋势下，未来的地理信息系统将在如下几个方面得到发展，并吸引学者进行更多的研究[8,11–20]：

(1) 面向对象的地理信息系统。近年来，面向对象技术已经深入人心，面向对象数据库管理系统是数据库管理系统发展的必然阶段。然而，对于面向对象数据库管理系统而言，目前仍旧存在很多问题没有解决，例如，缺乏统一的数学模型和数学形式化描述语言，在数据共享上存在诸多困难，这些理论困难都有待研究。此外，在应用上目前多通过扩展关系型数据库来实现数据库系统的对象外壳，即所谓的对象关系模式。

(2) 空间数据库模型研究。地球以及各种物体都是三维空间实体，因此目前的二维或者是二维半 GIS 对于完整地描述地球上的对象有一定的限制。一个三维空间数据库管理信息应该能够模拟、表示、管理和分析与三维实体相关的信息。此外，对于地理信息系统而言，空间实体常常具有时效性，近年来时空 (四维) 数据结构得到了一定的研究，它不仅能够明确表示空间实体的集合位置与拓扑关系，而且能够表示出空间实体的生成期、消亡期。

(3) 标准化研究及 OpenGIS。空间数据库的标准化是世界范围内共享的必然趋势，这种标准涉及数据模型、数据格式、数据内容、数据精确度以及数据操纵接口等。目前，一种跨平台方式、多用户的 OpenGIS 技术已经成为一个研究热点，它致力于理想的外部数据交换方式，开放式数据互操作协议 (建立类似于关系型数据库 ODBC 的空间数据操作 API) 以及数据共享平台。这些标准化研究使不同政府部门、企业和研究机构的不同的数据能够方便地访问，有利于网络 GIS 及分布式 GIS 空间数据库的建立，拓宽 GIS 系统的应用领域和功能。

(4) 组件 GIS 技术以及 WebGIS。组件技术使近 20 年来兴起的面向对象技术进入到成熟的实用化阶段。在组件技术的概念模式下，软件系统可以被视为相互协同工作的对象集合，其中每个对象都会提供特定的服务，发出特定的消息，并且以标准形式公布出来，以便其他对象了解和调用。组件间的接口通过一种与平台无关的语言 IDL(interface define language) 来定义，使用者可以直接调用执行模块来获得对象提供的服务。早期的类库提供的是源代码级的重用，只适用于比较小规模的开发形式；而组件则封装得更加彻底，更易于使用，并且不限于 C++ 之类的语言，可以在各种开发语言和开发环境中使用。由于组件技术的出现，软件产业的形式也将会有所改变。大量组件生产商会涌现出来，并推出各具特色的组件产品；软件集成商则利用适当的组件快速生产出用户需要的某些应用系统。大而全的通用产品将逐步减少，很多相对较为专业但用途广泛的软件，如 GIS、语音识别系统等，都将以组件的形式组装和扩散到一般的软件产品中。目前常用的组件模型有 Microsoft Com+、对象管理组织 OMG 的 Corba 以及 Sun JavaBean 等。信息高速公路的建立极大地方便了世界各国用户之间的信息共享和信息交换，由于 GIS 能够提供丰富的空间信息、属性信息以及空间分析和管理能力，因此 GIS 已经成为 Internet 非常重要的服务形式。目前 Internet GIS 的开发工具有 ESRI 的 Map Object IMS 和 ArcView IMS 以及 MapInfo 公司的 MapXtreme 等组件。

(5) 海量空间数据库的规划和空间索引技术。对于大区域的 GIS 系统而言，数据库规划合理与否，空间数据库索引设计的合理与否都将对系统的整体性能产生强大的影响。

(6) 空间数据的可视化技术研究。虚拟现实 VR 能够提供视觉、听觉、触觉、味觉、力觉等逼真模拟，使人置身于虽幻犹真的虚拟世界中，如对数字地形图的真实感显示对于飞行训练、可视化导航有着极其重大的应用价值，此外这类应用还有虚拟城市等。目前需要解决的问题是海量数据库的快速操纵和渲染算法的研究，近似快速算法的研究等。

(7)GIS 和多媒体数据融合及 GIS/GPS/RS/AI 集成应用研究。GIS 和多媒体数据以及 GPS/RS/AI 的集成可以使空间数据库的管理更加灵活多变。GPS 可以作为 GIS 的数据采集源，同时又可以利用 GIS 的数据进行辅助导航。因此这种融合拓宽了 GIS 的信息来源和应用，使建立更加科学的决策系统成为可能。

2.4　空间坐标及变换技术

2.4.1　坐标的定义

大地坐标系是依托地球椭球用定义原点和轴系以及相应基本参考面标示的较大区域地理空间位置的参考系 [21]。一点在大地坐标系中的位置以大地纬度与大地经度表示。

如图 2-8 所示，虚线为椭球的赤道面。A 为地面任一点，A 点的法线与赤道面的交角为大地纬度，常以 B 表示。从赤道面起算，向北为正，向南为负。起始子午面与 A 点的大地子午面间的二面交角为大地经度，常以 L 表示。以起始大地子午面起算，向东为正，向西为负。A 点沿法线至椭球面的距离为大地高，也称为椭球高，常以 H 表示。从椭球面量起，向外为正，向内为负。

高程是表示地球上一点空间位置的量值之一，它和水平位置值组合起来共同表示一个位置点。从测绘学角度讲，所谓高程就是对某一具有特定性质的参考面而言，没有参考面高程就失去了意义，同一个点不同参考面下的高程意义和数值是不同的。例如：正高是以大地水准面为参考面，正常高是以似大地水准面为参考面，而大地高则是以地球椭球面为参考面。这种相对于不同性质的参考面所定义的高程体系称为高程系统。

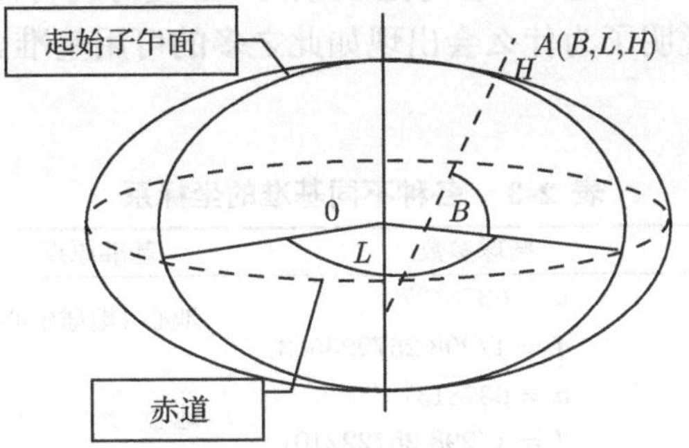

图 2-8　大地坐标系

著名的 WGS84(World Geodetic System 1984) 坐标系是地心地固坐标系 [1]，其定义如下：

(1) 坐标原点和地球质心重合，地球质心是指包含海洋和大气等整个地球质量的中心；

(2) 尺度仅限于地球框架，并符合引力相对论理论。

定向与国际时间局 BIH 定义的 BIH1984.0 方向相一致。

WGS84 坐标系是右手坐标系，其 Z 轴指向国际地球自转服务 IERS 的参考地极 IRP。这个方向与 BIH 定义的历元为 1984.0 的协议地极 CTP 基本一致。X 轴是过原点与 Z 轴垂直的平面和 IERS 参考子午面 IRM 的交线。Y 轴根据右手系的法则确定，它在 X 轴过原点与 Z 轴垂直的平面内逆时针旋转 90° 所指方向上。

2.4.2　GPS 坐标系与 GIS 坐标系的变换关系

现代导航定位系统通常使用大地坐标系。大地坐标系存在三个问题 [1,2,21]：①存在各种不同的大地系。例如 GPS 定位解算统一采用 WGS84 坐标系，而目前我国 GIS 数字地图所采用的平面直角坐标系主要是北京 54 坐标系和西安 80 坐标系。为了在非 WGS84 的数字地图上标绘符合 GPS 精度要求的位置，必须对 GPS 定位数据进行坐标转换。②大地坐标对于三维航空、航天导航是不方便的。因为由这种坐标系提供的第三维 (参考椭球之上的高度) 不同于大地水准面的高度和其他相关的不同椭球的高度。③大地经度和纬度不能直接在二维平面坐标中使用，必须经过地图投影变换。

从微观上来说地图并非圆球体，而是近似椭球体，在两极方向稍显扁平。对于地球有许多数学描述和坐标系。为了把局部地理区域准确地映射到地图上，许多地区当局采用特殊的局部坐标系。这些坐标系的大地坐标 (纬度、经度和高度) 取决于参考椭球的形状、大小和取向。这些参数 (及其他参数) 作为计算其他量的参考基准，因此，称之为坐标系基准。在考虑区域内，应使得旋转椭球体和地球体尽可能紧密地匹配。这就说明了为什么会出现如此之多的可用基准。某些重要的基准列于表 2-3 中。

表 2-3　各种不同基准的坐标系

基准	参考椭球	椭球参数	基准原点	范围
WGS84	WGS84	$a = 6378137$ $f = 1/298.257223563$	地心 (地球中心)	全球
NAD83	GRS80	$a = 6378137$ $f = 1/298.257222101$	地心	局部
ED50	国际椭球	$a = 6378388$ $f = 1/297$	德国波茨坦 Helmert 塔	局部
东京基准	贝塞尔 1841	$a = 6377397.2$ $f = 1/299.1527052$	日本老东京观测站子午圈中心	局部
北京 54	克拉索夫斯基	$a = 6378245$ $f = 1/298.3$	北京	局部
西安 80	LAG75	$a = 6378140$ $f = 1/298.257$	陕西省泾阳县永乐镇	局部

2.4.3　地球投影变换

地球上任意一点的位置是由经纬度来决定的。所谓地图投影就是建立平面 (2D) 上的点 (用平面直角坐标或极坐标表示) 和地球表面 (3D) 上的点 (用纬度 $\varPhi$ 和经度 λ 表示) 之间的函数关系，用数学公式表达即

$$x = f_1(\varPhi, \lambda) \tag{2-8}$$

$$y = f_2(\varPhi, \lambda) \tag{2-9}$$

地图投影的过程可以想象成用一张足够大的纸去包裹地球，将地球上的地物投影到这张纸上。根据这张纸的包裹方式的不同，可以分为多种投影形式，因而有各种投影公式，常见的有球面投影、Lambert 投影、Mercator 投影及 Gauss-Krüger 投影等 [21]。在车辆导航应用中，面向车辆导航的电子地图制作可选用 Gauss-Krüger 投影。

Gauss-Krüger 投影的基本原理是：设想用一个椭圆柱横套在地球椭球外面，并与某一子午线相切 (此子午线称为中央子午线)，椭球柱中心轴通过地球椭球中心；将中央子午线两侧一定经差 (例如 3° 或 1.5°) 范围内的椭球面，正形投影到椭圆柱面上，如图 2-9(a) 所示；然后将椭圆柱面沿着通过南极和北极的母线展开，即成高斯投影平面。在此平面上，以中央子午线的投影为纵坐标轴 y 轴，赤道的投影为横

坐标轴 x 轴，它们的交点为原点 O，于是构成高斯–克吕格投影平面直角坐标系，如图 2-9(b) 所示。

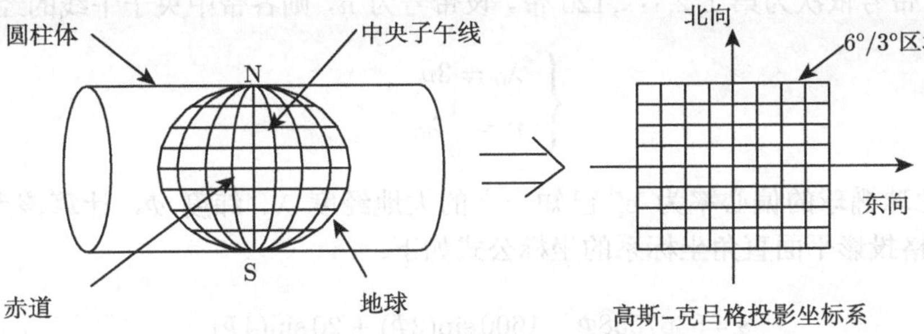

(a) 椭球投影到柱面　(b) 柱面展开成平面

图 2-9　高斯–克吕格投影原理图

高斯–克吕格投影是一种正形投影，投影后角度不变，长度除中央子午线长度不变外，其他长度均有变形。为控制长度变形不超过一定限值，通常将地球椭球划分为若干个带，以分带进行投影。目前分带方法有两种，一种是 3° 带，另一种是 6° 带。6° 带是自 0° 子午线起向东划分，每隔经差 6° 为一带，带号依次编为第 1，2，$\cdots$，60 带，如图 2-10 所示。

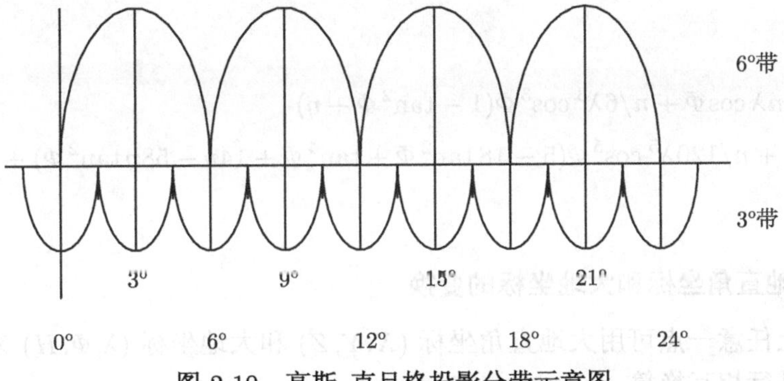

图 2-10　高斯–克吕格投影分带示意图

各带中央子午线的经度依次为 3°，9°，$\cdots$，357°，设带号为 n，中央子午线经度为 λ_0，则有

$$\begin{cases} \lambda_0 = 6n - 3 \\ n = (\lambda_0 + 3)/6 \end{cases} \tag{2-10}$$

因此，当已知一点大地经度 λ 时，可按下式计算该点所在的带号为

$$n = \lambda/6\text{的整数商} + 1(\text{有余数时}) \tag{2-11}$$

3° 带是在 6° 带的基础上划分的，它的中央子午线，奇数带与 6° 带中央子午线重合，偶数带与 6° 带分带子午线重合。即自 1.5° 子午线起，向东划分，每隔 3° 为一带，带号依次为第 $1,2,\cdots,120$ 带。设带号为 n，则各带中央子午线的经度为

$$\begin{cases} \lambda_0 = 3n \\ n = \dfrac{1}{3}\lambda_0 \end{cases} \tag{2-12}$$

令地球椭球的偏心率为 e_i' 已知一点的大地经度 λ、纬度 $\varPhi$，计算该点在高斯–克吕格投影平面直角坐标系的坐标公式如下：

$$\begin{aligned} s =& 6367558\varPhi - 1600\sin(2\varPhi) + 20\sin(4\varPhi) \\ & - 0.02\sin(6\varPhi) + 0.00003\sin(8\varPhi) \end{aligned} \tag{2-13}$$

$$\eta^2 = e'^2\cos^2\varPhi \tag{2-14}$$

$$n = \frac{6367558}{\sqrt{1-0.00669\sin^2\varPhi}} \tag{2-15}$$

$$\begin{aligned} x =& s + n/2\lambda^2\sin\varPhi\cos\varPhi + n/24\lambda^4\sin\varPhi\cos^3\varPhi(5-\tan^2\varPhi+9\eta+4\eta^2) \\ & + n/720\lambda^6\sin\varPhi\cos^5\varPhi(61-58\tan^2\varPhi+\tan^4\varPhi+270\eta^2-330\eta\tan^2\varPhi)+\cdots \end{aligned} \tag{2-16}$$

$$\begin{aligned} y =& n\lambda\cos\varPhi + n/6\lambda^3\cos^3\varPhi(1-\tan^2\varPhi+\eta) \\ & + n/120\lambda^5\cos^5\varPhi(5-18\tan^2\varPhi+\tan^4\varPhi+14\eta-58\eta\tan^2\varPhi)+\cdots \end{aligned} \tag{2-17}$$

2.4.4　大地直角坐标和大地坐标的变换

地球上任意一点可用大地直角坐标 (X,Y,Z) 和大地坐标 $(\lambda,\varPhi,H)$ 来表示，它们之间可进行相互换算。

1. 由大地直角坐标转换为大地坐标

$$\begin{cases} X = (M+H)\cos\varPhi\cos\lambda \\ Y = (M+H)\cos\varPhi\sin\lambda \\ Z = [M(1-e^2)+H]\sin\varPhi \end{cases} \tag{2-18}$$

式中，$M = a\sqrt{1-e^2\sin^2\varPhi}$ 为东西圆曲率半径；a 为长半轴；b 为短半轴；e 为离心率。

2. 由大地坐标转换为大地直角坐标

$$\begin{cases} \lambda = \arctan\left(\dfrac{Y}{X}\right) \\ \varPhi = \arctan\left[\dfrac{Z + (e')^2 b \sin^3\theta}{P - e^2 a \cos^3\theta}\right] \\ H = \dfrac{P}{\cos\varPhi} - M \end{cases} \tag{2-19}$$

式中，中间变量

$$\begin{aligned} &\theta = \arctan\left(\frac{Z_a}{P_b}\right) \\ &P = (X^2 + Y^2)^{\frac{1}{2}} \\ &(e')^2 = \frac{a^2 - b^2}{b^2} \end{aligned} \tag{2-20}$$

2.4.5 不同坐标系的相互转换

不同坐标系转换的模型很多，目前广泛采用的是布尔萨 (Bursa) 模型和莫洛坚斯基 (Molodensky) 模型 (参心坐标系与地心坐标系间转换)[21]。在实际应用中我们选用布尔萨模型，下面简要介绍该模型。

如图 2-11 所示，两空间直角坐标系为 O_s-$X_sY_sZ_s$ 和 O_r-$X_rY_rZ_r$。图中 r_0 为 O_r 相对于 O_s 的位置向量。ε_x、ε_y、ε_z 为三个轴不平行而产生的欧拉角，m 为尺度比不一致而产生的尺度比改正。

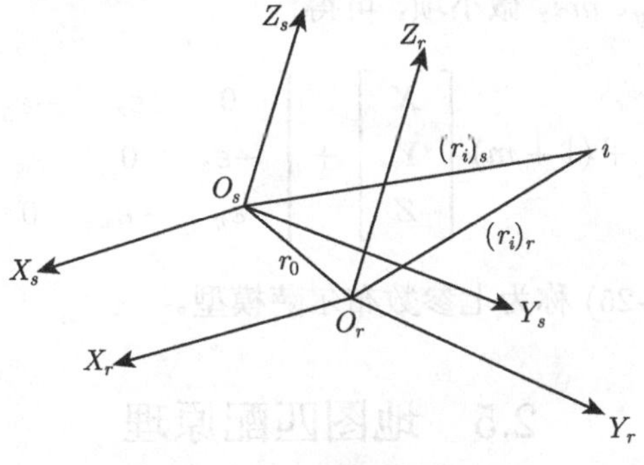

图 2-11 不同坐标系转换

具体转换公式如下：

$$(r_i)_s = r_0 + (1+m)R_x(\varepsilon_x)R_y(\varepsilon_y)R_z(\varepsilon_z)(r_i) \tag{2-21}$$

即

$$\begin{bmatrix} X \\ Y \\ Z \end{bmatrix} = \begin{bmatrix} \Delta X_0 \\ \Delta Y_0 \\ \Delta Z_0 \end{bmatrix} + (1+m)R_x(\varepsilon_x)R_y(\varepsilon_y)R_z(\varepsilon_z) \begin{bmatrix} X \\ Y \\ Z \end{bmatrix} \tag{2-22}$$

式中，$R_x(\varepsilon_x)$、$R_y(\varepsilon_y)$、$R_z(\varepsilon_z)$ 为三坐标轴旋转矩阵：

$$\left\{\begin{aligned} R_x(\varepsilon_x) &= \begin{bmatrix} 1 & 0 & 0 \\ 0 & \cos\varepsilon_x & \sin\varepsilon_x \\ 0 & -\sin\varepsilon_x & \cos\varepsilon_x \end{bmatrix} \\ R_y(\varepsilon_y) &= \begin{bmatrix} \cos\varepsilon_y & 0 & -\sin\varepsilon_y \\ 0 & 1 & 0 \\ \sin\varepsilon_y & 0 & \cos\varepsilon_y \end{bmatrix} \\ R_z(\varepsilon_z) &= \begin{bmatrix} \cos\varepsilon_z & \sin\varepsilon_z & 0 \\ -\sin\varepsilon_z & \cos\varepsilon_z & 0 \\ 0 & 0 & 1 \end{bmatrix} \end{aligned}\right. \tag{2-23}$$

由于 ε_x、ε_y、ε_z 一般都很小，故可展开取一次项，则式 (2-22) 简化为

$$\begin{bmatrix} X \\ Y \\ Z \end{bmatrix} = \begin{bmatrix} \Delta X_0 \\ \Delta Y_0 \\ \Delta Z_0 \end{bmatrix} + (1+m) \begin{bmatrix} 1 & \varepsilon_z & -\varepsilon_y \\ -\varepsilon_z & 1 & \varepsilon_x \\ \varepsilon_y & -\varepsilon_x & 1 \end{bmatrix} \begin{bmatrix} X \\ Y \\ Z \end{bmatrix}. \tag{2-24}$$

进一步省略 $m\varepsilon_x$、$m\varepsilon_y$、$m\varepsilon_z$ 微小项，可得

$$\begin{bmatrix} X \\ Y \\ Z \end{bmatrix} = \begin{bmatrix} \Delta X_0 \\ \Delta Y_0 \\ \Delta Z_0 \end{bmatrix} + (1+m) \begin{bmatrix} X \\ Y \\ Z \end{bmatrix} + \begin{bmatrix} 0 & \varepsilon_z & -\varepsilon_y \\ -\varepsilon_z & 0 & \varepsilon_x \\ \varepsilon_y & -\varepsilon_x & 0 \end{bmatrix} \begin{bmatrix} X \\ Y \\ Z \end{bmatrix}. \tag{2-25}$$

式 (2-24) 或式 (2-25) 称为七参数布尔萨模型。

2.5　地图匹配原理

地图匹配 (map matching，MM) 将已知车辆行驶路线的数学特征与地图数据库中道路的特征相比较，从而直接或间接 (例如通过卡尔曼滤波) 确定车辆的位置和行驶轨迹并校正传感器的误差。MM 的前提是假设车辆是行驶在道路上，而且道路上与定位有关的地图数据已知。其定位精度取决于数字地图的精度。该方法的

示意图见图 2-12。在图 2-12 中，当车辆驶过交叉路口越远，拐到路 R_2 行驶的概率越小；当这种概率下降到一定程度后，就可以确定路 R_1 作为车辆正确的行驶道路，同时可以校正航位推算的误差。

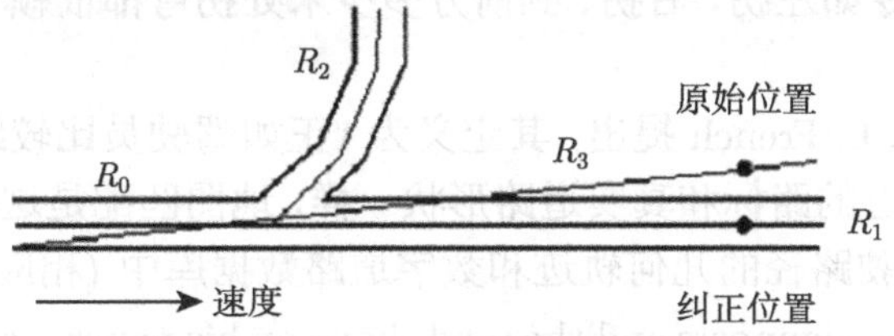

图 2-12　地图匹配示意图

将地图匹配引入车载导航系统的意义在于：

(1) 可以提供可视化的导航效果，不管是 GPS 单独定位、DR 单独定位，还是 GPS/DR 组合定位，定位系统的误差是不可避免的，此外数字地图存在一定的误差，因此在不存在地图匹配的前提下，车辆的位置通常都要偏离道路对应的位置。

(2) 可以提高导航定位系统的定位性能，在直线道路上地图匹配算法可以有效消除道路法向 (normal direction) 上的随机误差，当车辆运行在交叉路口进行拐弯时或车辆运行在曲线路段时，地图匹配算法可以消除系统的累积误差 (图 2-13)。

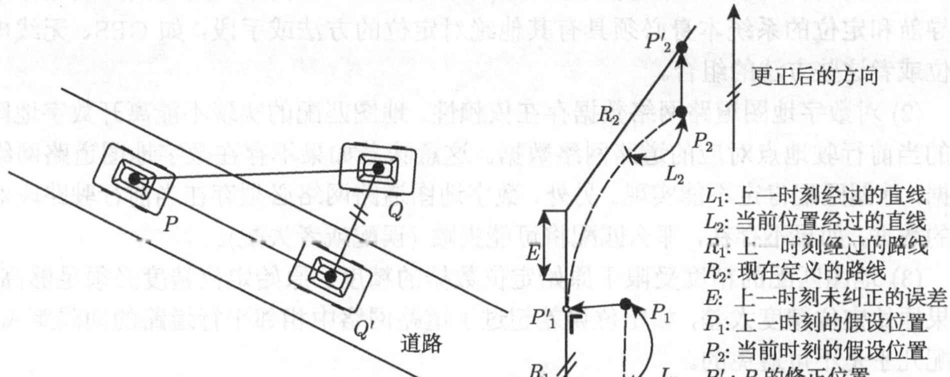

(a) 地图匹配消除单次定位误差　(b) 地图匹配消除累积定位误差

图 2-13　利用地图匹配消除定位误差 [23]

(3) 可以实时校正传感器参数以及航位推算系统参数，在城市高楼区、林荫道、立交桥、隧道极有可能长时间 GPS 定位功能失效，此时必须依赖 DR 系统进行定位，通过对传感器参数的不断校正，可以有效减少由于算法缺陷带来的累积误差。

(4) 地图匹配是车辆导航系统实现路径诱导 (RG) 的必要条件。车辆进行最优路径规划和发布实时导航指令都要依赖于地图匹配的结果。例如，要求当前点到某一终点的最优路径首先要知道当前点的位置，在哪个路段。同样对于路径诱导，要发布导航指令如左拐、右拐、到前方多少米处拐弯都依赖于当前位置及当前路段。

MM 最早由 R. L. French 提出，其定义为 "正如驾驶员比较纸质地图上的路标和道路形状与他附近的路标和真实道路形状一样，地图匹配是这样的一个过程，它不断地关联车辆行驶路径的几何轨迹和数字道路数据库中 (相应) 道路的形状"(As a driver compares the signposts and the road shape on his paper map with neighboring signposts and the real road shape, so a map-matching is the process that correlates continuously the mathematical shape of vehicle's path to shape of a corresponding digital road DB)[22]。MM 算法几乎都可以用式 (2-25) 进行形式化描述：

$$\hat{X}_N = f((X_0, X_1, X_2, \cdots, X_N)^{\mathrm{T}}, G(R, N)) \tag{2-26}$$

式中，X_i 表示 i 时刻的表征车辆的原始状态信息，如原始定位数据、速度、行驶方向等，G 表示道路网络，它由道路路段集 R 以及道路节点集 N 构成。

显然，所有的地图匹配算法都有如下特点：

(1) 对原始定位数据存在依赖性。任何的地图匹配算法都是非自主导航定位算法。地图匹配算法需要原始定位数据作为数据源。因此任何希望用地图匹配进行车辆导航和定位的系统本身必须具有其他绝对定位的方法或手段，如 GPS、无线电定位或者这些方法的组合。

(2) 对数字地图道路网络数据存在依赖性。地图匹配的实现不能离开数字地图中的当前行驶地点对应的道路网络数据。这意味着如果不存在数字地图道路网络数据，地图匹配肯定不能实现。另外，数字地图道路网络必须存在当前行驶路段对应的数据，如果不存在，那么匹配将可能失败 (误配或者失配)。

(3) 地图匹配的精度受限于原始定位数据的精度。原始定位精度必须足够高，如果原始定位精度太差，如定位误差超过了道路网络中相邻平行道路的间隔距离，误配几乎是不可避免的。

(4) 地图匹配的精度受限于数字地图道路网络的精度。道路网络本身必须能够达到一定的精度，目前的地图匹配算法通常建立在如下前提下：数字地图足够精确。这种精度不仅涉及几何位置精度而且涉及拓扑精度，即道路的邻接信息。几何精度表征了位置上的误差，它的重要性不言而喻，当数字地图道路位置精度大于 30m 时，通常很难得到正确的匹配结果。

任何一种地图匹配算法都涉及两个根本的问题：

(1) 当前车辆在哪一条道路上 (In which road)；

(2) 当前车辆在对应道路的哪一个位置 (Which position in given road)。

一般的说，如果知道了当前车辆所在的道路，具体的位置点总可以依据某种准则估计出来；另外一方面，如果已经确定了车辆的具体位置的话，当前位置对应的道路也不难求取。然而，这两个问题相互依赖，解决任何一个问题同时往往需要考虑另外一个问题，因此地图匹配过程中，这两个问题的解决过程总是交叉进行的。

2.6 Kalman 滤波

2.6.1 最小方差估计

最小方差估计是指采用均方误差最小作为估计准则的估计，即满足式 (2-27)：

$$E\left\{\left[X-\hat{X}(Z)\right]\left[X-\hat{X}(Z)\right]^{\mathrm{T}}\right\}\leqslant E\left\{\left[X-r(Z)\right]\left[X-r(Z)\right]^{\mathrm{T}}\right\} \tag{2-27}$$

式中，X 为 m 维系统状态变量矢量；Z 为 n 维观测矢量；$\hat{X}(Z)$ 为用观测矢量 Z 计算得出的关于 X 的最小方差估计；$E\{\cdot\}$ 表示取均值；$r(Z)$ 表示由其他方法得到的 X 的估计值。容易证明最小方差估计是无偏的 [23]，即残差的均值为 0，满足式 (2-28)。

$$E\{\tilde{X}\}=E\{X-\hat{X}(Z)\}=0 \tag{2-28}$$

同样容易证明，最小方差估计的均方误差就是估计误差的方差 [23]，即

$$E\{\tilde{X}\tilde{X}^{\mathrm{T}}\}=E\left\{\left[\tilde{X}-E(\tilde{X})\right]\left[\tilde{X}-E(\tilde{X})\right]^{\mathrm{T}}\right\} \tag{2-29}$$

为了求得 X 的最小方差估计，必须首先得到 X 的条件概率密度，对于工程中实际应用而言，系统状态的各种条件概率密度是很不容易得到的，因此这种估计方法的应用受到一定的限制。

2.6.2 Kalman 滤波

如果将估计值 $\hat{X}$ 规定为观测矢量 Z 的线性函数，即

$$\tilde{X}=AZ+b \tag{2-30}$$

式中，A 和 b 分别是 $(n\times m)$ 阶和 n 维的矩阵和矢量。A 值和 b 值仍旧按照最小方差估计来选择，则这样的估计被称为线性最小方差估计。可以证明，这种估计只需要知道被估计值 X 和观测值的一、二阶统计特性，所以它比最小方差估计更加实用，尽管它的估计精度一般小于最小方差估计。

对于动态系统，工程上常常要求由 t 时刻的量测值 $Z(t)$ 计算该时刻状态 $X(t)$ 的估计 $\hat{X}$，由于 $X(t)$ 是以前时刻的状态按照系统转移规律发展过来的，与以前时

刻的状态有关联。所以，利用 t 时刻和以前时刻的所有观测值对 $X(t)$ 进行估计，将有助于提高估计精度。但是对于最小方差估计和线性最小方差估计而言，由于计算方法的限制，同时处理不同时刻的观测值而得到 t 时刻估计值的计算量太大。因此，这两种估计方法不适合估计动态系统的状态。

Kalman 滤波是一种递推线性最小方差估计，它的估计准则仍是方差最小估计技术。在工程技术问题中，为了了解工程对象 (系统) 的各个物理量 (状态)，或者为了达到控制工程对象的目的，必须采用测量手段对系统的各个状态进行测量，由于观测值可能是系统的部分状态或其线性组合，且包含随机误差 (亦称观测噪声)。最优估计能将仅与部分相关的观测值进行处理从而得到统计意义上估计误差最小的更多状态的估计。Kalman 滤波是一种递推线性最小方差估计。它的估计值同样是观测值的线性函数，满足

$$\tilde{X} = AZ + b \tag{2-31}$$

并且，只要包含初始估计值在内的滤波器初值选择正确，它的估计也是无偏的。在计算方法上，Kalman 滤波采用了递推模型，即在以前估计值的基础之上，根据 t 时刻的观测值，递推得到 t 时刻的状态估计 $\hat{X}$。由于以前时刻估值是根据更加以前的观测值得到，所以说，这种递推算法的估计值可以说是综合利用了 t 时刻和 t 时刻以前的所有观测信息得到，并且一次仅仅处理一个时刻的观测值，使计算量大为减少。因为 Kalman 滤波是用状态方程和观测方程来描述系统和观测值的，所以它主要适用于线性动态系统。

2.6.3　Kalman 滤波方程

虽然工程对象一般都是连续系统，但是 Kalman 滤波常常采用离散化模型来描述系统，以便于计算机进行处理。离散系统就是用离散化后的差分方程来描述连续系统。假设离散化后的系统状态方程和观测方程为

$$\begin{cases} X_k = \varPhi_{k,k-1}X_{k-1} + \varGamma_{k-1}W_{k-1} \\ Z_k = H_kX_k + V_k \end{cases} \tag{2-32}$$

式中，X_k 为 k 时刻的 n 维状态矢量，也是被估计矢量；Z_k 为 k 时刻的 m 维观测矢量；$\varPhi_{k,k-1}$ 为 $k-1$ 时刻到 k 时刻的系统一步转移矩阵 $(n \times m)$；W_{k-1} 为 $k-1$ 时刻的系统噪声 (r 维)；$\varGamma_{k-1}$ 为系统噪声矩阵 $(n \times r)$，它表征由 $k-1$ 时刻到 k 时刻的各个系统噪声分别影响 k 时刻各个状态的程度；H_k 为 k 时刻的观测矩阵 $(m \times n)$；V_k 为 k 时刻的 m 维观测噪声。Kalman 滤波要求 $\{W_k\}$ 和 $\{V_k\}$ 是互补相关的零均值的白噪声序列，有

$$\begin{cases} E\left\{W_kW_j^{\mathrm{T}}\right\} = Q_k\delta_{kj} \\ E\left\{V_kV_j^{\mathrm{T}}\right\} = R_k\delta_{kj} \end{cases} \tag{2-33}$$

式中，Q_k 和 R_k 分别为系统噪声和观测噪声的方差矩阵，在 Kalman 滤波中要求它们分别是已知值的非负定阵和正定阵；δk_j 是 Kronecker δ 函数，即

$$\delta k_j = \begin{cases} 0, & k \neq j \\ 1, & k = j \end{cases} \tag{2-34}$$

初始状态的一、二阶统计特性为

$$\begin{cases} E\{X_0\} = m_{x0} \\ \mathrm{Var}\{X_0\} = C_{x0} \end{cases} \tag{2-35}$$

式中，$\mathrm{Var}\{\cdot\}$ 表示求方差。Kalman 滤波要求 m_{x0} 和 C_{x0} 为已知量，且要求 X_0 与 $\{W_k\}$ 以及 $\{V_k\}$ 都互不相关。

2.6.4　离散 Kalman 滤波的计算流程

由递推的观点看，假如在 $k-1$ 时刻已经获得了对 X_{k-1} 的最优估计值 $\hat{X}_{k-1}$；并且在 k 时刻又观测到 Y_k，则当前时刻 k 的最优估计 $\hat{X}_k$ 可以用两者的线性组合表示，即

$$\hat{X}_k = A\hat{X}_{k-1} + BY_k \tag{2-36}$$

式中，A, B 待定，满足

$$\begin{aligned} &E\left((X_k - (A\hat{X}_{k-1} + BY_k))(X_k - (A\hat{X}_{k-1} + BY_k))^{\mathrm{T}}\right) \\ \leqslant &E\left((X_k - (\tilde{A}\hat{X}_{k-1} + \tilde{B}Y_k))(X_k - (\tilde{A}\hat{X}_{k-1} + \tilde{B}Y_k))^{\mathrm{T}}\right) \end{aligned} \tag{2-37}$$

式中，$\tilde{A}$，$\tilde{B}$ 分别为与 A, B 同维的任意矩阵。最终 Kalman 滤波可以按照如下流程进行计算：

状态一步预测方程：

$$\hat{X}_{k|k-1} = \varPhi_{k,k-1}\hat{X}_{k-1} \tag{2-38}$$

状态估计计算方程：

$$\hat{X}_k = \hat{X}_{k|k-1} + K_k(Z_k - H_k\hat{X}_{k|k-1}) \tag{2-39}$$

滤波增益方程：

$$K_k = P_{k|k-1}H_k^{\mathrm{T}}(H_kP_{k|k-1}H_k^{\mathrm{T}} + R_k)^{-1} \tag{2-40}$$

一步预测均方误差方程：

$$P_{k|k-1} = \varPhi_{k,k-1}P_{k-1}\varPhi_{k,k-1}^{\mathrm{T}} + \varGamma_{k-1}^{\mathrm{T}} \tag{2-41}$$

估计均方误差方程：

$$P_k = (I - K_kH_k)P_{k|k-1}(I - K_kH_k)^{\mathrm{T}} + K_kR_kK_k^{\mathrm{T}} \tag{2-42}$$

2.7 当前车辆导航技术的比较

车辆定位系统最基本的任务是连续地保持车辆位置的精确定位。当前主要用在车辆导航定位方面的技术有信标技术、航位推算系统、无线电导航技术、GPS 卫星导航系统等，其各自性能详细分析如下：

(1) 卫星导航。以全球导航卫星系统 (Global Navigation Satellite System, GNSS) 为代表的卫星定位技术目前是车辆导航定位的最主流的技术。目前 GNSS 运行和研发的 GNSS 系统主要有美国的 GPS、俄罗斯的 GLONASS、中国的 BEIDOU 以及欧盟的 Galileo 等。以 GPS 为例，通过在太空的 24 颗导航卫星将位置和时间信息传输到车辆上的 GPS 接收机上，从而解算出车辆位置。从用户角度来看，其成本只来源于 GPS 接收机，但是 GPS 系统易于受到干扰，其接收机必须能够至少观测到 4 颗 GPS 卫星。高楼、树荫以及隧道都可能对 GPS 接收机造成遮挡，从而造成 GPS 导航的失效，而采用 DGPS 则受到差分电台作用距离的限制，且增加系统成本，并无法克服多路径的影响 [1]。

(2) 惯导系统 (INS)。惯导系统的高性能是以高的成本为代价的，如果不涉及姿态测量 (attitude determination)，车辆导航领域较少采用这种技术。

(3) 航位推算系统 (DR)。依靠车辆里程表和低成本速率陀螺仪测得车辆行驶距离和航向，来计算车辆相对于初始点的位置。此方法成本较低，可用于 GPS 短时间内不能正常定位的辅助定位。但是由于惯性仪表的漂移误差和里程传感器的标度误差，需要对系统进行定期校正来降低累积误差。因此，目前 DR 系统常常需要和其他系统组合。

(4) 信标 (Beacon) 技术。信标技术采用固定在道路边的信标，车辆上安装接收/发射器，当车辆接近信标时，车载设备与信标通过红外线或微波进行数据交换，从而确定车辆的位置 (从某种意义上信标也是绝对定位系统)。系统的优点是车载单元的成本较低，但另一方面在大范围内设置信标需要较大的基础设施投资，同时，信标的作用距离有限，且只有在设置信标的道路上才能确定车辆的位置，且车辆的位置精度和信标的密度有很大关系。

(5) 无线电导航系统。通过低频无线电波来确定车辆位置，此系统运营成本昂贵且易受电磁干扰，并且覆盖范围有限。

(6) 地图匹配 (MM) 技术。数字地图数据库中的道路网络本身就是一个辅助定位网络，因此如果数字地图精度足够高，地图匹配技术甚至可以达到一般差分 GPS 的精度，并且它可以提供可视化的定位效果，为路径诱导的实现提供基本信息。但是地图匹配是一种非自主算法，它需要原始定位数据和数字地图道路网络，因此地图匹配算法只能够辅助其他技术进行定位。

近年来以 CORS 为代表的差分 GNSS(Differential GNSS, DGPS) 技术可以达到厘米级的定位精度，以高通 gpsOne 为代表的 AGNSS(Assisted GNSS) 技术通过地面无线网络传输历书和星历信息可实现秒级快速定位。需要强调的是，上述两种技术卫星能定位的前提和普通 GNSS 定位技术一样，通常需要至少四颗可见卫星；gpsOne 可基于运营商基站辅助定位，但精度受运营商蜂窝密度的影响，一般不能满足车辆定位的需求 [24]。

表 2-4　当前车辆导航方法的比较

导航方法	优点	缺点
卫星导航 (GPS，GLONASS, BEIDOU)	绝对定位精度高 不存在累积误差 适合大区域导航	峡谷效应 多路径效应 建设和维护成本较高
无线电导航 (DECAA,OMEGA, LORAN-C,FMCF 无线台)	精度较高 运营成本低	信号噪声以及城市地区信号的衰减和屏蔽 建设和维护成本较高 作用区域有限
惯性导航 (INS)	精度高 自主 每次费用低 无范围限制	需要不断更新校正 费用高 (高性能时)
航位推算 (DR)	自主，不依赖外部信号 成本低	存在参数漂移 存在累积误差 一般需要和其他技术组合使用
红外信标	高精度：10～100m	太多信标 (建设和维护成本很高) 不可能应用于乡村地区
地图匹配	低成本 是实现路径诱导等服务的基础 高度可视化	非自主，需有对应区域的数字地图 精度受原始定位数据、数字地图精度影响 对应的地图道路网络必须完备 正确匹配道路库中必须存在相应的道路的记录

由前述分析和比较可以看出，任何一种导航设备和系统都是为了完成某种特定的导航需要而产生的，既有强项也有弱点，不可避免地存在着局限性，没有一种单一技术可以既经济又精确地完成车辆导航定位的功能，成熟的系统要求全面稳定的性能，因此需要两种或更多的导航技术组合在一起，才能连续有效地工作。

虽然将所有的定位技术综合应用于车辆定位应用是完全可能的。但是由于成本、覆盖范围等原因，低成本的 GNSS 接收机、性能价格比不断提高的惯性传感器和日益广泛出现的数字化地图，使得 GNSS、DR 和 MM 技术成为车辆组合定位技术的主流。

参 考 文 献

[1] Hofmann-Wellenhof B, Lichtenegger H, Wasle E. GNSS–global navigation satellite systems: GPS, GLONASS, Galileo, and more[M]. Springer Science & Business Media, 2007.

[2] Groves P D. Principles of GNSS[J]. Inertial, and Multisensor Integrated Navigation Systems, 2008, 521.

[3] Teunissen P J. Integer least-squares theory for the GNSS compass[J]. Journal of Geodesy, 2010, 84(7): 433-447.

[4] Ward P, Betz J W, Hegarty C J. Understanding GPS: principles and applications[J]. Satellite Signal Acquisition, Tracking, and Data Demodulation, 2nd ed. Artech House Inc., Norwood. 2006: 153-241.

[5] 张小国. 面向车辆导航的 GIS 及其地图匹配技术的理论与应用 [D]. 南京: 东南大学, 2001.

[6] Cotter D, Tatham M C. 'Dead reckoning'—a primitive and efficient self-routing protocol for ultrafast mesh networks[J]. IEE Proceedings-Communications, 1997, 144(3): 135-142.

[7] Cotter C H. Early dead reckoning navigation[J]. Journal of Navigation, 1978, 31(01): 20-28.

[8] 龚健雅. 当代 GIS 的若干理论与技术 [M]. 武汉：武汉测绘科技大学出版社, 1999.

[9] 陈述彭，鲁学军，周成虎. 地理信息系统导论 [M]. 北京：科学出版社, 1999.

[10] 黄杏元. 地理信息系统概论 [M]. 北京：高等教育出版社, 2008.

[11] 黄杏元. 我国地理信息系统建设及进展 (1)[J]. 现代测绘，2004, 27(2): 3-6.

[12] 李德仁. 21 世纪遥感与 GIS 的发展 [R]. 2003.

[13] 吴信才. 地理信息系统的基本技术与发展动态 [J]. 地球科学 (中国地质大学学报)，1998, 23(4).

[14] 王劲峰，李连发，葛咏. 地理信息空间分析的理论体系探讨 [J]. 地理学报, 2000, 55(1): 92-103.

[15] 孙怡，杨宜进，周平，等. 地理信息系统中的三维可视化方法 [J]. 吉林大学学报: 信息科学版, 2003(S1).

[16] 肖乐斌，钟耳顺，刘纪远，等. 三维 GIS 的基本问题探讨 [J]. 中国图象图形学报, 2001, 6(9): 842-848.

[17] 严霄凤，张德馨. 大数据研究 [J]. 计算机技术与发展, 2013, 4(32): 4.

[18] Herring J. OpenGIS Implementation Standard for Geographic information-Simple feature access-Part 1: Common architecture[J]. OGC Document, 2011, 4(21): 122-127.

[19] Sui D. Opportunities and impediments for open gis[J]. Transactions in GIS, 2014, 18(1): 1-24.

[20] Consortium O G. OpenGIS Web Feature Service (WFS) Implementation Specification[Z]. 2011.

[21] 董鸿闻，李国智，陈士银. 地理空间定位基准及其应用 [M]. 北京：测绘出版社, 2004.
[22] French R L. Map matching origins, approaches and applications[C]. 1989.
[23] 张贤达. 现代信号处理 [M]. 北京：清华大学出版社, 2002.
[24] Zhao Y. Mobile phone location determination and its impact on intelligent transportation systems[J]. Intelligent Transportation Systems, IEEE Transactions on，2000, 1(1): 55-64.

第 3 章　面向车辆导航的 GIS 模型与系统

将 GIS 引入车辆导航领域，利用 GIS 的图形接口、数据库生成和管理技术来辅助车辆导航，形成面向车辆导航的 GIS 系统 (Vehicle Navigation Oriented GIS，VNGIS)，VNGIS 可以说是现代车辆组合导航系统的基石。作者以实际工程开发经验为例，对面向车辆导航的 GIS 涉及的重要技术进行了详细介绍。

3.1　面向车辆导航的 GIS-VNGIS 简介

3.1.1　将 GIS 引入车载导航系统中的意义

VNGIS 系统是 GIS 领域和导航领域结合产生的应用科学。首先，它是数据库管理系统，具备数据库管理系统的几乎所有特点；其次，VNGIS 只是一种特殊应用领域的 GIS，它在具备常规 GIS 所有特点的同时，又具有如下个性特点：

(1) 在数据源上，相对而言 VNGIS 不如其他常规 GIS 那么重视一些空间实体。但是，VNGIS 强调道路网络数据库及其相应操作方法，VNGIS 很大部分功能都涉及对道路网络的操纵。

(2) 在数据获取上，VNGIS 强调数字地图空间数据库的时效性。车辆导航系统能够正确实行实时定位、最优路径规划、路径诱导的前提是数字地图数据库中的空间实体能够和外部世界的真实情况对应起来。事实上，客观世界的道路网络常常发生改变，如车辆导航系统中相应的数据库没有发生改变，在实际运行时导航系统相应的某些功能如地图匹配等将有可能给出错误的结果。因此，为了保证导航系统的整体性能，VNGIS 需要有一种快速的方法来实现空间数据获取和空间数据更新。VNGIS 数据的时效性还体现在，空间实体附属的交通信息是随时间变化的。

(3) 在系统性能上，VNGIS 系统强调系统的实时性。在导航系统中，定位数据需要及时更新，最优路径选取需要在车辆行驶过程中快速决策，而对应的 GIS 需要不断地处理这些数据，显然如果系统处理速度太慢的话，将无法正常工作。

(4) 在功能决策上，VNGIS 强调系统的决策能力。车辆导航系统的两个基本功能是定位和导航，而导航功能的实现，依赖于 GIS 根据不同的车辆位置、不同的道路情况、不同的用户需求来做出决策，从而向用户发布相应的导航指令。

(5) 在技术实现上，VNGIS 不仅需要计算机图形学、数据库技术和测量学等常规 GIS 的相关学科和技术的支持，而且需要自动控制、人工智能、多媒体以及通信技术等其他学科的支持。VNGIS 中的导航算法需要多传感器融合技术和动态信号处理技术；车辆路径规划需要人工智能技术的支持；交通信息的更新和位置信息的发布需要依赖通信和计算机网络技术。

(6) 在应用结构上，VNGIS 体现了一种特殊的应用形式：二元用户应用体系 (图 3-1)。VNGIS 的最终用户是车辆驾驶员，另外一方面数字地图数据库的生成和维护却常常依赖于专业技术人员。对于普通用户 (即车辆驾驶员) 而言，要求人机界面友好，并且要求避免数据的裸露；而对于专业技术人员而言，则强调数据库的操作能力。VNGIS 通过设置用户权限，通过不同的授权，从而达到不同的空间数据库操作。

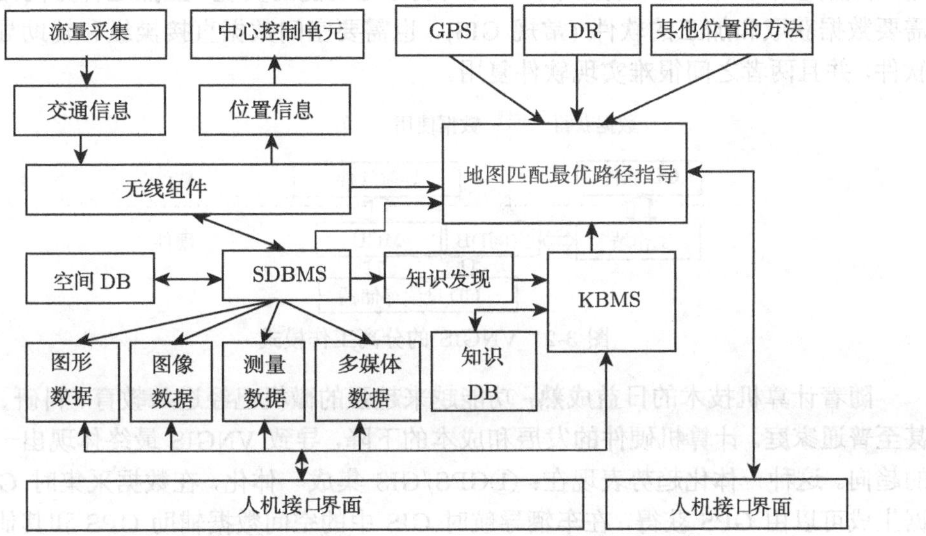

图 3-1　VNGIS 的二元用户体系结构

因此将 GIS 系统引入车辆导航系统 (VNS) 的意义在于：

(1) GIS 可以提供可视化的图形界面，将当前车辆的位置直接显示在计算机屏幕上，从而非常直观地提示驾驶人员。

(2) GIS 提供的道路网络本身可以看成一个伪定位系统，由于车辆通常是行驶在道路网络上面，因此道路网络可以用来进行辅助定位。地图匹配不仅可以消除定位误差中的随机误差，而且可以消除惯性器件的累积误差，实现持续定位。

(3) GIS 可以通过空间数据库操作，提供最优路径，从而进行路径诱导。

(4) GIS 所附属的大量空间数据库可以为用户提供大量的信息，方便驾驶。

鉴于上述特点，可以将 VNGIS 作如下定义：VNGIS 是一种以车辆导航为终极目标，与车辆行驶区域对应的数字地图数据库为数据源和数据目标，以空间数据库操作为手段，能够实现可视化导航的实时智能决策信息系统。

3.1.2　VNGIS 的研究现状和发展方向

VNGIS 的发展受计算机软硬件技术、数据库管理技术等相关学科的影响。早期的 VNGIS 系统都是分离式的，车辆导航单元由于硬件计算能力和存储空间的限制，只有极弱的空间数据库操纵功能，而空间数据库的采集和生成等任务通常在工作站上采用通用 GIS 完成。这种应用体系可以表述成图 3-2，在这种模式下，数据获取和数据使用是被严格划分的，在数据获取时采用功能强大的工作站进行数据输入和图形修改，在车辆实际导航时，空间数据库被价格低廉的微控制器进行操作，从而完成地图匹配、最优路径、路线制导等功能的实现，显然这种分离结构既需要数据获取和加工的软件 (常规 GIS)，也需要空间数据直接操纵和辅助导航的软件，并且两者之间很难实现软件复用。

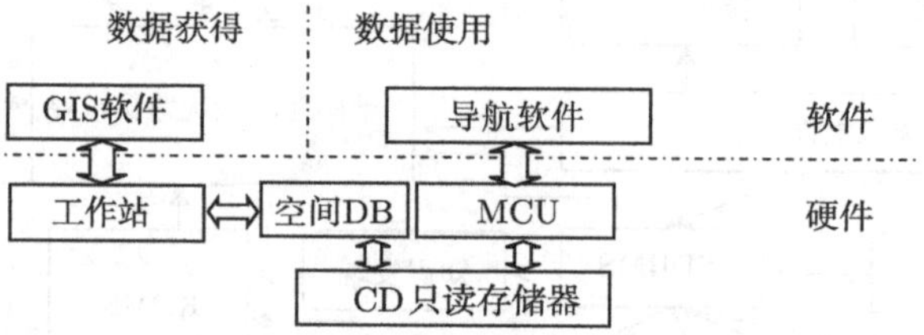

图 3-2　VNGIS 的分离工作模式

随着计算机技术的日益成熟，功能越来越强的微机已经进入教育、科研、学校甚至普通家庭。计算机硬件的发展和成本的下降，导致 VNGIS 最终体现出一体化的趋向。这种一体化趋势表现在：①GPS/GIS 集成一体化，在数据采集时 GIS 数据生成可以由 GPS 获得，在车辆导航时 GIS 中的空间数据辅助 GPS 和其他定位数据源进行车辆定位，GPS 和 GIS 相互辅助、互相依赖；②软件一体化，在此模式下，车辆导航和 GIS 空间数据获取与处理采用同一个软件 (或某一软件模块或者协议栈)，不同的是通过系统对不同用户的不同授权在不同的工作环境下完成不同的任务，该应用模式可以表述为图 3-3。

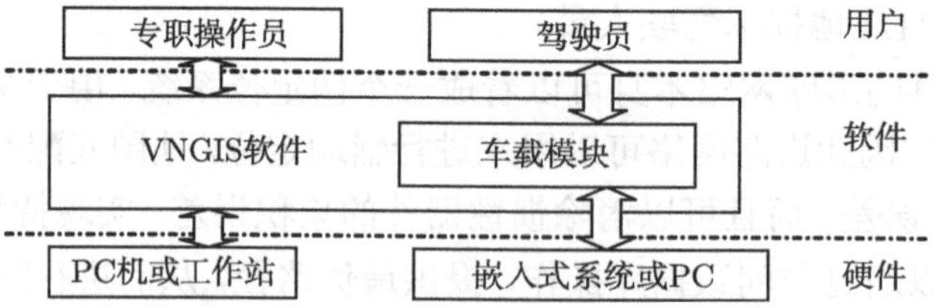

图 3-3　VNGIS 的一体化应用体系

由于车辆导航的广阔市场，国内外学者面向车辆导航的 GIS 进行了大量的研究。这些研究包括：

(1) 系统结构研究。组件技术是继面向对象设计语言后软件开发的新革命，在组件技术的概念模式下，对象都会提供特定的服务，并且以和平台无关的语言 IDL(interface define language) 标准形式公布出来以便其他对象了解和调用。其中，Microsoft Com+ 和 OMG 的 Corba 是较常用的两种组件模型。与此同时，Web Service 作为一种跨平台、跨操作系统的解决方案，近年来在 GIS 领域得到了广泛应用，其中最典型的是 OpenGIS consortium 已经制定了一系列 GIS 服务规范 [1−4]。

(2) 空间数据模型研究。主要集中于空间地物尤其是道路网络的几何与拓扑模型、自动综合、多分辨率表达、多尺度显示 (LOD) 等研究 [5−7]。其中，道路网络是数字地图空间数据库的核心元素，VNGIS 的诸多功能都依赖于道路网络。

(3) 数字地图空间数据库快速生成技术 [8,9]。数字地图空间数据库的制作是极其烦琐的，且费时费力，而且制作人员通常要经过一定的培训才能胜任工作。车辆导航系统对数字地图数据库不仅有几何精度上的要求，而且有拓扑准确性的要求，因此数字地图的质量往往与制作者的水平有关系，并且很容易受情绪的干扰。因此研制稳健的数字地图空间数据库自动生成算法可以有效降低工作量，降低成本，加快数字地图的制作和更新速度。

(4) 多传感器融合技术 [10−17]。由于现存的定位技术 GNSS、惯导、DR、视觉导航等都有各自的局限性，学界和工业界已经达成共识：必须通过组合导航定位的形式解决大规模车辆导航的位置获取问题，多传感器融合算法可以有效地提高系统的精度和稳定性。

(5) 多通道人机接口及多媒体技术 [18,19]。车辆导航系统辅助导航的前提是系统具有非常良好的人机交互接口。比如说，通常不需要通过键盘输入，系统支持通过触摸或通过按钮很快地实现系统设置和功能选取，具有语音接口，并且能够接收用户的自然语言指令等。此外，发布导航指令时应该能够通过图、文、声、像等多种媒体形式实现。在空间数据库的构造上，应该支持照片、声音乃至视频信号的融入。

此外，和网络技术结合，车辆组合定位技术可以成为城市交通监管、特种车辆监控的重要组成部分 [19−23]。车辆监控的常规模式可以表述为移动–总控模式。移动单元通过无线通信方式将车辆当前位置信息发送给总控室并显示在相应的计算机屏幕上面，同样总控室也可以通过无线通信方式，向移动单元发布命令。这种传统的车辆监控模式可以用图 3-4 表示。随着 Internet 技术的发展，将 Internet 引入车辆导航和监控，在得到授权的前提下，任何人 (Anyone) 可以实现对已经注册了的任意车辆 (Any vehicle) 在任意地方 (Anywhere)、任意时间 (Anytime) 的远程监控，其现实应用价值不言而喻。在技术实现上，可以采用 B/S 模式实现，其原理图可以用图 3-5 表示，图中中间件服务器的设计目的是一方面在于接收前台客户端访问和数据请求并予以回应，另一方面负责后台数据库安全管理和存储控制，访问控制权限设置，作为客户端和服务器交互的媒介通道，担负着所有的消息响应和数据返回工作。

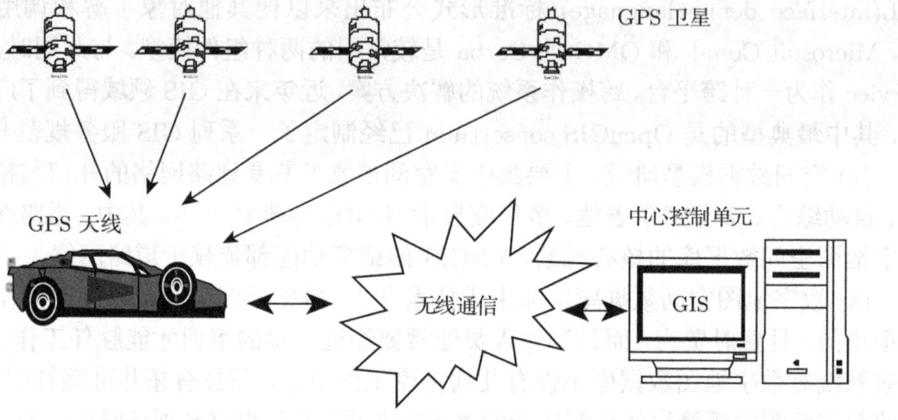

图 3-4　中心控制模式的车辆监控系统结构

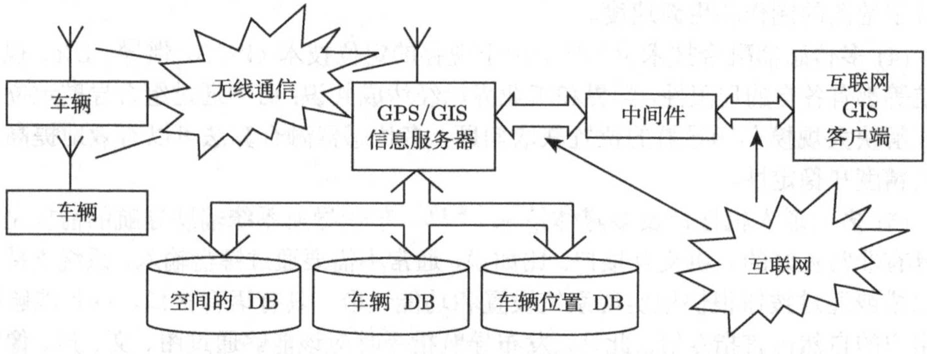

图 3-5　GPS/GIS Internet 发布的实现和远程车辆监控原理框架

3.1.3　VNGIS 的数据需求

在现代车辆导航定位系统中，路线规划、路径诱导、地图匹配以及车辆监控等诸多功能都依赖于地图数据库的各项信息。目前 GIS 采用的概念数据模型一般有 [24–26]：①基于点、线、面矢量数据模型；②基于连续铺盖的栅格数据模型；③矢量和栅格混合数据模型。矢量 GIS 模型用点、线、面抽象现实世界的空间数据结构，其核心任务是如何描述点、线、面空间对象及其相互之间的拓扑空间关系和相互约束关系 (如平行、垂直、相交、连接、连通和包容等)。该模型具有如下优点:①存储空间小、信息量丰富、数据操纵方便且具有较快的访问速度；②便于计算距离、边长、面积、体积和实体定位；③便于更新、邻域搜索、推理；④便于地理信息的显示，如旋转、缩放。因而这种模型适用于车载导航系统之中。

用于导航和监控的数字地图首先在地图内容和地图精度上满足需求，并且数据应完整无缝 (包括几何完整性和拓扑一致性)。现代车辆导航定位系统对地理信息和交通信息的需求通常可以概括为下述几类信息：①道路 (仅指公路、街道) 节点信息，其中包括路段交点和路段盲点；②路段信息，路段本质是节点的连接关系；③桥梁隧道信息；④区域信息，包括行政区域和地理区域等，其中前者如某个城市、省、市或邮编区域等，后者如公园、广场等；⑤其他交通形式的信息 (如铁路)；⑥湖泊或河流信息；⑦兴趣点信息，兴趣点可以是特定建筑物、机场、饭店、宾馆或旅游景点；⑧实时交通信息及天气预报等。

地理信息可以用上述实体及其相互关系表示。所有地理实体的共同属性是有一个相对于地球的位置而且具有一定的形状，这些属性称为几何属性。对于有些特征空间连接特性和相对空间位置非常重要的属性，这些称为拓扑属性。此外所有的实体还有显示属性，用来设置显示方式。

图 3-6 显示了道路网络的基本元素，图中节点 (node) 反映了道路段与道路段的交点，可以用二维或者三维的坐标表示。形状点 (polygonal point) 是指同一条非直线道路上的转弯点。道路路段 (road segment) 是连接两个节点的元素，可以用连接两点的直线 (直线道路) 或者多义线 (曲线道路) 表示。

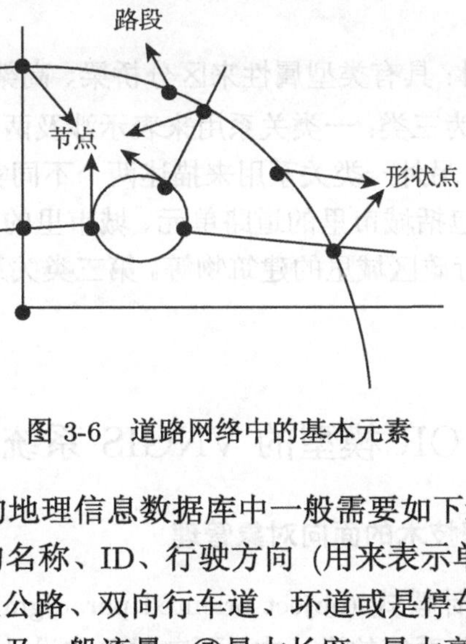

图 3-6　道路网络中的基本元素

用于车载导航系统的地理信息数据库中一般需要如下道路或路段信息：①道路的几何属性；②道路的名称、ID、行驶方向 (用来表示单行线或者是步行街)；③道路的形式 (汽车高速公路、双向行车道、环道或是停车场等)；④道路的级别 (主干道、辅助干道等) 以及一般流量；⑤最大长度、最大高度、最大宽度、最大载重、特定的交通限制 (如不对危险物品开放，收费信息等)；⑥道路的节点信息；⑦相邻的路段或道路 ID；⑧其他附加信息。

用于车载导航系统的地理信息数据库一般应当包括下述节点信息：①节点的几何位置 (可以用直角坐标或经纬度表示)；②每一个节点都应有其相邻节点的信息；③每一个节点都有和相邻节点的连接 (路段) 信息；④行驶限制信息，如道路段的航向限制、节点的拐弯限制；⑤红绿灯信息；⑥其他附加信息，如道路和河流或铁路的交点信息。

上述信息的节点和路段构成的有向强连通稀疏图中，由节点可以得到相邻的所有路段，由路段可以得到其首尾的节点。路段的形状点没有直接的数据结构，它依托于路段而存在。因此，上述数据模型可以保证最优路径搜索以及地图匹配算法能够顺利地对地图地理信息进行操纵。

实时更新的道路交通动态信息对于最优路径规划非常重要，这些信息包括：①道路实况，包括道路当前的流量、拥挤情况、红绿灯信息；②交通阻塞或交通事故路段或节点信息；③天气情况等其他重要信息。

此外对于面向导航的 GIS 而言，下述实体及其属性也是非常重要的：

(1) 河流或湖泊：ID、几何位置、名称。

(2) 行政区域：ID、区域几何位置、区域名称、区域级别等。

(3) 轮渡连接 (轮渡) 具有属性级别、代号 (轮渡认为是整个道路网络内部的一部分)、路的最大长度、最大高度、最大宽度、最大载重。

(4) 建筑物实体：ID，具有建筑物的级别 (宾馆、剧院等)、开放时间和名称等属性。

(5) 桥梁和隧道实体: 具有类型属性来区分桥梁、高架和隧道等。

实体之间的关系分为三类：一类关系用来表示涉及两个实体的交通信息。例如禁止转弯、靠右行驶等。另外一类关系用来描述两个不同实体之间逻辑结合时实际的空间关系，这些关系包括城市里的道路单元、城市里的建筑物、城市里的居住区以及道路边的建筑物、行政区域里的建筑物等。第三类关系专门用来描述一路段与另一路段的空间关系。

3.2　基于 OR 模型的 VNGIS 系统设计和构造

3.2.1　空间数据库管理技术的面向对象管理

近年来面向对象设计模式 (object oriented paradigm，OOP) 已经被广泛采用到各种柔性、可扩展软件系统的设计中。面向对象的设计方法具有表达事物状态、结构、行为的能力，很合适于操作复杂的对象，因此面向对象设计技术被广泛地应用到非传统的产业，如 CAD/CAM、GIS、AI、Multimedia 系统的设计中。

然而几乎所有上述的系统中，系统的功能都依赖于大量的数据库。因此如何将面向对象设计技术和数据库管理技术结合起来成为这些系统面临的共同问题。另外，自从世界上第一个关系型数据库管理系统 (relational database management system，RDBMS) 诞生以来，由于其丰富的理论基础、简洁化的形式表达，近二十年来第二代数据库管理系统关系型数据库已经在市场上占据了绝对的主导地位。目前几乎所有的 GIS 系统都支持关系型数据库 (RDB)，然而，在表达 GIS 的空间数据结构时，RDBMS 也存在先天的弱点 [27−31]，表现在：

(1) 类型简单，其原子数据类型有限，表达复杂的数据结构 (如复合对象) 往往力不从心；

(2) 逻辑关系简单，无法表示复杂的空间数据关系；

(3) 查询功能简单，无法完成空间分析必要的拓扑关系查询，无法可视化显示查询结果；

(4) RDBMS 中对象数据和数据的操作由应用程序完成，割裂了对象和数据库原有的关联性。

与传统的数据模型相比，面向对象数据模型更加适合表示复杂的空间数据结构，支持面向对象数据模型的面向对象数据库系统 (object oriented database management system，OODBMS) 已经成为新一代数据库的重要研究方向，目前有一些 OODBMS 已经被推出，如 Gemstone、ORION 等 [28,30,31]。OODBMS 有如下特点：

(1) 允许定义任意复杂的数据类型；

(2) 非常适合于表示面向对象分析常用语义概念，如特化 (specification)、聚集 (aggregation) 等；

(3) 支持复合数据，这一点在表示空间实体时尤其重要。

面向对象数据库有着丰富的建模能力，相对于传统方法用户建模更容易。然而面向对象数据库管理系统目前仍旧存在一些问题等待解决，如：

(1) 无坚实的理论基础，无统一的数学模型；

(2) 作为 DBMS 还很不成熟，无 RDBMS 的一些设施，如标准查询语言；

(3) 互不兼容，与 Internet 时代开放的潮流不相吻合；

(4) 无法兼容 RDB，不支持 SQL，由于当前关系型数据库在市场上占有绝对的主导地位，大量的现有资源，如现有的基于 RDB 的空间数据库将无法使用。

1990 年 RDB 的著名学者和厂商组成了高级 DBMS 委员会，撰文《第三代数据库系统宣言》，并指出从 RDBMS 出发，增加类层次结构和类组合结构等 OO 机制，目前的 RDBMS 便可以直接进化为第三代 DBMS。

目前使数据库支持对象的方法主要包括如下两种：①扩展 OOPL 使之支持持久存储，典型的系统如 Gemstone 以及 ORION，然而在数据共享、对象查询等诸多方面这种系统仍旧存在很多问题；②扩展 RDBMS(或其数据库引擎), 使之支持面向对象概念，即给 RDB 和对象之间设计一层映射外壳，形成所谓的对象–关系模型。

对象–关系 (OR) 模型一方面是由于面向对象技术仍旧存在一定的困难而造成，另一方面也是科学向商业经济利益妥协的产物。然而，OR 模型的存在仍旧有着巨大的应用价值：它在符合数据共享潮流的同时，能够直接利用以前的成果 (关系型数据库)，容易实现数据转换和客户/服务之间的数据互操作。

OR 模型能够提供用户面向对象的设计方法，大大简化了用户的操作以及系统设计，并且系统安全可靠，数据库的一致性和完整性由中间件完成。

系统柔性化、高度可扩充性，几乎可以支持用户定义的包容任何数据类型的类对象，并且这一切对用户是透明的，用户甚至可以在不知道类对象对应的数据库 (即类对应的 RDB) 的逻辑结构的前提下实现对空间对象的定义、查询、操作，而这种操作完全建立在面向对象的基础之上。

传统的GIS是一个以数据为中心、数据对用户彻底裸露的系统模型(图 3-7(a))，而基于 OR 模型的 VNGIS 对应于一个以对象为中心、数据被封装的系统模型 (图 3-7(b))。而封装的实现是通过中间层 (middleware) 实现的，它将面向对象的外部请求转变为内部的关系型数据操作，同时将内部关系型数据库的改变通过对象形式的视图反馈给用户。从这个意义上讲，对象层以及对象–数据库中间层都是数据库的代理 (broker) 层；不考虑系统性能和工作流程，对于用户而言，ORGIS 和 OOGIS 有一致的界面。

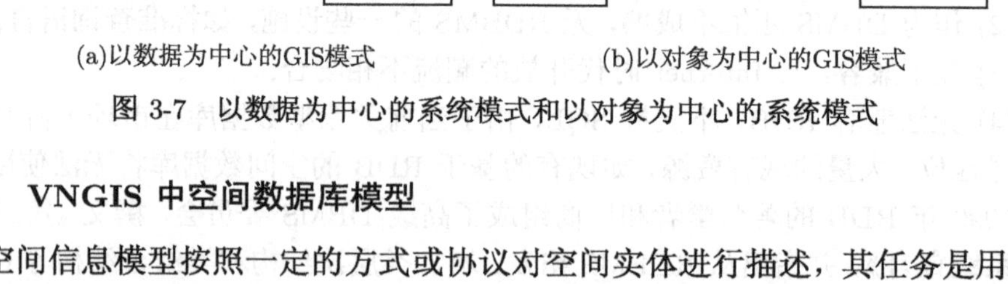

图 3-7　以数据为中心的系统模式和以对象为中心的系统模式

3.2.2　VNGIS 中空间数据库模型

空间信息模型按照一定的方式或协议对空间实体进行描述，其任务是用数学语言描述、组织空间实体并且定义空间实体及其相互关系，设计其数据库结构、物理组织以及存储路径。VNGIS 作为一个空间数据库管理系统，和常规 DBMS 一样，设计过程可以用图 3-8 表示。其中，外部模式 (external schema) 是指由于观念以及兴趣不同而造成的对外部空间数据的不同描述和抽象，概念模型 (conceptual model)、逻辑模型 (logical model) 和物理模型 (physical model) 是有机联系的三个层次。

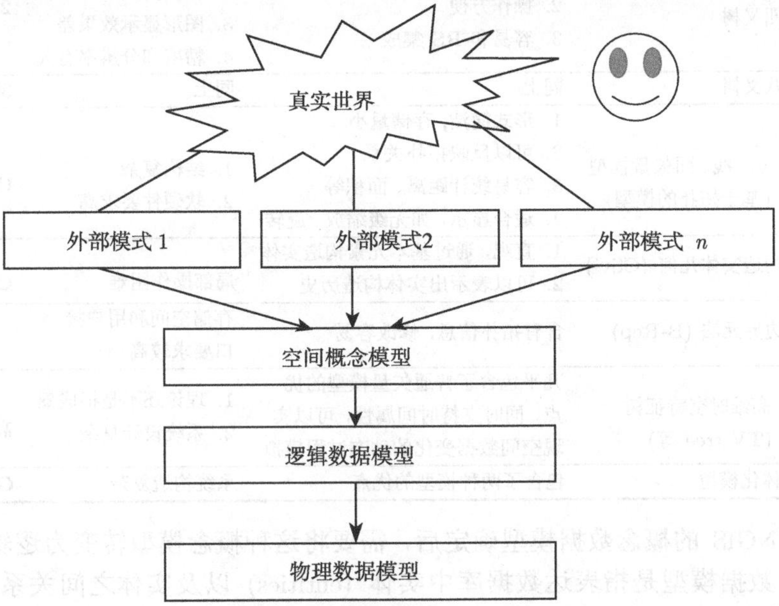

图 3-8 空间数据库设计流程

GIS 空间数据的概念模型是考虑用户需求的共性，用统一的语言描述和综合、集成各用户视图，其基本任务是确定感兴趣的现象和基本特征，描述实体之间的相互关系，从而确定空间数据库的信息内容。

如前所述，空间数据的概念模型通常可以用三种方法表示：①矢量表示法；②栅格表示法 (即体 (面) 素法)；③混合表示法。表 3-1 列出了这三种方法的优缺点及适用场合。

表 3-1 中列出的几种空间实体模型中，体 (面) 素模型 (即通常的栅格模型) 屏幕显示效果差，并且其致命的缺点在于无法进行拓扑分析，而车辆导航中地图匹配和最优路径等算法都需要进行拓扑分析，而地图匹配、最优路径规划几乎是现代车辆导航系统必备的功能，因此这种模型一般不适合用于车辆导航。矢量地图进行拓扑分析比较方便，可以实现图形的无级缩放，且其内部道路网络可以很好地辅助地图匹配和最优路径规划，因此成为 VNGIS 中最常用的空间数据库概念模型。体素–矢量一体化模型同时具备了栅格数据库和矢量数据库的优点，但是系统构造稍复杂，并且一般矢量数据模型已经可以满足车辆导航的要求，因此一般并不常为 VNGIS 选用。

表 3-1　空间实体表示方法一览表

空间实体表示方法		优点	缺点	适用场合
体 (面) 素表示法	四叉树	1. 存储简单 2. 操作方便 3. 容易和 RS 集成	1. 无法处理拓扑关系 2. 存储量大 3. 图形显示效果差 4. 精度和分辨率有关	2D GIS
	八叉树	同上	同上	3D GIS
矢量表示法	点、线、面矢量模型 (基于拓扑的模型)	1. 形式简洁, 存储量小 2. 可以反映拓扑关系 3. 容易统计距离、面积等 4. 适合显示，如无级缩放、旋转	1. 结构复杂 2. 软硬件要求高	GIS
	构造实体几何 (CSG)	1. 直观，通过基本元素构造实体 2. 可以表示出实体构造历史	局部操作困难	CAD/CAM
	边界元法 (B-Rep)	含有拓扑信息，修改容易	存储空间和用户接口要求较高	
	高维时空特征树 (TV tree 等)	几乎包含了普通矢量模型的优点，同时支持时间属性，可以实现空间数据变化的动态过程模拟	1. 理论还不是很成熟 2. 系统设计复杂	高维 GIS
体素矢量一体化模型		包含了两种模型的优点	系统构造复杂	GIS

当 VNGIS 的概念数据模型确定后，需要将这种概念模型转变为逻辑数据模型。逻辑数据模型是指表达数据库中实体 (entities) 以及实体之间关系的模型。通常存在三种逻辑数据模型：①结构化逻辑数据模型 (structural data model)；②面向操作的逻辑数据模型 (operation-oriented data model)；③面向对象的逻辑数据模型 (object-oriented data model)。在这三种模型中，结构化逻辑模型显式表示实体关系的树形或网状结构，容易表达空间实体的多对多情形，然而其缺点是比较复杂，与之对应的是早期的层次型数据库 (hierarchical database) 或者网状数据库 (network database)。面向操作的数据模型用 2D 阵列表示实体以及相互关系，用关系操作提取和查询数据实体及其关系，与之对应的是关系型数据库 (RDB)。而面向对象的逻辑数据模型采用对象分析方法，它最接近思维的本质，采用对象的状态、行为以及消息来描述空间实体及其关系最为有力，它可以采用面向对象数据库 (OODB) 持久化，也可以用关系型数据库存储 (即对应 OR 模型)。

在面向对象技术中，所有的空间实体都可以用对象来表示和模拟，空间实体的属性可以用对象的属性或者状态表示，空间实体的特性可以用对象的行为或者方法表示。所有具有相同特征的对象被概括或者说抽象为类 (class)。如果说某一类对象 A 具有另外一类独立对象 B 的所有特性或方法，那么通常可以将 A 的类从 B 的类中派生 (或者说继承)，并称对象 A 对应的类为独立对象 B 所拥有的子类 (subclass)，而后者是前者的超类 (super class)。

有前述分析，面向车辆导航的 GIS 中，车辆导航必需的空间数据库用 OO 分析方法可以概括 (generalize) 并分类 (classificate) 为四种基本类型：①点 (Point) 实体；②线 (Line) 实体；③面 (Face) 实体；④复合实体 (Complex entity)。其中前三种实体为简单实体 (Simple entities)，相应的形式化描述为：

```
Point::=(Name,x,y,Paras)
Curve::=(Name,(x1,y1,z1),(x2,y2,z2),···,(xN,yN,zN),Paras)
      ::=(Name,PointID1,PointID2,···,PointIDN,Paras)
Face::=(Name,(x1,y1,z1),(x2,y2,z2),···,(xN,yN,zN),Paras)
::=(Name,PointID1,PointID2,···,PointIDN,Paras)

      ::=(Name,Curve1,Curve2,···,Curven,Paras)

Complex entity::=(Name,Point1,···,PointN1,
                  Curve1,···,CurveN2,
                  Face1,···,FaceN3,
                  Composite,···,CompositeN4,Paras)
```

在上面的描述中，Name 为实体的全局唯一标志 (GUID) 名, 它可以为字符串，也可以为一个数，Paras 表示了附着在实体上的参数集, 此外复合实体的表示中其聚集的成员同时包含了点 (Point)、线 (Line)、面 (Face) 的所有特化类 (子类)。点、线、面以及复合实体的相互关系可以用图 3-9 表示。

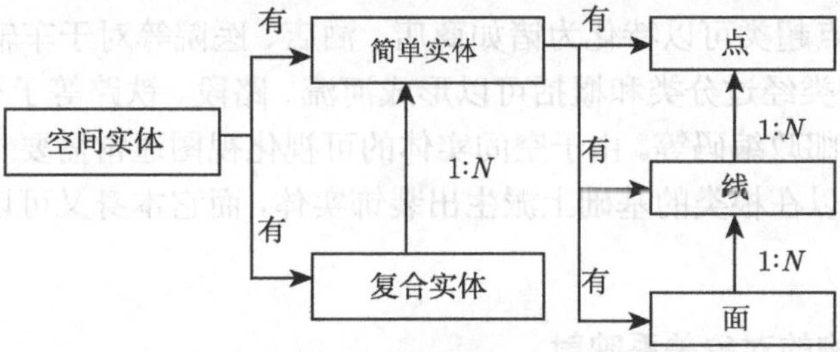

图 3-9　空间基本实体相互关系

在现代车辆导航定位系统中，如果仅用点、线、面以及复合实体来表示所有的空间实体显然是不够的，相应的数据库操纵也不方便。比方说对于一条线元素，它可以是河流，也可能是道路路段，而河流和道路路段各自有自己诸多属性，要充分存储这些不同类型的属性以及可能出现的新的线形实体中的其余新属性，单纯用线类很难存储。在这种困难下，必须再对线特征中具有相同特征的实体进行概括，具有不同属性的实体进行分类，即再度派生出若干子类 (subclass)，并且都让它们继承线实体的固有属性，则可以形成公路类、铁路类、河流类等诸多子类。类似地，整个面向车辆导航的 GIS 系统中空间数据的对象模型可以表述为图 3-10。

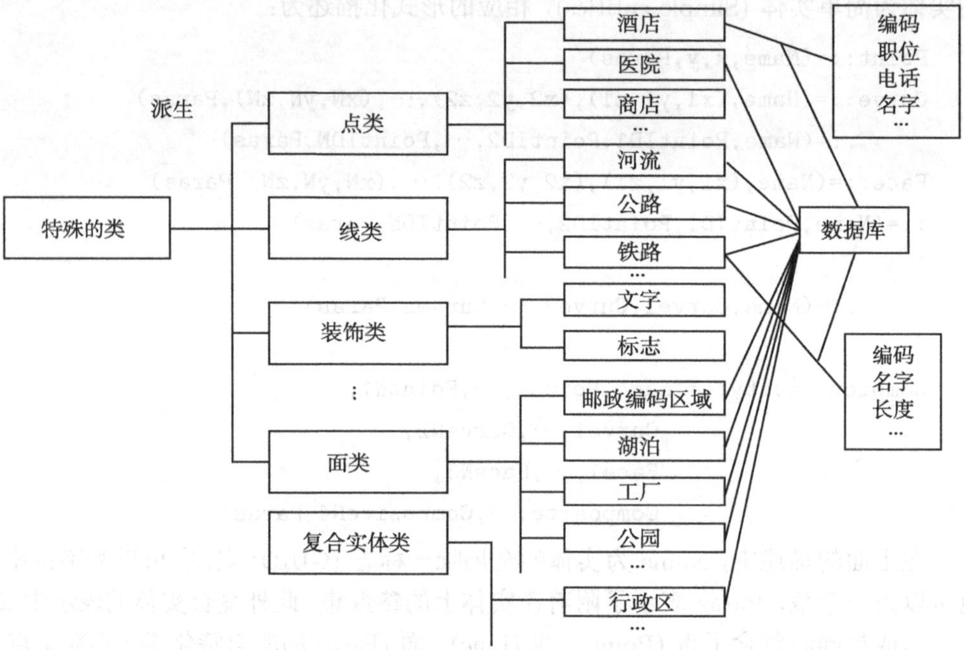

图 3-10　空间实体派生体系

图 3-10 中点超类可以特化为诸如商店、酒店、医院等对于车辆导航很重要的空间实体；线超类经过分类和概括可以形成河流、路段、铁路等子类；而面类可以再派生出湖泊、邮政编码等。由于空间实体的可视化视图通常需要一些文字或图形之类的装饰，所以在根类的基础上派生出装饰实体，而它本身又可以派生为文字和标志实体两类。

3.2.3　空间地物的对象关系映射

如前文所述，基于 OR 模型的 DBMS 通过给 RDB 增加外壳，使得对象层和关系型数据库中间形成一个代理中间层，它负责将用户视图的面向对象模式转化为关系型模式，从而实现对象的持久化 (persistence)，同时它将关系型数据库的修改通过对象的形式反馈给用户。因此，要实现这种系统，需要能够完成如下任务：①对象模型向关系数据库的转换关系；②模型的对象实例化方法。

为了区分不同类的实体和同一类的不同对象，基于 OR 的 VNGIS 中所有的对象都应该附带三个属性，其一为类名 (ClassName)，其二为类标志 (ClassID)，其三

为对象名 (OID)，这三个属性都是全局唯一标志 (GUID)，通常类名用字符串表示，而对象名用一个若干位的非负正数表示。例如对于路段类可以用类 C++ 语言表述为：

```
class CRoadSegment:publicCSpatialLine        //基类为CSpatialLine
{
public:
    void OnInit();                           //初始化
    void OnLoad(ifstream& is);
    void OnSave(ofstream& os);
   /* other methods*/
protected:
    char* m_sClassName;                      //类名
    UINT m_nClassID;                         //类标志
    UINT m_nOID;                             //类实例化唯一标志
    /** Other properties */
 };
```

对象向关系型数据库的转化可以表述为如下原则：

(1) 如果一个类不存在父类，那么将之直接转化为 2D 的关系表，将所有的简单属性转化为表属性，如果类成员中存在复合成员 (如结构)，通常可以将成员拆分成原子属性。另外可以考虑的方法是将之作为一个整体采用二进制大对象 (binary large object, BLOB) 存储。例如，一个点，如果不存在超类，那么，这种转化可以用下述 CSpatialPoint 表，由于实体的标志唯一，因此可以以此为主键。

```
class CSpatialPoint
{
protected:
    char* m_sClassName;          //类名
    UINT m_nClassID;             //类标志
protected:
    floatm_x,m_y,m_z; //Spatial Position
    /* other property */
}
```

CSpatialPoint 表

m_nID	m_x	m_y	m_z	其他属性 ···

(2) 如果对象是某类的派生类，由于派生类包含了父类的所有成员和方法，可以首先将父类关系化，然后将剩下的属性关系化，如医院可以由点实体派生，用类 C++ 表示成：

```
class CHospital:public CSpatialPoint
{
protected:
      char* m_sClassName;
      char* m_sClassName;      //类名
      UINT m_nClassID;         //类标志
protected:
      char* m_sName;           //医院名称
      char* m_sPhone;          //电话号码
      /* other property */
}
```

则最终生成两张表，所有属于基类的属性都存储于基类对应表，所有属于派生类但是不属于基类的实体存储于派生类对应表，两个表都用本身对象的 ID 作为主键，而派生类总的父对象的标志是以外键的形式存在。当然都存储在派生类不生成基类也可以实现，此略。需要说明的是：①对象的父类可能仍旧是派生类，如果出现这种情况，可以经过有穷次递归最终将一个经过若干代派生的类转化为不同等级的关系表；②当对象存在多重继承时，上述方法会存在一定的困难。

CSpatialPoint 表

m_nID	m_x	m_y	m_z	其他属性 ···

CHospital 表

m_nID	M_sName	m_sPhone	其他属性 ···	M_nID of Superclass

(3) 如果对象本身是嵌套类，即对象的成员为类对象。与派生类的表示方法类似，所有的成员类都生成单独的关系，嵌套类剩余的非类成员再映射成一张 2D 关系表，为了表明嵌套类和成员类对象之间的这种约束关系，包容类的对象 ID 被添

加到成员类的关系表尾。

(4) 如果两个类之间存在 1:1 对应关系，可以将其中任意某一类的对象 ID 加到另外一个对象映射的关系表后作为外键存在。

(5) 如果两个类之间存在 $1:N$ 对应关系，可以将 1 对应的类 ID 加到 N 对应的对象关系化的表末尾。如一个地图层常常用来存储具有类似属性的空间对象，道路总被存储到道路层，一个对象只对应一个层。因此，映射这种关系时，可以将层对象的 ID 添加到对应存储的对象的关系表后。

Layer 表

m_nID	LayerName	Color	其他属性 ···

RoadSegment 表

m_nID	RoadName	Length	其他属性 ···	M_nID of Layer

(6) 如果两个类之间存在 $N:M$ 的对应关系，则生成一个新的关系表，该表主键为两个类主键的组合。如，到达一条有向路段可以由多条有向路段到达，同样可以到达它的路段也可以有多条去路。相应关系可以映射为：

RoadSegment_RoadSegment 表

m_nRoad1ID	m_nRoad2ID

基于 OR 模型的对象查询需要将 RDB 中存储的关系表转化为空间对象，然而由上述对象模型向关系模型转化的流程中可以发现：在没有任何其他先验知识的前提下，无法区分派生、嵌套以及对象关联。因此，OR 模型的 VNGIS 要可靠地实现两种模式的映射必须建立类字典，以类字典对应的规则进行对象生成维护，因此基于 OR 模型的 VNGIS 中的中间层同时是一个对象管理器，或者说是对象工厂。

通过关系表描述类的定义、类的派生路段、类间的关系，类字典可以被确立。考虑到空间实体通常按照层存放，定义层作为特殊的对象为空间实体的保留属性，所有的空间实体必须支持层的概念。则这种类和对象管理结构可以用下述一系列关系表表示：

类名表

ClassTable::=(ClassID,ClassName,ClassIDTableName,SuperClassID,
SuperClassIDOrder)

层名表

LayerTable::=(LayerClassID, LayerID, LayerName, Property1,
Property2,..., Propertyn)

类属性表

AttribTable::=(AttribClassID, AttribID, AttribName, AttribType, AttribClassID)

嵌入类表

EmbeddedClassTable::=(ClassID, ContainerClassID)

联系表

AssoClassTable::=(AssoID, AssoType,FirstClassID, SecondClassID)// 关联类型指1:N,1:1 N:M

类方法表

ClassMethodTable::=(MethodID,Name,Codes,ClassID)

类方法参数表

ClassMethodParaTable::=(ParaID,ParaName,ParaType,ParaOrder, MethodID)

从 RDB 到对象的映射，必须依照数据字典翻译。这个过程可以描述为:

(1) 查找类名表，若无超类，则得到所有属性，然后查找类方法表，并得到相应的方法和所有的参数，接着查找本类是否为包容类，如为包容类，递归生成包容类。

(2) 查找类名表，若存在超类，递归首先生成超类，查找有无包容类，若有递归生成包容类，查找方法及所有相应参数，生成方法集。需要指出的是，方法集的实现可以通过内嵌语言或者集成 SQL 语言实现。

上述空间实体和关系型数据库 RDB 的映射方法有着重要的意义，体现在:

(1) 它可以自动完成用户对象向关系型数据库的映射，对于用户而言，这个过程是透明的。因此，它可以让用户在不知道空间数据的关系型数据库存储结构的前提下完成对象定义、对象建模，给设计者提供了面向对象的设计接口。

(2) 它可以在关系型数据库的基础上模拟出空间对象框架，自动完成对象初始化，这个过程同样是透明的。它可以使用户对象在不知道关系型数据库结构的前提下实现空间查询，给空间数据库用户提供了面向对象的查询接口和应用接口。

(3) 上述映射方法的意义还在于，它提供了一个在关系型数据库基础上建立面向对象应用的一个通用规则和方法。其他应用系统，如 CAD、多媒体数据库系统也可以借鉴这个方法。

3.2.4　基于 OR 模型的 VNGIS 的系统框架

GIS 作为一种空间数据库管理系统，空间数据的组织是其必备的功能。空间数据的存储通常分成两部分：①内部存储；②外部存储。

目前，GIS 可以采取多种模式存储空间数据 [24–26]。常用的存储结构体系有：①混合结构体系 (hybrid design)，早期的 GIS 通常采用混合体系，即用 RDB 存储属性数据库，用专用的空间数据库管理系统管理空间数据 (如形状)，典型的产品有 Arc/Info，MapInfo，GeneMap 等，这种系统的缺点是由于数据分离，首先要建立空间库和属性库的连接关系，由于两者采用了不同的管理系统，因此不易保证数据的完整性和一致性。②扩展结构体系 (extended design)，扩展结构体系常常采用统一的 RDBMS 管理所有数据，同时在 RDBMS 上拓展空间管理层，将空间查询转化为标准查询，典型的应用系统如 Oracle、System 9。③统一结构体系 (intergrated design)，它在开放性的 RDBMS 上扩展空间数据表达。

数据共享是数据库管理系统发展的一个方向。Microsoft Visual C++ 从版本 1.5 开始推出包含 Windows 数据库应用的所有组件，其中最关键的是 ODBC(Microsoft 开放数据库连通)，ODBC 基于标准化查询语言 (SQL) 而设计，借助于 ODBC 和 SQL 可以编写独立于任何 DBMS 的数据库访问代码并且可以非常有效地扩展传统 RDBMS 的功能。任何基于数据库引擎的数据库应用的内部结构都可以表述为图 3-11 所示结构。

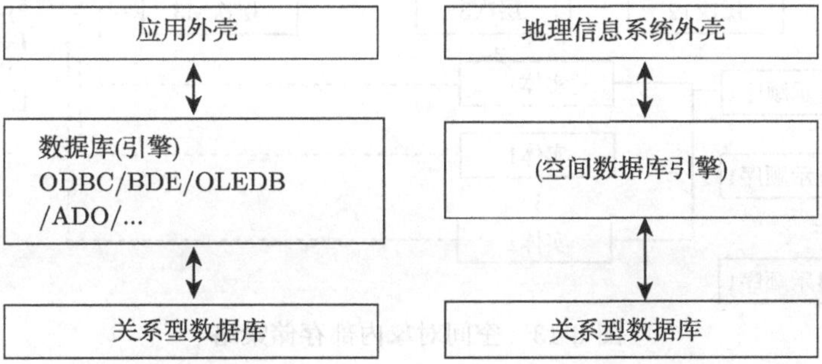

(a) 基于标准数据引擎的RDBMS应用结构　　(b) 基于空间数据库引擎的GIS应用结构

图 3-11　基于数据库引擎的应用结构

可以预见，未来的若干年当空间数据库标准化工作取得一定的成果，空间数据的互操作协议成熟后，类似的标准化的空间数据库引擎可以让用户快速建立强大的空间数据库应用 (图 3-11(b))。

基于 OR 模型的 VNGIS 采用了几何、属性一体化存储的策略。不仅是属性数据库，空间数据库同样存储于关系型数据库中。这种系统结构可以表示成图 3-12。图中，对象的映射由对象解释器 (OR interpreter) 完成，这个过程依赖于类空间的知识，而这种知识由元知识库存储 (metadata repository), 对象空间存储了由空间关系型数据库实例化的对象。

面向对象数据库的操作必须进行对象的实例化，为了管理方便，将空间对象按照层存储是 GIS 经常采用的存储策略。VNGIS 中采用图 3-13 的空间对象存储策略。

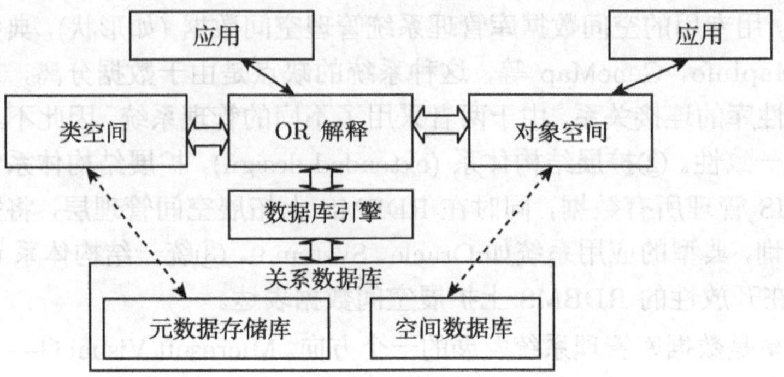

图 3-12　基于 OR 模型的 VNGIS 的原理结构

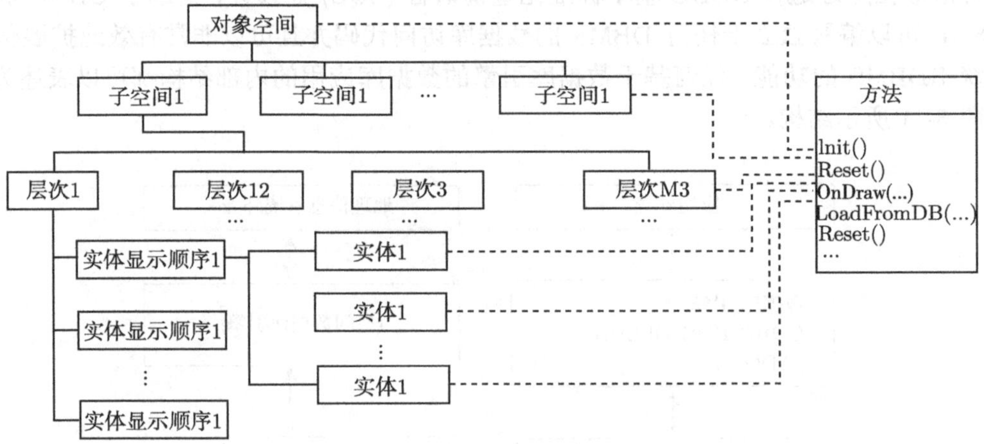

图 3-13　空间对象内部存储策略

图 3-13 中，在具体的应用中对象空间 (objects space) 可以代表一个地图区域，对象子空间 (subspace) 可以是地图的一块，层往往存储同一特性的对象集，如道路路段都存储在道路层等。在上述结构树中，所有元素在包含了自上而下的指针的同时包含了自下而上的反向指针，这种存储结构融合了树的双亲表示法和孩子表示法，可以较方便地实现自上而下和自下而上的操作。此外，为了便于数据查询、实体操纵、图形显示，所有的树上的元素都包含许多同名的方法。这样，父子元素之间既相互关联又各自独立，父元素可以调用子元素的同名方法而不必关心其实现细节，反之亦然。

3.3　定位信息轻量级报文分类器

现代车辆导航定位系统作为一种典型嵌入式应用系统，通常从串口或者数据采集卡读取下级传感器来的数据流，并且需要对这些数据流解析，将其翻译成系统需要的有效数据。由于电子仪器或传感器输出信息类型往往不止一种，因此通常会对输出信息进行简单编码。常规的做法是对信息流加特定报文头 (或同时添加报文头和报文尾)。这些报文格式尽管不如 TCP/IP 这些重量级网络协议的数据包复杂，但这些信息往往具有不同的报文头，格式或定长或变长，或有报文尾或无报文尾，给开发者 (尤其是嵌入式系统的开发者) 带来了一定的麻烦，而现有的一些数据栈过于笨重或者和业务紧耦合 (如 TCP/IP)，用于一般传感器报文处理不合适。

NMEA-0183 数据标准是由美国国家海洋电子协会 (National Marine Electronics Association，NMEA) 制定，是关于海洋电子设备之间的通信接口和协议的标准 [32−34]，为各类型 GPS 接收机广泛支持。NMEA-0183 数据标准解决了不同品牌、不同型号的 GPS 接收机之间实现任意连接的接口问题，并制定标准对数据串、通信协议的定义做了具体的规定。在 NMEA-0183 电文中，包含了$GPGGA、$GPRMC 等近百组电文格式，一般的设备 (如 GPS 接收机) 只提供其中的若干组电文 (如 $GPGSV、$GPGLL、$GPRMC 等)。

对于报文类型较少，实时性一般的应用场合，基于面向对象的设计思想和软件分层的设计方法，此处提出了一个有限状态的通用报文匹配器及其线性代价的报文匹配算法。该匹配器通过提供支持即插即用的软件插槽将数据分类和数据处理逻辑分开，实现数据向上层的传递和用户定制信息处理，从而实现高度的可扩展性。通过聚合匹配器，用一个有限状态自动报文分类器实现了对多种报文格式的自动识别和有效报文提取。最后用 C++ 语言实现相应的代码，并将之应用到 GPS NMEA-0183 电文格式的处理中。

本轻量级报文分类器设计简单，实现代码量小，有较高的可移植性和可扩展性，并可以推广用于非 NMEA-0183 电文处理的多种场合。

3.3.1 软件架构设计

现代软件设计多采用多层软件架构 (multi-tier software architecture) 的模式 [24,26,35−37]，其优点在于把数据和业务分开，避免逻辑和数据的深耦合。著名的 TCP/IP 协议栈就是典型的四层架构 [38,39]，被划分为链路层、传输层、网络层、应用层。多层架构实现报文的解释，可以将应用程序分为如下三个层次 (图 3-14)：

(1) 传输层，主要负责接收传感器的原始数据；

(2) 数据解释层，负责将原始数据转换为有实际意义的上层应用数据；

(3) 表示层，将数据传输层得到的数据展示给用户，实现相关的业务。

在 N 层架构中，上一层通过调用下一层 API，得到下层的服务。对于数据服务，如 TCP/IP 协议栈或者本书的传感器数据处理服务层，下层可以通过可插拔接口实现上层业务的注入。图 3-14 中上层将 Listener 实例安装到下层的软件插槽后，下层可以自动将数据传递到上层。而上层通过派生 Listener 实例，可以实现对下层特色服务的请求。

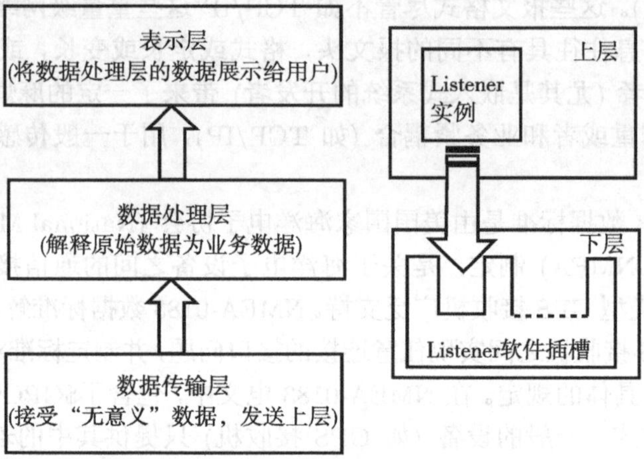

图 3-14　多层软件架构及常规数据栈的实现

如前所述，有限状态自动报文匹配器作为中间层解释层存在，运用图 3-14 的设计，可以做如下设计：

(1) 提供 DataListener 软件插槽，向表示层传递数据，其中数据的解析是在表示层完成的。

(2) 定制与下层传输层软件插槽接口对应的对象并在初始化时安装到下层插槽，从而获取下层传输层数据。

3.3.2　单报文基本匹配器设计

考虑最简单的情形，假设传感器输出只有一种报文格式。先对单报文的数据流探讨相应的处理方法。一般传感器中采用报文头标志的数据报文划分为如下几种类型：

(1) 报文定长，有报文尾；

(2) 报文定长，无报文尾；

(3) 报文变长，有报文尾；

(4) 报文变长，无报文尾。

软件即插即用的原理和硬件是一样的，本质上是服务方给客户端保留统一的调用接口。而不论报文格式属于上述哪种情形，需要定位报文头，然后提取有效信息。因此，可以抽象出抽象类 CDataListener，从而规定对上层保留的软件插槽，相应的类图可以表示为图 3-15。

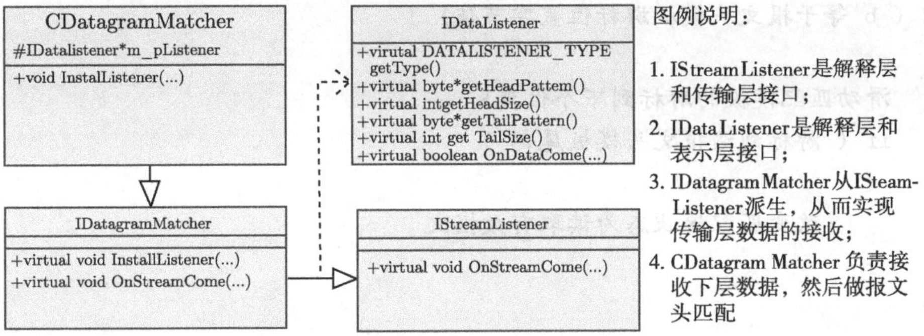

图 3-15　匹配器的设计

其中 IStreamListener 是传输层给解释层保留的接口，解释层通过它得到从传感器来的数据流；IDatagramMatcher 是匹配器的基类，而 CDatagramMatcher 派生自 IDatagramMatcher, 它保留了 IDataListener 的软件插槽接口。不同的报文格式需从 IDataListener 派生出不同的子类，从而实现各自的数据解释逻辑，并且提供匹配的格式要求。

可以用有限状态自动机来描述单报文匹配器的工作过程：

(1) 如果报文是定长的，不论有无报文尾，匹配器只需要两个状态：①匹配报文头壮态，一旦成功，转入下一状态——读取有效报文态；②读取有效报文态，一旦读完有效电文，调用软件插槽里对象的 OnDataCome() 方法，便转入匹配报文头状态。

(2) 如果报文是变长，且存在报文尾，匹配器状态有：①匹配报文头态，一旦匹配成功，转入匹配报文尾状态；②匹配报文尾态，一旦匹配成功，调用软件插槽里对象的 OnDataCome() 方法，转入匹配报文头状态。

(3) 如果报文是变长，且不存在报文尾，有理由认为属于不合理报文设计。然而，仍旧可以用现有框架解决，其相应的匹配器工作状态有：①匹配报文头状态，一旦匹配成功，转入匹配报文状态；②匹配报文状态，调用软件插槽里对象的 On-DataCome() 方法，由其返回值决定是否有效报文读取完毕。如果读取完毕，转入匹配报文头状态。

报文头 (或尾) 和真实报文的匹配具体实现，可以采用经典的 KMP 算法 [8]，该算法利用匹配模板的自相似性把匹配算法复杂度从平方降为线性。由于在 KMP 算法中，在失配时游标的移动只取决于模板串 (报文头或者报文尾)，因此可以把失配后游标滑动参数 next 数组预先计算。

下面着重讨论报文头匹配，它实际上是标准报文头模板和不定长字节流的匹配。以定长报文情况为例，下面伪代码描述了一个传感器原始数据中一个字节 b 对应的匹配过程：

```
if ( b 等于报文头模板游标位置字节值)
{
    滑动匹配模板的游标到下个位置}
    if ( 游标到达报文头模板尾部 )
    {
        改变匹配器状态为读取有效报文
    }
}
else
{
    重置被匹配报文头对应的游标为next[当前游标-1]+1, 准备继续匹配本字
符}
    }
```

报文尾的匹配与报文头匹配算法基本一致，唯一区别在于：匹配报文尾的过程同时要暂时把数据压入有效报文缓冲区，匹配成功后，调用 Listener 相关函数处理有效报文。

由于原始报文可以看成由很多个字节组成的数据流，因此有了上述算法，整个报文的匹配过程和状态切换算法就固定下来了。

考虑到很多传感器在报文设计中已经采用依据 KMP 算法，消除了报文模板的自相似性，如在 NMEA-0183 电文中，“$” 作为报文头的第一个字母在模板中只出现一次，上述匹配过程可以被优化为每次失配都重置匹配游标为 0。

3.3.3 多报文有限状态分类器设计

前面介绍了单报文匹配器的设计，事实上传感器往往可能存在很多不同报文头的多组电文格式。

以 NMEA-0183 电文为例，该电文中只允许出现可打印的 ASCII 字符。在 NMEA-0183 电文标准中存在三类电文，分别为命令、查询和属性数据。每一组特定的报文以 “$” 开头，并且以 <CR><LF> 结尾。因此，可以表述为如下通用格式：

```
报文头+数据+ *校验码+<CR><LF>
```

其中，报文头格式为

```
$ttsss
```

如前所述，“$” 是任何一组报文的第一个字母；tt 两个字节用以表征语句类型 (互动，查询，PG-数据输出)；校验码是之前去掉字符 “$” 和 “*” 之外的所有字符的校验值。下面列出了常用的几条 0183 电文例子：

$GPGSV,$GPRMC,$GPGGA:

$GPGSV,3,3,10,02,08,145,,08,05,036,*7A

$GPRMC,003719.760,A,3200.5166,N,11848.1563,E,30.35,257.16,030805,,,A*5F

$GPGGA,003720.760,3200.5147,N,11848.1467,E,1,07,1.0,22.1,M,,,,0000*39

从上面的电文可以看出，前面所述的单个匹配器不足以处理 LBS 的应用。因此，需要一个能够处理多报文匹配器用于报文分类和处理。

考虑到在很多实际应用的场合，实际使用报文类型很有限 (如 LBS 中常用的 NMEA-0183 电文不过 3～4 组而已)，因此复杂的匹配树算法在这些场合下优势并不明显，采用轻量级的实现方法——并联子匹配器而实现。它通过捕捉匹配器阵列中对象状态的迁移来改变自身的状态，图 3-16 表示了分类器 CDatagramClassifier 的设计类图。从图中可以看到，CDatagramClassifier 本身派生自匹配器基类 IDatagramMatcher, 原因在于它首先是个匹配器，同时也是个分类器，分类器的实现是通过聚合 IDatagramMatcher 对象 (实际上是派生对象)，并且用有限状态自动机实现对匹配模式的控制。

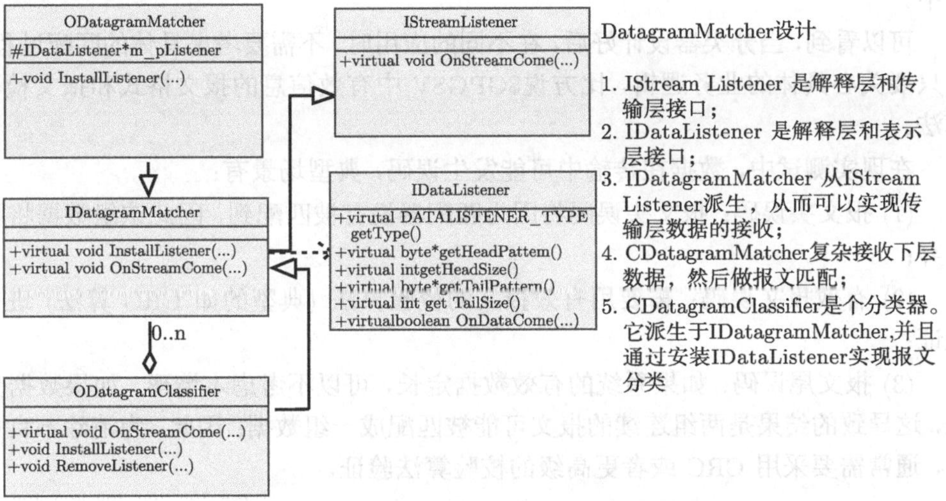

图 3-16　多报文有限状态分类器的 UML 类图

本分类器可以同时支持多个异构匹配器，其状态迁移过程为：

(1) 匹配报文头状态：每个子匹配器被设置成匹配报文头状态，然后报文信息被广播给每个匹配器进行并行匹配。当其中一个子匹配器成功时，状态切换，其子匹配器的状态就是系统的状态，并把该子匹配器设置为当前子匹配器。

(2) 在匹配报文尾 (或者读取有效报文状态)：系统停止对每个子匹配器广播报文，而直接将报文输送给当前子匹配器。如当前子匹配器匹配完报文，系统将状态重新切换到匹配报文头状态。

对其进行算法复杂度分析如下：假设分类器中串联匹配器个数为 P，报文头模板长度为 N，被匹配报文长 M，有：

(1) 匹配报文头代价：$P \times (N+M)$;

(2) 匹配报文尾代价 (假设变长报文)：等同于单个匹配器的代价，因为此时只对当前匹配器匹配。

以 NMEA-0183 为例，如果出现一个能够自动识别四组报文头分别为$GPGLL, $GPRMC, $GPGSV, $GPGLL 的报文处理器。其设计和实现过程可以简单表述如下：

(1) 在表示层，用面向对象技术从抽象父类 CDataListener 派生出 4 个可实例化子类 CGpgllDataListener, CGprmcDataListener, CGpgsvDataListener, CGpgllDataListener, 并且实例化对象。

(2) 得到多报文有限状态分类器实例，并且调用 CDatagramClassifier:: InstallListener(..) 自动生成前面 4 个派生类对象对应的匹配器，并安装到匹配器软件插槽中。

可以看到，当分类器设计好后，在不同的应用时，不需要考虑具体的匹配过程，而只要关心具体的业务逻辑，比方说$GPGSV 中有效信息的报文格式和报文检验算法。

在现实测试中，数据在传输中可能发生误码，典型场景有：

(1) 报文头误码：报文头误码将因为匹配器没有被匹配到，因此该组数据将被丢弃；

(2) 有效报文误码：需要用有效报文的校验算法 (典型的如 CRC 算法) 进行验证；

(3) 报文尾误码：如果系统的有效数据定长，可以不考虑本情形。如果数据变长，这导致的结果是两组连续的报文可能被匹配成一组数据；因此，为消除不良影响，通常需要采用 CRC 或者更高级的校验算法验证。

参 考 文 献

[1] Buehler K, Mckee L, Consortium O G. The OpenGIS Guide: Introduction to Interoperable Geoprocessing: Part I of the Open Geodata Interoperability Specification (OGIS)[M]. Open GIS Consortium, Incorporated, 1996.

[2] Herring J. OpenGIS Implementation Standard for Geographic information-Simple fea-

ture access-Part 1: Common architecture[J]. OGC Document，2011, 4(21): 122-127.

[3] Sui D. Opportunities and impediments for open gis[J]. Transactions in GIS，2014, 18(1): 1-24.

[4] Consortium O G. OpenGIS Web Feature Service (WFS) Implementation Specification[Z]. 2011.

[5] 栾学晨，范红超，杨必胜，等. 城市道路网主干道提取的形态分析方法 [J]. 武汉大学学报 (信息科学版)，2014, 3: 16.

[6] Suba R, Meijers B M, Huang L, et al. Continuous road network generalization[C]. 2014.

[7] Brewer C A, Guidero E M, Stanislawski L V, et al. Labeling through scale using hierarchies of thinned road networks for design of the national map of the United States[C]. 2013.

[8] 李德仁，王艳军，邵振峰. 新地理信息时代的信息化测绘 [J]. 武汉大学学报（信息科学版)，2012, 37(1): 1-6.

[9] 曹亚妮，江南，张亚军，等. 电子地图符号构成变量及其生成模式 [J]. 测绘学报，2012, 41(5): 784-790.

[10] 邢倩，郝鹏，刘维亭，等. 基于 WLSE-KF 的传感器融合定位算法研究 [J]. 电子器件，2014, 37(6): 1199-1203.

[11] 雷雨，冯新喜，潘海峰，等. 基于结构总体最小二乘的多传感器定位算法 [J]. 系统仿真学报，2013, 25(4): 668-673.

[12] 卢光明. 多传感器融合定位技术研究进展分析 [J]. 科技广场，2014, (10): 39-43.

[13] 杨国宁，冯秀芳，樊刘娟. 一种基于最优融合集的多传感器数据融合算法 [J]. 软件学报，2012, 23(1): 134-140.

[14] Samadzadegan F, Abdi G. Autonomous navigation of Unmanned Aerial Vehicles based on multi-sensor data fusion[C]. IEEE, 2012.

[15] Singh S, Sherwin G W, Hoffman R M, et al. Sensor modeling for precision ship-relative navigation in degraded visual environment conditions[C]. International Society for Optics and Photonics, 2015.

[16] El Faouzi N, Leung H, Kurian A. Data fusion in intelligent transportation systems: Progress and challenges–A survey[J]. Information Fusion，2011, 12(1): 4-10.

[17] 敖志刚，唐长春，付成群，等. 多传感器自适应容积卡尔曼滤波融合算法 [J]. 计算机应用研究，2014, 31(5): 1312-1315.

[18] Kennewick M R, Cheung C, Baldwin L, et al. System and method for providing a natural language voice user interface in an integrated voice navigation services environment[Z]. Google Patents, 2012.

[19] Lin C, Dong F, Hirota K. Common driving notification protocol based on classified driving behavior for cooperation intelligent autonomous vehicle using vehicular Ad-Hoc network technology[J]. Journal of Artificial Intelligence and Soft Computing Re-

search，2015, 5(1): 5-21.

[20] Velaga N R, Quddus M, Bristow A L, et al. Map-aided integrity monitoring of a land vehicle navigation system[J]. Intelligent Transportation Systems, IEEE Transactions on，2012, 13(2): 848-858.

[21] Maurya K, Singh M, Jain N. Real time vehicle tracking system using GSM and GPS technology-an anti-theft tracking system[J]. International Journal of Electronics and Computer Science Engineering，ISSN，2012: 1956-2277.

[22] Kumar C V, krishna MR. Design and implementation of real time vehicle tracking system[J]. International Journal of Computer Science and Mobile Computing，2015，4(7): 55-60.

[23] Meng Q, Wang S, Andersson H, et al. Containership routing and scheduling in liner shipping: overview and future research directions[J]. Transportation Science，2013, 48(2): 265-280.

[24] Bonham-Carter G F. Geographic information systems for geoscientists: modelling with GIS[M]. Elsevier, 2014.

[25] Banerjee S, Carlin B P, Gelfand A E. Hierarchical modeling and analysis for spatial data[M]. Crc Press, 2014.

[26] Longley P A, Goodchild M F, Maguire D J, et al. Geographic information science and systems[M]. John Wiley & Sons, 2015.

[27] 兰超，张勇，邢春晓. 面向复杂数据的对象存储系统 [J]. 计算机科学与探索，2014, 8(2): 129-138.

[28] 金澈清，钱卫宁，周敏奇，等. 数据管理系统评测基准: 从传统数据库到新兴大数据 [J]. 计算机学报，2014, 20(9): 219-220.

[29] 邓仕虎，罗灵军，袁超. 三维地理信息公共服务平台建设初探 [J]. 地理空间信息，2011, 9(5): 69-71.

[30] Saxena V, Pratap A. Performance comparison between relational and object-oriented databases[J]. International Journal of Computer Applications，2013，71(22): 6-9.

[31] Saxena V, Pratap A. A Framework for Performance Estimation of Object-Oriented Databases[J]. Methodology，2014, 4(2).

[32] Trimble Corporation. NMEA-0183 messages: Overview[Z]. 2015.

[33] Net F. Standard NMEA-0183 sentences description[Z]. 2015.

[34] Ganmin Corporation. NMEA 0183 Sentences Technical Specifications[Z]. 2015.

[35] Malkowski S, Kanemasa Y, Chen H, et al. Challenges and opportunities in consolidation at high resource utilization: Non-monotonic response time variations in n-tier applications[C]. IEEE, 2012.

[36] Jayasinghe D, Malkowski S, Wang Q, et al. Variations in performance and scalability when migrating n-tier applications to different clouds[C]. IEEE, 2011.

[37] Grozev N, Buyya R. Performance modelling and simulation of three-tier applications in cloud and multi-cloud environments[J]. The Computer Journal，2015, 58(1): 1-22.

[38] 黄云婷，江南，杜承烈．一种跨平台的实时 TCP/IP 协议栈设计 [J]. 计算机工程，2014, 40(9): 134-137, 154.

[39] 袁中书，陆阳．轻量级 TCP/IP 协议栈机制分析与优化 [J]. 计算机工程，2015, 41(2): 317-321.

第 4 章　面向车辆导航的空间数据库生成方法

数字地图是现代车辆导航定位系统的重要信息源。导航前的路线规划、导航时的实时路径计算如地图匹配、导航时的路径诱导等功能都依赖于数字地图对应的空间数据库。因此，获得低成本、完整无缝的导航数字地图是 ITS 中车辆导航定位广泛应用的前提。

本章将着重探讨面向车辆导航空间数据库的生成技术，其中包括：①新型数字地图道路网络模型及其数据库自动生成技术；②顾及误差的轮廓自动搜索算法；③基于道路外轮廓的路心线自动生成算法以及后处理算法；④数字地图道路网络的几何和拓扑校正；⑤大规模数字地图数据库的组织。

4.1　面向车载导航的数字地图概述

4.1.1　数字地图与车辆导航系统

对于任何车辆定位和导航系统，一旦涉及定位结果的展示，数字地图数据库是必不可少的数据源。没有数字地图提供的道路网络，就无法进行地图匹配、路径规划乃至路径诱导；没有数字地图提供的道路网络，导航系统将无法将车辆精确地对应到地图上，也无法给驾驶员明确地指明当前车辆的位置；同样，没有数字地图数据库提供的一些兴趣点信息，车辆导航系统将无法帮助驾驶员寻找感兴趣的目标点，如车站、码头、旅店、医院等。数字地图是现代车辆导航定位系统中必不可少的组成部分。

4.1.2　数字地图概念模型

一般而言，计算机可以用两种形式向驾驶员提供地图：①扫描化数字化纸质地图，地图以光栅形式存储；②将纸质地图矢量化，地图中存储的是矢量数据。

光栅地图制作简单，并且包含了原始地图的所有信息，但是致命的缺陷在于：①它不包含道路网络的拓扑信息，甚至根本就不能够区分道路和空间的其他物体，无法执行最优路径规划等空间分析；②存储量较大，并且不附带有其他信息源；③存在因为地图放大和缩小而导致的马赛克现象，难以实现平滑的无级缩放。事实上，栅格地图用于车辆导航一般出现在 B/S 架构的导航系统中，主要用以信息展示。

矢量数字地图目前已经占据了车辆导航系统中数字地图的主导地位。这种数字地图的优点在于：①存储量小，操纵简单；②支持拓扑表达，可以支持地图匹配和路径诱导等诸多功能；③信息丰富，支持地址查询等多种功能；④显示特性好，矢量数字地图可以进行无级缩放。

4.1.3　数字地图的标准化

数据库共享是信息时代的发展趋势，车辆导航用数字地图的制作往往需要部门内部、部门和部门之间，甚至是国与国之间的协作，因此确立导航地图数据库标准对现代车辆导航系统的推广具有重大意义。目前，国际标准化组织 ISO 除了建立地图数据库物理存储格式之外，已经批准用于数字地图数据库的应用程序接口 (API) 任务。为了实现这个目标，以北美、欧洲和日本为代表，世界各国的学者做了大量的研究，他们对数字地图数据库的设计有着指导性的价值。

如前所述，由于矢量数字地图在存储、查询、更新、展示方面因其数据量小等因素被广泛应用到现代车辆导航系统中，本章将只对矢量图进行讨论。

目前几乎所有车载导航系统的矢量数字地图都是单线型的 [1-5]。改进数字地图，尤其是那些宽线型的，需要各个组织甚至国家之间通力合作，既耗费时间又消耗能量。因此需要建立一套针对数据交换、性能评估等方面的标准。世界各地的学者，以北美、欧洲、日本等地的为尤，付出了诸多努力来实现这一目标。他们的工作主要在体现在以下几个方面：

(1) 数据交换标准。目前，欧洲的地理数据文件 (GDF)4.0 版本已经成为车载导航数字地图的 ISO/TC204 标准 [6-9]。而美国政府颁布的空间数据传输标准 (SDTS) 则是另一个数据交换标准 [9-13]。不论是 GDF 还是 SDTS，都采用了知名的 ISO 文件格式：ISO/IEC 8211[14]。

(2) 最低性能标准。这类标准定义了数字地图需要达到的精度和性能要求。例如，给定一个地理对象，那么它的最大误差即由这一类标准来规定。

(3) 特定区域内的本地标准。这类标准中最著名的就是日本数字道路地图协会 (JDRMA) 的数字地图 [15,16]。

(4) 内容标准。这类标准主要致力于细化数字地图的内容要求，比如哪些内容是必须有的，哪些内容是推荐放入的。

(5) 企业标准。许多知名数字地图供应商都有自己的一套标准。其中较为著名的是导航科技 (NavTech) 的数字地图 [15]，它不仅规定了车载导航数字地图的文件格式，还定义了操作这些数据的 API。

2005 年，中国国家标准化管理委员会针对车载导航数字地图颁布了《导航地理数据模型与交换格式》(GB/T 19711—2005) 的全国性标准 [17]，这个中国标准更像是中文版的 GDF4.0。

4.1.4 数字地图生成一般流程

任何一种数据信息的生成可以粗略地表示为信息获取、信息加工两个过程，实际上这两个过程不存在严格的鸿沟，往往存在相互补充、相互修正的循环往复过程。车载地理信息数据库的生成过程可以用图 4-1 表示。

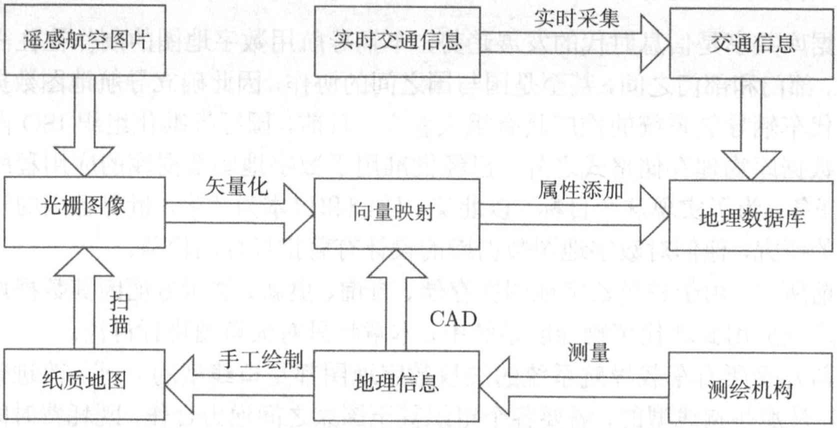

图 4-1　传统的地图地理信息库的生成及维护流程

从矢量数字地图数据库的制作流程上看 (图 4-1)，在传统的数字地图数据库生成流程中，空间数据经过测绘后以纸质地图的形式存储，为了得到矢量形式的数字地图数据库，通常首先要对纸质地图进行扫描，扫描后的地图只是栅格形式的地图，并不存在道路网络的矢量信息，经过矢量化后，才可以得到道路网络以及一些区域的几何形状曲线。此时，通过属性添加，编辑修改，将从其他部门获取的空间实体的其他属性，如名称、邮政编码、交通信息等添加到对应的实体中去。近年来，外业数字化测量手段已越来越普及，逐步取代了以往内外业分离的测绘模式。

从信息的来源看，车载地理信息系统的基本数据 (图形信息) 主要来自空中摄像和政府机构 (测绘部门)；其他信息如街道属性、河流以及铁路等信息也主要来源于政府部门；兴趣点及商业点来自民间组织、宾馆、旅游团等；实时交通信息和天气情况也是地理信息数据库的重要组成成分，它可以通过设置交通信息采集器，传送到总控室，通过广播的形式发送给移动单元。

近年来，随着利用多基站网络 RTK 技术建立的连续运行卫星定位服务综合系统 (Continuously Operating Reference Stations，CORS) 的推广运用，基于 GNSS 技术实现道路路网的制作已成为制作道路交通网络最便捷的方法，可实现快速行进中的道路信息采集。

4.1.5 数字地图生成中的核心技术问题

不论是采用传统的数字地图的制作方法还是 GPS 数据采集，总体而言，目前车辆导航的数字地图还存在如下诸多问题：

(1) 地图制作工作量大，及时更新难。目前已知的矢量化算法都存在诸多问题，如线与线交点提取不好，图文混合识别效果差等。获取空间地物的矢量数据只是完成了数字地图制作中很小一部分工作，诸如属性添加、道路网络的拓扑关系指定都需要大量的人力、物力。

(2) 地图相关数据获取困难，数据共享难。如前所述，数字地图数据库的数据源包括纸质地图、实测数据、遥感或者航拍图像、DEM、交通信息以及文字报表等。它需要各个部门的相互协作，数据互换。

(3) 数据更新困难，自动推送难。城市建设日新月异，道路的增加、减少或改变往往在很短的时间内就能够完成，因此如果不更新对应的数字地图数据库，就可能在导航过程中产生错误的决定或者给出错误的定位数据。与此同时，如何有效地将更新数据推送到导航终端，目前尚缺乏较便捷的自动化、智能化方法。

鉴于以上现状，在未来研究者应该着重于组合稳健定位、数据智能化处理、更新自动化推送等多方面的研究。

4.2 基于道路节点连接的道路网模型及其自动生成算法

4.2.1 基于节点连接网络模型

道路网络是面向车辆导航的数字地图数据库中最重要的核心元素，车辆导航中的诸多功能包括地图匹配、路径诱导等功能都依赖于道路网络对应的数据库。

图 4-2 显示了道路网络的基本拓扑关系和几何元素。图中节点 (node) 反映了道路段与道路段的交点或路段终点，形状点 (polygonal point) 是指同一条非直线道路上的转弯点，而路段的穿越 (traverse) 反映了路段之间的邻接。节点可以用二维或三维的坐标表示，节点和节点的联系可以用连接两点的直线 (直线道路) 或者多义线 (曲线道路) 表示。两条相邻的边构成一个道路段穿越，它可以反映现实道

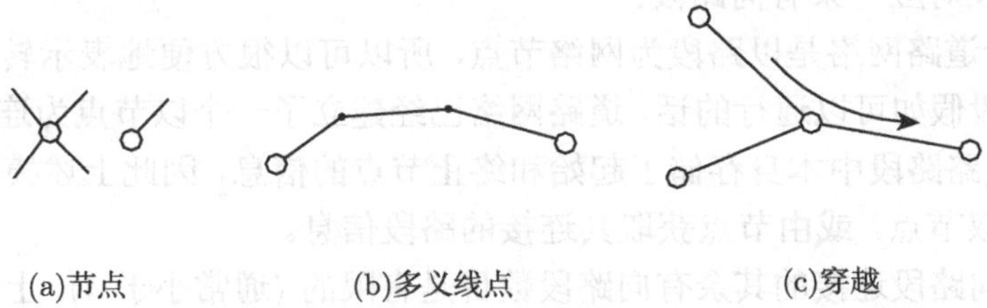

(a)节点　　(b)多义线点　　(c)穿越

图 4-2　道路网络中的几何元素和拓扑元素

路的邻接拓扑关系。

目前应用于车辆导航或交通监控的道路模型多为基于路段连接的数字地图道路网络模型 [18]，其形式化定义为

$$\begin{cases} R_W = (N, R) \\ N = \{n | n \in NS\} \\ R = \{NR\} \\ NR = \{\langle n_1, , n_2\rangle | L(n_1, n_2)\wedge(n_1, n_2 \in N)\} \end{cases} \tag{4-1}$$

式中，R_W 代表道路网络；NS 是道路的节点集；NR 表示道路网络两个节点的拓扑关系集合；无序对 $\langle n_1, n_2\rangle$ 表示节点 n_1 和 n_2 之间的一条边；$L(n_1, n_2)$ 表示节点 n_1 到 n_2 的通路。节点和节点连接的权可以用节点之间的几何长度或者长度和其他因素的加权和来表示。上述道路模型思维直观，形式简洁，可以表述出现实世界道路网络的大多数情形。但是它存在一些缺陷，如：①难以表达转弯限制；②很难表示两节点存在多条道路和环路的情形，尽管这种情形在现实世界中并不多见；③在地图匹配时，由某一路段得到其相邻路段都需要经过路段 → 节点 → 路段的转换过程，在存在拐弯限制时，将使地图匹配算法无法利用一些先验信息。

为了解决上述问题，本书提出基于道路节点连接的数字地图道路网络模型。其原理是将道路路段看成道路网络的核心单元 (道路网络对应的图的节点)，而将道路节点看成路段的连接元素。其形式化定义为

$$\begin{cases} R_W = (N, R) \\ N = \{x | x \in RS\} \\ R = \{NR\} \\ NR = \{\langle x, y\rangle | L(x, y)\wedge(x, y \in N)\} \end{cases} \tag{4-2}$$

式中，R_W 同样代表道路网；RS 是道路的有向路段集；NR 表示道路网络两个路段的拓扑关系集合；有序对 $\langle x, y\rangle$ 表示有向路段 x 可以通行到有向路段 y；$L(x, y)$ 表示连接有向路段 x 到有向路段 y 的道路节点。该道路网络模型的特点在于:

(1) 任何一条双向道路路段都对应于两个有向路段，当某个实际路段为单向时，该地理实体仅对应一条有向路段；

(2) 由于道路网络是以路段为网络节点，所以可以很方便地表示转向限制，因为相邻的路段假如可以通行的话，道路网络已经建立了一个以节点为连接的联系；

(3) 在道路路段中本身存储了起始和终止节点的信息，因此上述模型可以方便地由路段获取节点，或由节点获取其连接的路段信息。

每个有向路段连接的其余有向路段数目是有限的 (通常小于 4)，上述道路模型是不带权的不完全稀疏图。由有向路段可以得到相应的道路节点，道路的通行由有

向路段的连接表示，路段的形状点依托于路段而存在。上述数据模型可以保证最优路径搜索以及地图匹配算法能够顺利地对地图地理信息进行操纵。

4.2.2 道路网络的数据库自动生成算法

1. **路段分离预处理算法**

目前用于导航的数字地图模型中，矢量实体构成要素都是点和线段，而道路模型多为单路线型 (singleline)。对于纸质地图矢量化的矢量源图，道路路心线需要用户通过手工的方式添加，而航拍或遥感后图像中的公路网络经过线状特征提取可以直接得到道路中心线。不论是手工添加还是自动提取，道路数据在应用到车辆导航中时都需要经过一定的处理。

下面讨论道路网络图的路段分离预处理算法，该算法的作用在于将道路中心线在道路交叉点处一一打断，最终使得道路网络中不存在穿越交点的路心线实体。

用类 C 语言定义数据结构 MAPELEMENTINFO 如下：

```
struct MAPELEMENTINFO
{
        CMapElement * pElement;        //实体指针，指向路心线实体
        FPointList IntersectionPoint;  //pElement和其他实体相交的
交点集
};
```

假设原始路心线实体个数为 N，该算法可以用如下过程表示：

(1) 从实体集中取出第一实体，求出他和其他所有 $N-1$ 个实体的交点，若新交点与存在的交点距离小于既定值，则认为是同一交点，否则认为是新的交点，将之加入交点集；在得到本实体的交点的同时，将该交点加入与之相交的实体的交点集中，若该交点与实体已存在的某交点的距离小于某个设定值，认为是同一交点则不加入。

(2) 从实体集 [18] 取出第二个实体，求出该实体和剩余 $N-2$ 个实体的交点，对交点的加入方式同 (1)。

(3) 依次取出第 i 个实体，求其和剩余 $N-i$ 实体的交点，对交点加入 MAPELEMENTINFO 结构的方式同前。持续这个过程直至遍历所有实体。

(4) 重新遍历实体，将每个存在交点的实体在交点处一一断开，从而得到新的实体集。

2. **路段跟踪算法**

经过预处理后，道路路心线实体均被相应交点一一断开，此时可以用道路追踪

算法遍历整个道路网络，从而获得所有的路段和节点以及相应的邻接信息。定义如下数据结构：

```
strcut ELEMENTADJ
{
        CMapElement* pElement;          //路心线实体
        CNode* pNode1;                  //路段端点1
        CNode* pNode2;                  //路段端点2
        PMapElementList ElementList1; //和某路心线一端端点1邻接的路心线
        PMapElementList ElementList2; //和某路心线另一端端点2邻接的路心线
  };                                    //结构，反映了道路路段实体和其相邻实体的关系
  class CElementAdjList ElementAdjList;  // 表，存储ELEMENTADJ节点
  class CNodeList NodeList;             // 表，存储路段交点和端点
```

类 CNodeList 被设计用以存储道路路段端点，类 CElementAdjList 也是一个表，用以存储 MAPELEMENTINFO 结构的节点。道路跟踪，道路网络的数据库自动生成算法用下述过程表示：

(1) 遍历路心线实体并编号。

(2) 得到第一个实体，得到两端点信息，并将两端点加入端点表 NodeList，并编号。

(3) 求和当前实体两个端点相连的路心线实体集，并生成若干相应的 ELEMENTADJ 型节点加入 ElementAdjList 表，同时将实体相邻信息加入各个实体对应节点的 ElementAdjList1 成员中。

(4) 取出 ElementAdjList 中最后一个实体，得到其另一端端点，将此端点加入端点表 NodeList 并为之编号，得到此端点相邻所有实体的信息，并将这些实体添加到其成员 ElementList2 中，将本实体对应信息写入数据库，并弹出本节点，删除相应信息；同时和端点邻接的其余实体也可以得到相邻实体的信息，并生成这些实体对应的 ELEMENTADJ 节点然后加入 ElementAdjList 表中。

(5) 继续得到 ElementAdjList 中最后一个实体，从而得到其另一端端点，将之加入端点表 NodeList，得到相应相邻的实体集，将本实体对应邻接和端点信息写入数据库，并将本实体对应 ElementAdjList 中节点删除。①若实体集非空，逐个判断相邻实体是否已经存在于 ElementAdjList 表中，若已经存在，则将实体相邻信

息加入相应的表节点中，并将信息写入数据库，将该表节点从 ElementAdjList 表中删除；若该实体不存在于 ElementAdjList 表中，则生成表节点，写入实体相邻信息，并加入 ElementAdjList 表中。②若实体在该端点处相邻实体集为空，不进行任何操作。

(6) 继续执行 (5) 的操作，直至表 ElementAdjList 为空为止。

(7) 遍历端点表，将所有端点信息写入数据库。

由于已经进行了路心线断开的预处理，一个端点相邻的实体集可以直接比较端点坐标而不需要经过求交运算。另外，数据库的生成可以采用 RDBMS 数据库引擎 (如 ODBC、DAO 或 BDE 等)。

图 4-3 是一个简化的道路网络图，表 4-1 反映了该道路网络的道路数据库自动生成的过程。表中弹出实体实际指弹出对应的搜索节点，其伴随的动作是将道路及路段邻接信息写入数据库。

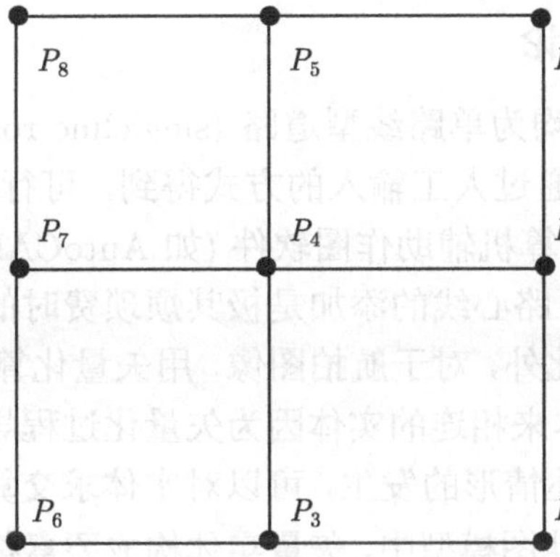

图 4 3　简化的道路网络

表 4-1　一个简化道路网络的跟踪搜索过程

步骤	NodeList 型表中路段端点	ElementAdjList 表中节点对应路段	说明
1			得到第一实体 P_0P_1
2	P_0P_1	$P_0P_3P_1P_4P_1P_2$	得 P_0P_1 在 P_1,P_0 端的邻接实体，将 P_0P_1 写入数据库
3	$P_0P_1P_2$	$P_0P_3P_1P_4P_2P_5$	得 P_1P_2 在 P_2 端的邻接实体，弹出 P_1P_2
4	$P_0P_1P_2P_5$	$P_0P_3P_1P_4P_5P_8P_5P_4$	得 P_2P_5 在 P_5 端的邻接实体，弹出 P_2P_5
5	$P_0P_1P_2P_5P_4$	$P_0P_3P_5P_8P_4P_7P_4P_3$	得 P_5P_4 在 P_4 端的邻接实体，弹出 P_2P_5，P_1P_4，P_5P_4

续表

步骤	NodeList 型表中路段端点	ElementAdjList 表中节点对应路段	说明
6	$P_0P_1P_2P_5P_4P_3$	$P_0P_3P_5P_8P_4P_7P_3P_6$	得 P_4P_3 在 P_3 端的邻接实体, 弹出 P_4P_3, P_0P_3
7	$P_0P_1P_2P_5P_4P_3$	$P_5P_8P_4P_7P_3P_6P_6P_7$	得 P_3P_6 在 P_6 端的邻接实体, 弹出 P_3P_6
8	$P_0P_1P_2P_5P_4P_3P_6P_7$	$P_5P_8P_4P_7P_6P_7$	得 P_6P_7 在 P_7 端的邻接实体, 弹出 P_6P_7, P_7P_4
9	$P_0P_1P_2P_5P_4P_3P_6P_7P_8$	$P_5P_8P_7P_8$	得 P_7P_8 在 P_8 端的邻接实体, 弹出 P_7P_8, P_5P_8

由于数字地图用于 ITS 的前提之一是道路网络必须是强连接的，即在道路网络中的任何两个位置肯定存在双向的通路，因此上述针对于简化的道路网络搜索过程对于一般强连接道路网络也是可行的。

4.2.3 预处理求交算法讨论

目前使用的道路模型均为单路线型道路 (singleline road)，通常矢量化不能提供该路心线，因此它必须通过人工输入的方式得到，可行的方法是矢量化后输出 dxf 格式的图形文件，用计算机辅助作图软件 (如 AutoCAD) 较强的编辑功能进行尽可能准确的添加。但是，路心线的添加是极其烦琐费时的，即使熟练的制图人员也很难保证不发生差错；此外，对于航拍图像，用矢量化算法获取的路心线可能会产生实体断裂的情形，当本来相连的实体因为矢量化过程导致断裂时，可能导致路段追踪失败，为了避免上述情形的发生，可以对实体求交算法增加允许误差限。

目前用于导航的数字地图模型中，矢量实体构成要素都是点和线段。面和多义线的构成元素都是线段，因此预处理过程的关键之一是直线的求交算法。考虑了误差的改进线段求交算法可以表述为：

(1) 当两个线段对应的直线重合时且两直线段的端点也重合时，认为两者的共同端点是两者的交点；

(2) 当两线段对应直线重合但是两者没有重合线段时，假如两者相近端点之间的距离小于某个设定值，则认为两者相交，交点取两个相近端点的中点；

(3) 当两线段对应的直线是相交的，但是交点至少在其中一条线段的延长线上时，可以通过判定两线段相近的一对端点的距离值，若两者距离值小于某给定值，则可以认为两者是相交的；

(4) 当两直线段平行时，若其中一条线段的端点到另一条线段的最近距离小于用户设定的某值时，认为两直线相交，交点取相应成最小距离的点 (不一定是垂点)。

4.2.4　算法复杂度分析

假设道路网络中有 n 个路段端点及 m 个路段。上述道路网络的数据库自动生成算法的基本操作是访问道路网络的路心线实体，对道路网络的跟踪是通过求实体端点相邻的实体完成的。每一次道路网络跟踪都拓展一个路段节点，并且对于道路网络中的任何一个实体，只要其两个路段端点被拓展过，则其相邻的可通行路段信息可以全部获取，这意味着当道路网络的所有节点被拓展时，可以获取全部的路段及其可通行路段信息，所以本算法的时间复杂度为 $O(n)$。另外，搜索过程中使用了两个表分别存储路段端点和路段附加信息，由于端点表最多存储 n 个端点，所以其空间复杂度为 $O(n)$，而路段附加信息表最多存储 m 个节点，所以空间复杂度为 $O(m)$。因此，不论是时间复杂性还是空间复杂性，这种道路跟踪算法都是线性的。

4.3　基于道路外轮廓的路心线自动生成算法

4.3.1　路心线自动生成的意义

上一节探讨了单路线模型的道路网络遍历及其数据库自动生成算法，该算法能够自动遍历道路网络，并将各路段对应的几何信息以及通行拓扑关系自动存储到数据库中。

上一节算法的前提是道路路心线实体已经存在。如果数字地图来源于纸质地图，而纸质地图上通常不存在道路路心线数据，则需要通过另外的方法增加路心线。传统的做法是数字地图矢量化后通过手工添加的方法实现。该方法的缺陷在于：

(1) 烦琐，费时，工作量巨大；

(2) 精度差且容易出错 (产生一些肉眼不易觉察的拓扑错误)，需要进行专门的拓扑校正；

(3) 对操作者要求较高，需要进行一定的培训，并且制图质量受制作者情绪的影响。

自 20 世纪 80 年代以来，Ton 等对数字图像提取道路信息做了很多的研究工作。国内的曹五丰在相关文献中提出了比较典型的道路信息提取算法，该方法基于知识对卫星数字图像中的道路信息进行自动提取，优点在于理论上具有先导性，通过知识控制信息获取，人工参与少，自动化程度高。但是，存在的问题是该算法对原始图像的要求较高，对低等级道路提取效果较差，带来的后果是在实现了高度的提取自动化后仍旧需要进行用户的校正与修改，而这种校正和修改仍旧非常烦琐费时，而且往往容易带入新的误差。此外，该算法主要针对卫星数字图像，因此应用场合有限。

本节提出了基于道路两侧轮廓线，自动生成道路路心线的算法。本算法不在矢量化过程中一步提取道路信息，而将道路路心线提取过程分成两步走。首先对原始栅格图线进行矢量化得到道路两侧的轮廓线，由用户进行适当修饰；然后由计算机自动处理修饰后的矢量图，从而生成道路网络。在这个过程中，用户只需修饰工作，因此对人员的素质要求比较低。本算法不仅可以快速、精确而又稳健地获取道路路心线，而且可以在道路网络的遍历过程中自动生成道路的拓扑关系，因此可以大大地简化数字地图的制作。

本理论方法基于如下假设：

(1) 矢量化地图已经经过修饰，修饰后的道路网络应该是强连接的，道路中矢量化后的桥梁矢量曲线，应该暂时冻结，否则可能影响道路追踪；

(2) 道路网络的道路轮廓线通常是平行的或者曲率大致相等，这与现实世界的道路网络的特点相像；

(3) 道路网络中一条道路的截面大致相近，不会发生大的突变；如果道路界面在某处突然增大，通常表示该点存在道路分叉；

(4) 在十字路口外，道路内部不应该存在过小的转弯半径，这是合理设计交通网络的首要条件之一。

4.3.2　轮廓插值和路心线生成算法

1. 算法复杂性分析

如果已知道路两侧的轮廓线，可以通过如下轮廓插值方法生成道路路心线。假如两条非封闭轮廓线 P 和 Q 组成道路外轮廓，其轮廓线点序列分别为 $P_0, P_1, \cdots, P_N$ 和 $Q_0, Q_1, \cdots, Q_M$，点列的走向完全一致，则由相邻的一组轮廓生成中心轮廓的算法可以表述为：

(1) 利用两轮廓的节点生成三角形网络；

(2) 利用三角形网络中连接两个轮廓的边的中点连接成中间轮廓。

从数学上讲，封闭轮廓的三角形网络划分和非封闭轮廓的三角形网络划分没有本质的区别，它们都可以归结为同一个数学问题。两相邻轮廓的三角形网络的自动划分被广泛应用到工程有限元计算、人体组织的三维重建以及机械零件的快速成型和反求工程等多个领域，其算法已经相当成熟。此处采用 Christiansen 提出的基于层轮廓三维重建的最短对角线法，该算法的原理如下：

对于轮廓 P 上的任意一点 P_i，假如 Q 上距 P_i 最近的点为 Q_j，则连接 P_iQ_j 来构造三角形网络。假如对角线 $P_iQ_j+1 < P_i+1Q_j$，则连接 P_i, Q_j+1 形成三角面片 $Q_jP_iQ_j+1$，否则连接 P_i+1, Q_j，如此循环直到形成连续的一组三角形网络。

当已经得到全部的三角形后，得到所有连接两条轮廓的边的中点序列，并将这些点序列连接起来，则这条连线就是路心线。如果外轮廓有 N 个节点，内轮廓有 M 个节点，可以证明最终形成的中间轮廓共有 $M+N$ 个节点。上述过程可以用图 4-4 表示。

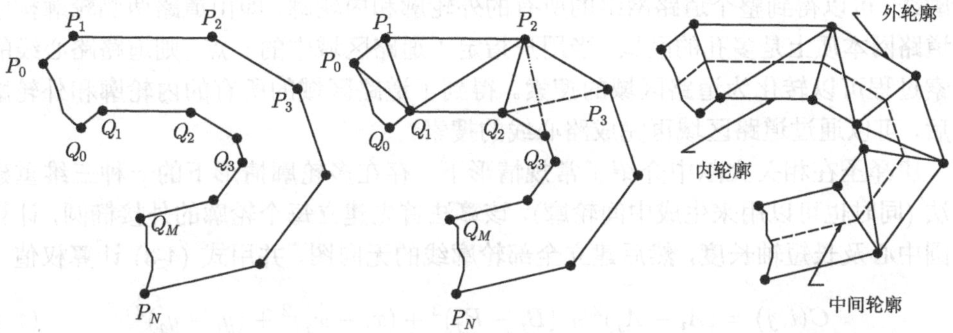

(a)原始轮廓　　(b)三角面片生成　　(c)自动生成中间轮廓

图 4-4　中间轮廓的三角形面片插值方法

道路两侧的轮廓线通常是平行或者是同心圆弧。对于轮廓平行的情形，容易证明由本法生成的路心线肯定是对应法截线的中心线。对于同心圆弧，由于圆弧可以看成一系列线段的和，所以本算法也是合适的。

2. 算法复杂性分析

前面阐述了由单外轮廓和单内轮廓组成图形的中间轮廓的生成算法，对于道路网络 (图 4-5) 而言，显然上述方法不足以解决问题。

图 4-5　道路轮廓网络图 (香港矢量地图局部)

图 4-5 表示了栅格地图矢量化后的道路轮廓图以及其他实体图。可以看出，这实际上是存在多个内轮廓的中间轮廓的插值问题。此外，图形中还存在矢量化后河流、房屋、土地、山脉等其他实体的曲线，因此如果想通过程序自动生成道路路心线，首先必须将道路轮廓和其他实体线分离开来。一般情况下，道路轮廓有别于其

他实体，其变化比较平缓，比较容易和其他实体区分。但是有些实体，如变化平缓的河流轮廓线，往往凭肉眼很难区分，此时计算机处理将很困难。

然而道路网络是互通的，用于车载导航的数字地图通常是强连通，因此如果已知一点在道路网络的某个路段内部，则由此可以得到附近的道路轮廓线，通过跟踪轮廓线，可以得到整个道路网络的所有的外轮廓和内轮廓，即由道路两侧轮廓构成的道路网本质上是多孔的区域。当用户指定了道路区域中的一点，则道路路心线的搜索过程可以转化为道路区域的搜索。得到了道路区域的所有的内轮廓和外轮廓之后，可以通过道路区域再完成路心线的搜索。

唐泽圣在相关文献中介绍了常规情形下，存在多轮廓情形下的一种三维重建方法 (同时也可以用来生成中间轮廓)，该算法首先建立每个轮廓的外接椭圆，计算椭圆中心及长短轴长度，然后建立全部轮廓线的无向图，并用式 (4-3) 计算权值

$$C(i,j)=(A_i-A_j)^2+(B_i-B_j)^2+(x_i-x_j)^2+(y_i-y_j)^2 \tag{4-3}$$

然后以上式为权值建立最小生成树 (minimal spanning tree，MST)。如果边 (i,j) 包含在最小生成树中，该算法认为两轮廓之间存在对应关系，最后通过对最小生成树进行分割遍历，则最终可以生成所有的中间轮廓。然而，这种算法并不合适，表现在: ①道路两侧路边线所构成的轮廓线并不能够直接得到，并且矢量化图中存在许多其他实体 (如河流、湖泊) 轮廓；②利用最小生成树法得到的中心线显然只是路心线的一部分，它不可能求出所有的路心线。

而另外一方面，道路路心线的获取又可以看成矢量化算法的同源问题。1988 年，Baruch 提出线跟踪的细化思想，同时给出一种细化算法，他认为线跟踪是人类进行图像细化的一种自然方式，即同时跟踪线条的两侧轮廓，而两轮廓的中心线即作为线条的骨架，细化过程一次完成，无需迭代。Chouinard 和 Plamondon 基于 Baruch 的线跟踪细化算法，提出了一种改进算法；Han 和 Fan 提出了利用两侧轮廓矢量配对来确定中心线的方法，所有这些算法都是通过轮廓跟踪决定中心线的方法。

然而本问题又与矢量化算法不同，表现在: ①基于整体识别的矢量化算法，待求中心线的两个轮廓之间的距离很小，采用模板可以很容易辨别出来，而地图矢量化图则不同，很多时候，不同道路的路边和路边的距离几乎和相同道路的路边之间的距离接近；②地图矢量化后，河流的河岸往往和道路的路边线、形状很接近，采用模板，在局部的区域内无法采用连接关系，因而无法区分；③地图矢量图中存在一些 “杂质” 图形以及畸变；④因为纸质地图中实际上并不存在路心线实体，并且由于源图存在其他实体如文字、河流等，直接从栅格地图中进行处理远比获取矢量图后再进行处理困难得多，所以本书所述路心线无法通过矢量化直接获取。

由于矢量化图中，在没有先验知识的情况下，很难分清楚哪一条是道路的两边

轮廓线，因此这个时候无法确定与搜寻过程对应的初始道路轮廓线的问题。从理论上讲，通过对矢量图的全部区域或者是部分区域进行知识归纳、自学习通常可以获取道路的初始轮廓线，然而这种算法存在一定的潜在危机，表现在：①学习过程复杂，要将大量的空间数据进行关联 (associate) 分析，将会耗费大量的时间；②地图矢量图中存在一些实体如河流在某些时候如果不考虑全局或者不对照纸质地图，连肉眼通常都很难区分，因此这种自学习、知识自动发现的算法是很不稳健的，很难表达对应的元知识 (meta-knowledge)；③地图矢量图中存在很多缺陷，如断线、冗余线段等，这将给识别过程带来很大的麻烦。

鉴于上述原因，在实际操作中常由用户设置初始轮廓。常用的方法有：①用户直接指定某一条道路的边线 (图 4-6(a))；②用户在道路区域内，任意选定一点，以此为种子，搜寻道路两侧的轮廓线 (图 4-6(b))。

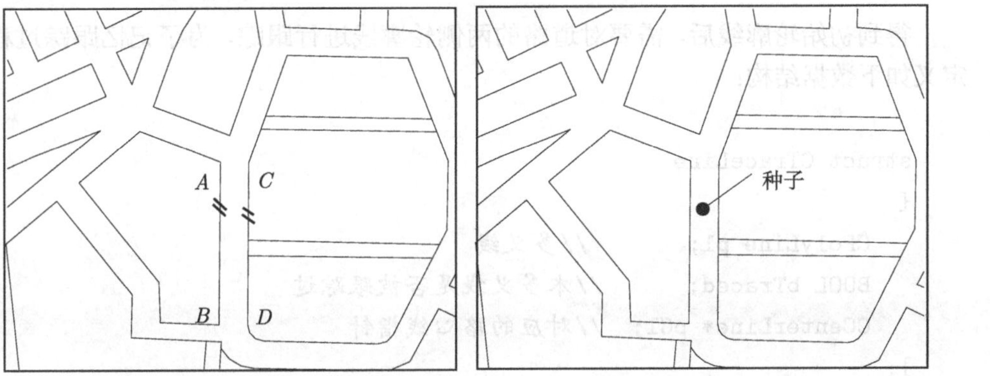

(a) 用户指定初始搜索轮廓线　　(b) 用户指定搜索种子点

图 4-6　人工指定初始道路边线

基于种子的轮廓并行生长算法可以表述成如下过程：

(1) 用户设置起始搜索种子；

(2) 由种子作扫描线，确定初始道路的轮廓线；

(3) 由搜寻到的轮廓沿任意方向生长，用相应的一组轮廓线生成内轮廓。

当用户设定初始种子点后，可以采用扫描线算法 (图 4-7(a)) 得到初始轮廓。该算法按照一定的角度间隔作经过种子点的直线段，并且寻求这些直线段和矢量图中其他实体的交点及交点对应的实体，假设种子点为 S，左侧最近交点为 Q_i，右侧最近交点为 P_i，则可以采用式 (4-4) 所示代价函数。

$$f(l_i) = |Q_iS| + |SP_i| = |Q_iP_i| \tag{4-4}$$

选取式 (3-4) 值最小的直线段的一对交点对应的两条轮廓为初始轮廓。另外一种求取初始轮廓算法为采用最近点估计算法 (图 4-7(b))，首先寻找距离种子点 S

最近的实体及相应的点，然后以该点和种子点作直线段，分别求两侧最近的交点和对应的实体，通常对应的实体就是初始轮廓。

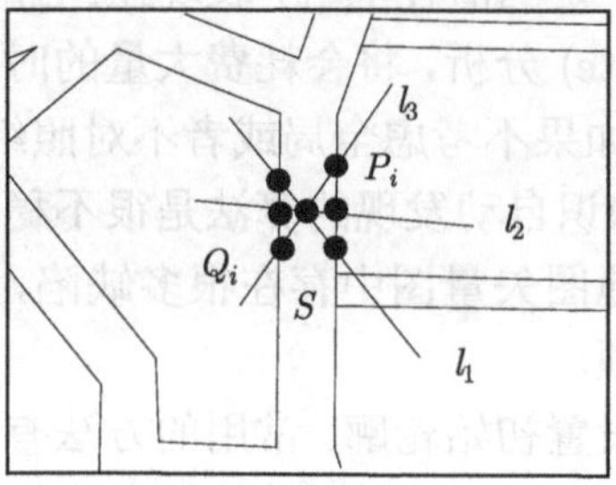

(a)可选扫描线　　(b)最佳初始扫描线

图 4-7　初始轮廓的选取

得到初始轮廓线后，需要对道路的两侧轮廓线进行跟踪，为了记忆跟踪过程，定义如下数据结构：

```
struct CTraceLine
{
   CPolyLine pl;          //多义线
   BOOL bTraced;          //本多义线是否被跟踪过
   CCenterLine* pCl;      //对应的路心线指针
};
```

上述数据结构中，pl 为多义线型变量，用于存储线状实体的几何位置，BOOL 型变量 bTraced 表示本线状实体是否曾被跟踪过，而 pCl 记录本轮廓线对应的道路路心线。

通常现实世界中道路两侧的路边线大致是平行的，因此如果发现道路两侧的路边线角度存在大的差异时，通常可以认定前方存在交叉路口。假设同一条道路路边线角度差的阈值为 θ_0，则依据前面的假设，前方存在道路口的判断算子可以表述为式 (4-5)：

$$\theta > \theta_0 \tag{4-5}$$

然而，如果直接采用式 (4-5) 作为判断依据在实际应用中是不够的，因为矢量图通常来源于纸质地图矢量化，而这种处理工程将带进新的误差，如高频噪声分量的引入。图 4-8 显示了由于矢量化过程而带来的路边线的变形，依据式 (4-5) 得到的结论是 AA', BB' 附近将存在一个交叉路口，然而单纯观察图 4-8(c)，实际上是不能够确认这个结论的。解决由于矢量化等处理过程而引入矢量图的高频噪声对道路跟踪的影响，可以有两种方法：①直接对矢量地图进行预处理，消除这种高频噪声；②采用下面提出的判断条件判断，见式 (4-6)。

$$\begin{cases} L_i > L_0; \quad i = 5, 6 \\ \theta > \theta_0 \end{cases} \tag{4-6}$$

式 (4-6) 表示，当道路的任何一条路边线超过某个阈值，并且左右两边的起始两点连线组成的两段有向线段对应的夹角大于某个阈值，那么可以肯定前方存在交叉路口。

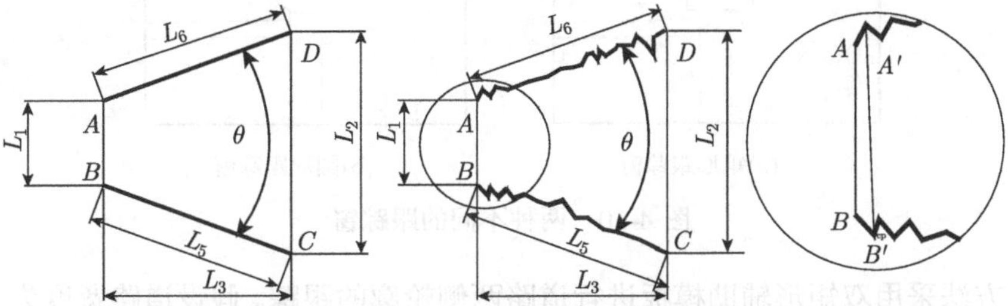

(a)理想矢量化图　(b)实际矢量画后轮廓　(c)局部放大图

图 4-8　道路轮廓跟踪的终止原则 (一)

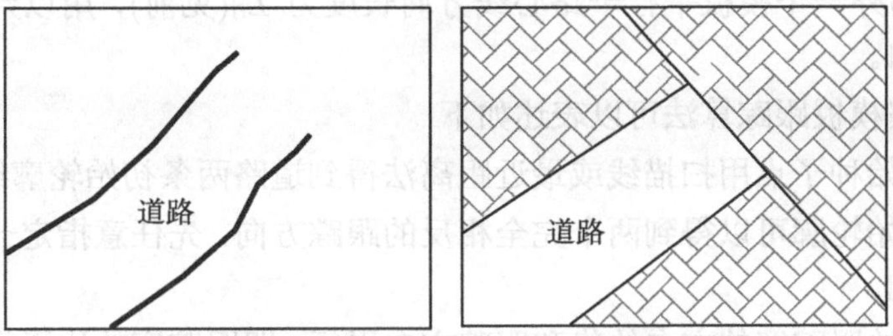

(a)盲路的轮廓跟踪完毕　(b)盲路的两侧轮廓汇合

图 4-9　道路跟踪终止准则 (二)

在道路跟踪过程中，所跟踪的路段也有可能是盲路 (图 4-9)，则两种情形分别可以用如下方法判断：①道路的左右两端都跟踪完了；②道路跟踪到某一处，前方存在障碍，左右轮廓汇合。

需要说明的是，由于矢量化后图形往往存在诸多缺陷，如线段断裂和毛刺等现象。因此必须对直线求交算法进行修正。另外，为了辨别毛刺和真实路边，常常需要进行递归，将真正的道路路边轮廓搜寻出来，具体可参考前面介绍。

上述道路轮廓的跟踪可以采用有模板的跟踪算法，也可以采用无模板的跟踪算法。从原理上讲，如果矢量图精度很高，不存在断裂或者畸变或多余线段，那么这两种算法在跟踪同一条道路对应的两边轮廓在性能上没有太大的区别，但是如果矢量曲线上存在较多高频噪声的话，采用空间窗的搜索算法可以较好地抑制高频噪声。

其中有模板跟踪法又可以分别采用矩形空间窗 (图 4-10(a)) 或者圆形空间窗 (图 4-10(b))。由于矩形空间窗由直线构成它与其他实体求交容易，因此应用更为广泛。

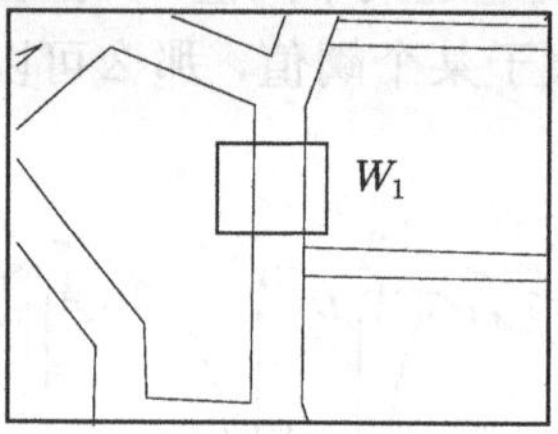

(a)矩形跟踪窗

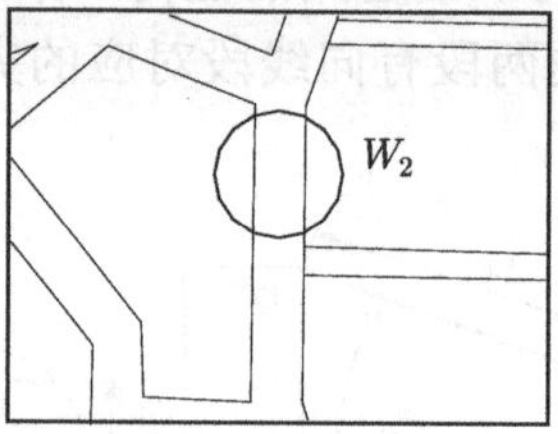

(b)圆形跟踪窗

图 4-10　两种不同的跟踪窗

本方法采用双矩形辅助模板进行道路两侧轮廓的跟踪。假设道路宽度为 L，则可以取垂直于路心线方向为 $2L$(或更大，但是不宜太大，否则求交算法次数增加)，平行于路心线方向边为 R(R 为最小拐弯半径) 的矩形作为模板，本模板用以消除噪声；同时另外一个模板平行于路心线方向长度为 L_0(见前)，用以判断前方是否存在交叉路口。

单条道路模板跟踪算法可以表述如下：

(1) 由初始种子点用扫描线或最近距离法得到道路两条初始轮廓线。

(2) 由初始轮廓可以得到两个完全相反的跟踪方向，先任意指定一个方向作为起始跟踪方向。

(3) 将初始跟踪窗的方向始终和跟踪方向平行，即跟踪窗的边通常并不和水平线平行或垂直。

(4) 在起始种子点放置跟踪窗口 (图 4-10)，道路两侧轮廓进行生长直至和路口检测跟踪轮廓相交，用前文介绍的准则 (式 (4-5)) 判断是否有新的路口，如果没有新的路口，利用跟踪窗口的两条轮廓进行中心线生成，然后将跟踪窗口平移到当前位置，继续进行步骤 (4) 的操作。如果有新路口则进行步骤 (5)。如果出现盲路，则反向搜索，如果反向已经生成了节点，回溯。重复过程 (4)。

(5) 在起始种子点放置跟踪窗口 (图 4-11(a))，对道路两侧轮廓进行生长直至和跟踪轮廓相交。如果两侧都只经过一次生长就和跟踪窗相交，采用下文的生长准则移动跟踪窗，并生成相应的路心线。如果经过若干次生长后和当前跟踪窗相交，则将最后的两条生长轮廓倒退，并连接倒退回的两点和各自一侧的当前跟踪起始位置，再利用前文方法生成路心线。如果步骤 (3) 中发现前方有新的路口，则终止当前道路跟踪，否则跳到步骤 (4) 继续。

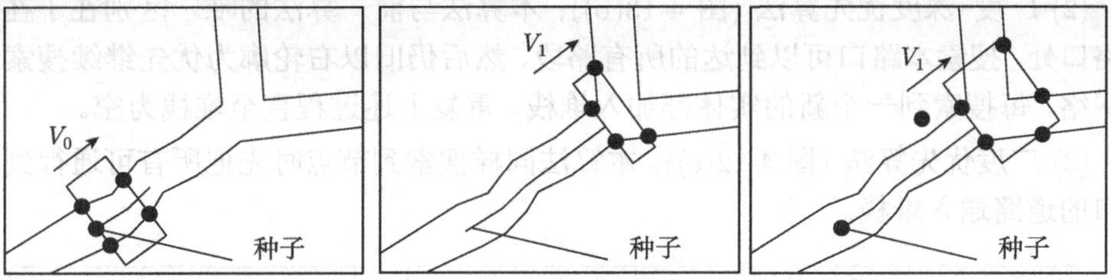

(a)普通路段　(b)发现路口　(c)判断路口类型

图 4-11　道路轮廓矩形窗口探测

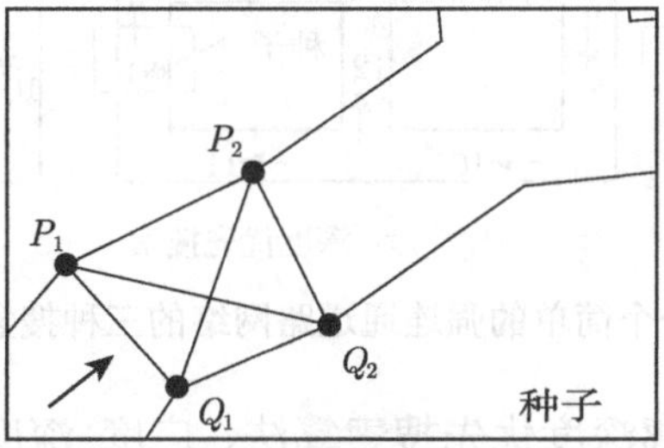

图 4-12　道路轮廓的生长

道路轮廓的生长可以用如下准则，图 4-12 中，P_1Q_1 为上次左右轮廓的两个点，P_1P_2 和 Q_1Q_2 为两条直线段：①如果 $P_1Q_2 = \min(P_1Q_2, P_2Q_1, P_2Q_2)$，下次覆盖事件窗时以 P_1Q_2 为基准，同时可以将 P_1Q_2 的中点添加到路心线对应的点序列中去；②如果 $P_2Q_1 = \min(P_1Q_2, P_2Q_1, P_2Q_2)$ 下次覆盖事件窗时以 P_2Q_1 为基准，同时可以将 P_1Q_2 的中点添加到路心线对应的点序列中去；③如果 $P_2Q_2 = \min(P_1Q_2, P_2Q_1, P_2Q_2)$ 下次覆盖事件窗时以 P_2Q_1 为基准，同时可以将 P_1Q_2 的中点添加到路心线对应的点序列中去。

4.3.3　道路网络跟踪算法

为了得到数字地图中所有的道路对应的路心线和节点之间的拓扑关系，整个道路网络必须被遍历。通常可以采用如下三种方法跟踪整个道路网络：

(1) 右 (或左) 轮廓深度优先算法 (图 4-13(a))。本算法采用了右轮廓优先的搜索策略，在过一个路口时，并不马上寻找道路节点，而是直接寻找本路段经过该节点可以通行的最 “右” 的路段 (即从本道路到下一道路角度最小)，不断重复这个过程，如果右轮廓跟踪和其他跟踪汇合，则从左边轮廓继续跟踪。如果到某一节点处发现所有可通行的路段都已经求出，则求出节点，并进行反向跟踪 (仍旧以跟踪方向的右边为优先)，如果反向跟踪也都和从前跟踪结果汇合，则从堆栈中弹出当前道路，并取出堆顶的第一条路心线，继续进行跟踪。

(2) 广度–深度优先算法 (图 4-13(b))；本算法与前一算法的唯一区别在于在每个路口处，搜索本路口可以到达的所有路段，然后仍旧以右轮廓为优先继续搜索道路网络，每搜索到一个新的实体都加入堆栈，重复上述过程直至堆栈为空。

(3) 广度优先算法 (图 4-12(c))。本算法同样搜索到节点时先把所有可通行到该路口的道路送入堆栈。

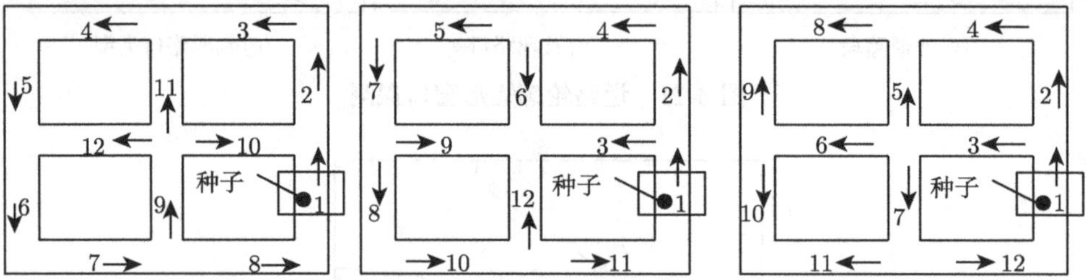

(a)深度优先搜索　(b)广度–深度优先搜索　(c)广度优先搜索

图 4-13　一个简单的强连通道路网络的三种搜索遍历方法

定理一：右 (左) 轮廓深度优先搜索算法、广度–深度优先搜索算法和广度优先搜索算法都具有时间和空间线性复杂度 (相对于道路路端个数或者道路节点数)。具体证明参阅上一节。

定理二：右 (左) 轮廓深度优先搜索算法、深度–广度优先搜索算法和广度优先算法对于强连通道路网络是完备的。

其中每一步搜索过程都将当前道路可以通行的道路加入堆栈，因此只要道路本身是强连通的，它将肯定能够保证对整个道路网络的遍历，由此表明这两种算法对于强连通网络是完备的。

同样对于右 (左) 轮廓深度优先算法，由于始终强调对道路某一侧轮廓的搜索，当优先侧轮廓搜索和以前某一次搜索结果会合后，则在另一侧进行搜索，如果另一侧搜索也和从前某一次搜索结果会合，那么在另一侧进行反向搜索，并弹出堆栈中的本实体。由此，可以说明对于搜索到的路段，任何道路只要和它在某一条路边轮廓上相连必然也会被搜索到。因此对于强连通道路网络，假如存在 M 条道路没有被搜索到的话，那么由于这 M 条道路必然存在到其余道路的通路，因此可以推断至少 $M+1$ 条道路将没被搜索到，依此类推可以证明所有的道路将不会被搜索到，由此可以反证这种算法也是完备的。

在节点的获取上，广度–深度优先搜索算法和广度优先算法在交点处都采用了平行生长和预测算法，因此一旦确定了当前路口可通行的所有道路，就马上可得到该交点，因为这种算法不需要查找历史记录，因此这方面的算法复杂度降低了。而

对于右 (左) 轮廓优先深度搜索算法的节点求取相对复杂很多，首先需要建立节点 (包括一些临时节点) 表数据结构，用以记录与本节点邻接的所有实体指针，同时每个路心线实体也需要保留两侧关联的节点，如果两条道路可以通行，则合并节点并删除冗余节点，当某一节点关联的最后一个实体从堆栈中弹出时，可以用节点关联的所有路心线实体求取对应的节点。

4.3.4　道路网络的路口形式分析

现实世界的道路网络中道路和道路的交汇可以通过抽象划分为如下几大类：①十字路口 (图 4-14(a))；②Y 字路口 (图 4-14(b))；③丁字路口 (图 4-14(c))；④星形路口 (图 4-14(d))；⑤岛形路口 (图 4-14(e))。如果注意到，道路形式 f，g 和 h 可以被分解为若干个 c 和 b，那么实际上所有的道路交叉口形式都可以用统一的星形交叉路口表示。

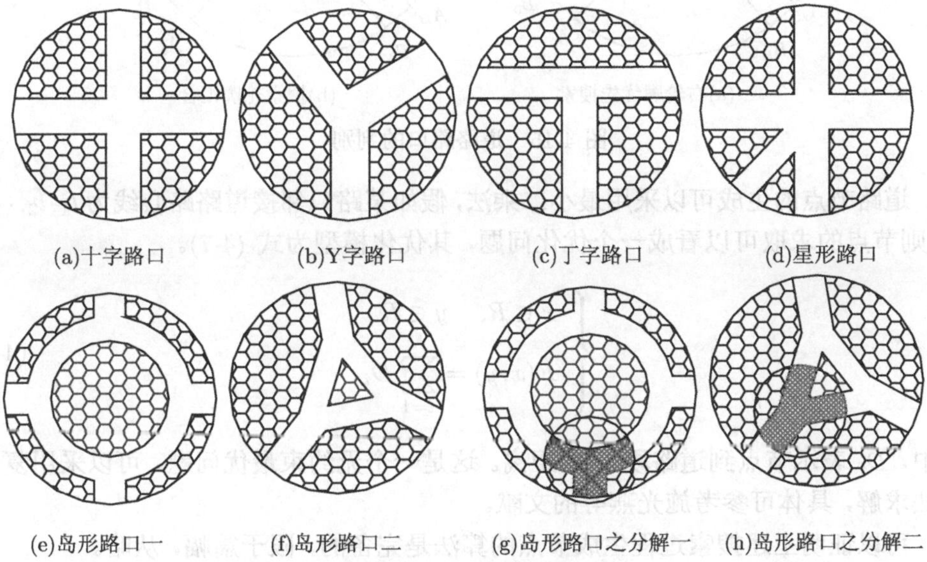

图 4-14　道路路口形式

道路路口的形式同样可采用模板来获取，也可以采用轮廓跟踪法，两者的原理几乎一致。此处介绍采用限定区域 (或者说有限深度) 右轮廓优先跟踪的道路节点获取法。假设某时刻得到轮廓对 (A_0C_M, B_0C_0)(图 4-15)，这个步骤可以表述为：

(1) 采用右轮廓优先策略，用矩形窗口得到 B_0C_0 连接的轮廓 C_0A_1 对应道路的另外一条边，相应的准则是两条轮廓的角度差不大于某个阈值，具体参照前面判断道路路口的方法。

(2) 若轮廓对 (C_0A_1, C_1B_1) 跟踪到前方出现新的路口或者盲道路，则对之进行反向跟踪，仍旧采用右轮廓优先策略 (左边已经跟踪过了)，重复这个过程直到某一次反向跟踪时发现右轮廓和从前的某次搜索过程的轮廓汇合 (相对于图 4-15(b) 之 C_M 点)。

(3) 利用上述所有的中心线生成节点。

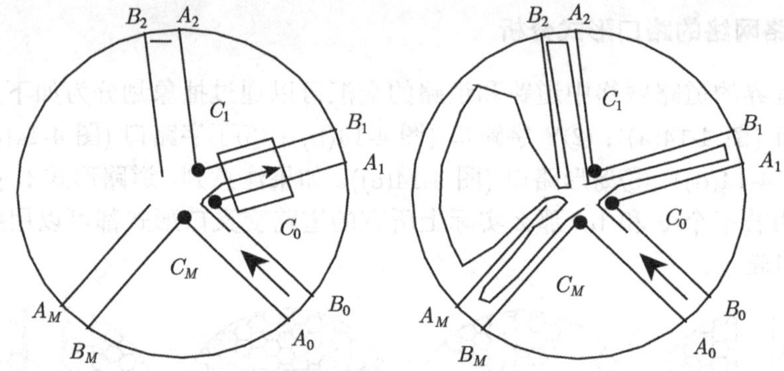

(a)右轮廓优先搜索　　　　(b)搜索轮廓汇合

图 4-15　道路路口的判别

道路节点的生成可以采用最小二乘法，假如某路口邻接道路路心线为 $l_1, l_2, \cdots, l_n$，则节点的求取可以看成一个优化问题，其优化模型为式 (4-7)。

$$\begin{cases} x \in R, \quad y \in R \\ F(x,y) = \sum\limits_{i=1}^{N} D_i \end{cases} \tag{4-7}$$

式中，D_i 表示节点到道路段 l_i 的距离。这是一个无约束最优问题，可以采用复合型法求解，具体可参考施光燕等的文献。

可以证明上述搜索过程生成节点的算法是完备的，限于篇幅，从略。

在某些特殊的情况，由路心线可以得知道路为十字路口，那么可以直接连接相对的两条路心线。

4.3.5　基于 DP 算法的路心线精简

道格拉斯–普克算法 (Douglas-Peucker algorithm) 由大卫 · 道格拉斯 (David Douglas) 和托马斯 · 普克 (Thomas Peucker) 于 1973 年 [7,19] 提出，经过其他学者在之后的数十年内予以完善，是目前公认的线状要素化简经典算法，简称为 DP 算法。该算法将曲线近似表示为一系列点，并减少点的数量，当设定阈值后，当曲线存在平移和旋转时，曲线简化效果不变。

算法的详细步骤如下：

(1) 在曲线首尾两点间虚连一条直线，求出其余各点到该直线的距离，并找出最大距离值 $d_{\max}$。

(2) 将最大距离值 $d_{\max}$ 与阈值 T 相比较，若 $d_{\max} < T$，就把这条曲线上的中间点全部舍去；若 $d_{\max} \geqslant T$，则 $d_{\max}$ 对应的距离最大坐标点保留。

(3) 依据所保留的点为界，把曲线分成两段，对这两段曲线分别重复第 (1)、(2) 步操作，迭代操作，即选距离最大者与阈值比较，依次取舍，直到无点可舍，最后得到满足给定精度限差的曲线点坐标，完成曲线的精简。

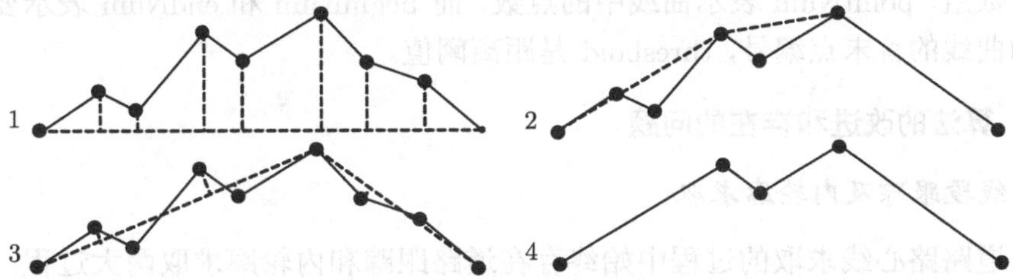

图 4-16　DP 算法原理图

DP 算法实现伪代码如下：

```
void  DPcompress (CPoint* Point,int pointNum,
 int beginNum,int endNum, double threshold)
 {
  if(已经没有中间点)
        return;
   else
   {
        for(首末两点之间的点)
        {
        求每个点到首尾连线的垂距;
        保存垂距最大值的点和其编号;
        }
   }
  if (如果垂距最大值小于threshold)
     {
舍弃首尾中间的所有点;
return;
      }
```

```
    else
    {
    以垂距最大值点为界,把曲线分为L1, L2两段;
      对L1, L2分别再调用DPcompress ( )函数;
    }
}
```

上述的算法通过递归调用进行计算。其中 Point 指针指向存放曲线所有点的结构体数组，pointNum 表示曲线中的点数，而 beginNum 和 endNum 表示要进行精简的曲线的首末点编号，threshold 是距离阈值。

4.3.6 算法的改进和存在的问题

1. 线段跟踪及内轮廓求取

在道路路心线求取的过程中始终存在道路跟踪和内轮廓求取两大过程。由于矢量化后会带来一些误差，因此这两种算法都需要将误差因素包含在内，考虑了误差的直线求交算法请参阅上节。内轮廓求取请参照下节。

2. 内轮廓退化的处理

考虑到数字地图制作的一些习惯性的问题，通常所有道路的两条边组成所有的外轮廓和内轮廓，我们正是基于这些内外轮廓求取道路路心线。然而由于一些制图或表示上的习惯，道路内轮廓存在退化现象，见图 4-17，另外立交桥的引桥处都存在轮廓退化现象，当这种现象出现时，前述的节点检测算法必须借助于人机交互才能完成。

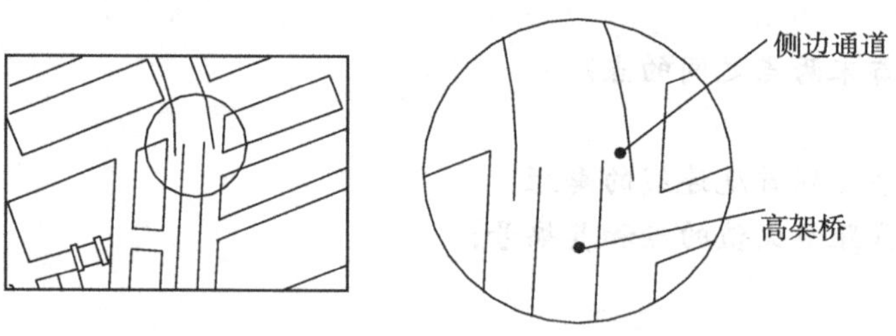

(a)内轮廓退化　　(b)局部放大图

图 4-17　内轮廓的退化

对于图 4-17 所示高架桥到平面的引桥，由于对于这一类模型通常用单路线模型，目前还没有很好的表示方法，因此采用自动算法生成的路心线效果也不好，需要进行必要的手工修改。

4.3.7　结论

(1) 快速更新、快速生成道路网络对车辆导航至关重要，因此研究道路网络生成算法的重要性不言而喻。本节的道路路心线自动生成算法可以自动由道路两侧的轮廓得到路心线，如果道路网络是强连通性的，那么只需要经过一次自动搜索，就可以得到整个网络的路心线。如果局部地图是非强连通道路网络，则需要用户多次指定初始种子点。

(2) 本节算法可以和上一节道路网络的数据库自动生成融合起来。融合方式有并行和串行两种方式，前者在获取道路路心线的同时建立道路网络的拓扑关系，并将相应的数据写入数据库；而后者则是在网络的全部路心线得到后再遍历网络生成相应的数据库。比较而言，前者自动化程度高，但后者更稳健可靠。

4.4　考虑了误差的轮廓自动搜索算法

4.4.1　概述

在面向导航的道路信息系统中，除了道路、道路节点等地图匹配和路径最优必需的信息外，一些区域信息也是必需的。通常纸质地图矢量化后，已经具备了一些区域的轮廓线，因此通过直接搜寻区域的轮廓线，可以避免人工绘制这种极其烦琐的工作，减少地图制作的工作量。

在图 4-18 所示图形中，P_0 为用户指定的区域内的一点，要求已知该点的前提下，搜寻出其周围的区域轮廓。此处介绍采用递归算法求解轮廓的算法，该算法的思想是：动态建立区域轮廓的交点和与该交点连接的实体集的表，逆时针方向搜索轮廓边界，优先搜索和搜索方向成最大角度的实体，当搜索到的实体在搜索方向不存在相交实体时回溯，通过不断地修改交点及相关实体表堆栈 (或链表)，最终搜寻到要求的区域所包含的轮廓线。

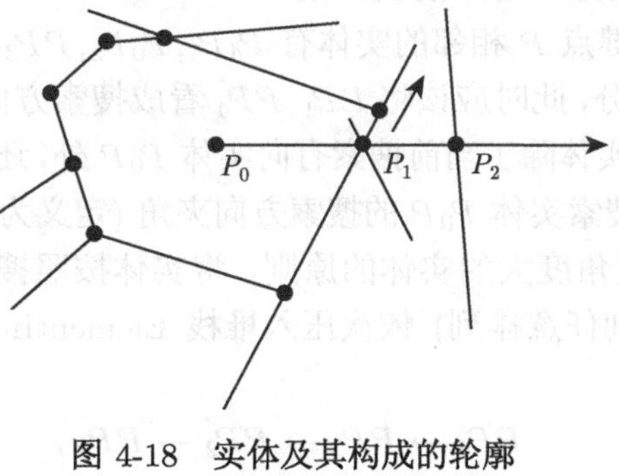

图 4-18　实体及其构成的轮廓

为了搜寻轮廓需要建立存储关键点及和关键点相交实体集的堆栈 (或链表)，它可以用类 C 语言表述为：

```
struct MapElementInfo
{
   CmapElement* pElement;       //实体指针，CmapElement为所有实体的基类
Fpoint pointEnd;                //实体搜索方向的端点
   float fDirectAngle;          //该实体的方向角范围(0, 2π)
};                              //对应于某关键点的实体节点
struct NodeInfo
{
   Fpoint point;                //关键点坐标
CmapElementInfoStack    ElementInfoStack;
                                //CmapElementInfoStack为MapElementInfo
                                  型栈
};                              //存储于整个搜索堆栈中的节点内容，每个
                                  节点包含了一个关键点的坐标及其相关的
                                  实体集堆栈
```

为了保证能够实现正确的搜索和回溯，此处采用了上述节点构成的邻接堆栈的数据结构记录搜索过程。

4.4.2 关键点及连接实体集的建立

定义在实体搜索方向上实体与其他实体相交的交点为关键点，为了求得某点包围的外轮廓，采用逆时针方向搜索的策略，并且优先搜索和搜索方向成最大角度的实体。由于在一个关键点上可能存在多个实体，那意味着存在多个搜索方向，为了保证可以回溯，需要建立对应的实体集。

在图 4-19 中，关键点 P 相邻的实体有 P_4P_1, P_0P_2, PP_3，由于 P_1P_4 和 P_0P_3 均被关键点 P 分成两部分，此时应该将 PP_1, PP_4 看成搜索方向相反的两个有向实体，所以经过关键点 P 的实体除了当前搜索有向实体 P_0P 外，还有 PP_1, PP_2, PP_3, PP_4，这些有向线段和当前搜索实体 P_0P 的搜索方向夹角 (定义为搜索角) 分别为 a_1，a_2，a_3，a_4，根据优先搜索角度大的实体的原则，将实体按照搜索角度从小到大 (若两实体的搜索角相同，则任意排列) 依次压入堆栈 ElementInfoStack。实体集的最终排列顺序为

$$PP_4 \rightarrow PP_3 \rightarrow PP_2 \rightarrow PP_1$$

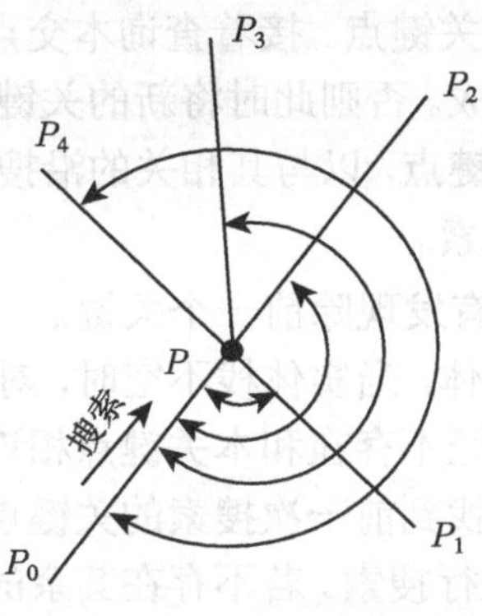

图 4-19　有向实体的方向及其搜索角

4.4.3　获取轮廓的初始边界或初始搜索关键点

求解一个点周围的轮廓线首先必须求得一条起始搜索的初始边界线或者初始关键点。如图 4-20 所示，由轮廓内部已知点 P_0 作水平方向的射线，通过实体求交算法可以得到和该射线相交的所有交点及和该交点相连的实体集。可以证明区域不存在孔洞 (若存在孔洞下文将专门讨论)，初始边界实体肯定经过和 P_0 距离最近的交点，即初始边界肯定在点 P_0 最近交点的相邻实体上。那意味着：①假如和该射线在最近交点上仅有一个实体，则可以肯定在存在轮廓的前提下，该实体部分 (或全部) 是轮廓的可选初始边界；②假如和最近交点相连的实体存在多个，得到所有经过该关键点的有向实体。舍弃方向角在水平线下的实体，将该关键点连接的上半平面的实体按照和水平轴正向夹角从大到小排序，逐个压入有向实体堆栈。

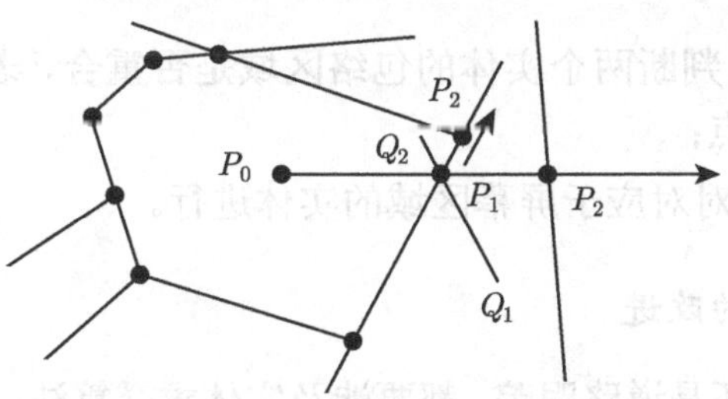

图 4-20　搜寻初始边界

4.4.4　搜索和回溯

当得到了轮廓搜索的关键点和相邻的实体，就可以开始进行整个轮廓的搜索。首先对实体集堆栈栈顶元素进行搜索，得到实体栈的第一个有向实体，在搜索方向上寻找其他实体和它的交点，这时可能出现两种情况：

(1) 搜索到除了前一个关键点外的新交点及相交实体集，首先修改实体栈栈顶元素，并将其端点设置为当前关键点。接着查询本交点是否在搜索栈中，若在，表明已经找到轮廓，搜索过程完成。否则此时将新的关键点和对应的新的实体集加入搜索栈中，以新的关键点为关键点，以与其相关的沿搜索方向夹角最大的实体为新的搜索实体，进行一轮新的搜索。

(2) 在实体搜索方向上没有发现除前一个关键点外的新交点，此时弹出实体栈栈顶元素，得到下一个有向实体。当实体栈不空时，对弹出的有向实体用前述方法继续搜索。当发现实体栈中已经不存在和本关键点相连的任何实体，此时弹出搜索链表中本关键点对应的节点，找到前一次搜索的关键点，并找到该关键点上次搜索的实体后的第一个实体继续进行搜索。若不存在其余的实体则继续回溯。若回溯至搜索链表中不存在节点，表明搜索失败，不存在对应的轮廓。

4.4.5 轮廓的最终获取

当搜索过程完成后，若搜索邻接堆栈中不存在任何节点，表明轮廓搜索失败。当轮廓搜索邻接堆栈中存在节点而轮廓搜索完成时，轮廓的获取可以通过遍历搜索邻接堆栈获得。这个过程可以通过逐个将搜索邻接堆栈中节点弹出，从邻接栈中依次弹出的 NodeInfo 中获取栈顶元素则可得边界。

4.4.6 一些算法的改进和讨论

1. 搜索过程的加速

由于轮廓的搜索存在频繁的求交过程，为了加快搜索过程，可以限制搜索的实体个数，相应策略是:

(1) 每次求交前，判断两个实体的包络区域是否重合，若包络区域互不相交，则表明两者不存在交点;

(2) 每次求交，只对对应于屏幕区域的实体进行。

2. 实体求交算法的改进

不论是轮廓求取还是道路跟踪，都要涉及实体求交算法。通常讨论线段相交的前提是两直线段不平行和不重合。当两个线段对应的直线重合时可以作如下处理:

(1) 当两直线段的端点重合时，认为两者的共同端点是两者的交点 (图 4-21(a)L_1 和 L_2 共端点 B);

(2) 当两直线段存在无穷个重合点时，取搜索方向的第一个重合点为交点。(图 4-21(b)L_1 和 L_2 在 PQ 段重合，如搜索方向为 AP，则可以设定 P 为 L_1 和 L_2 的交点)。

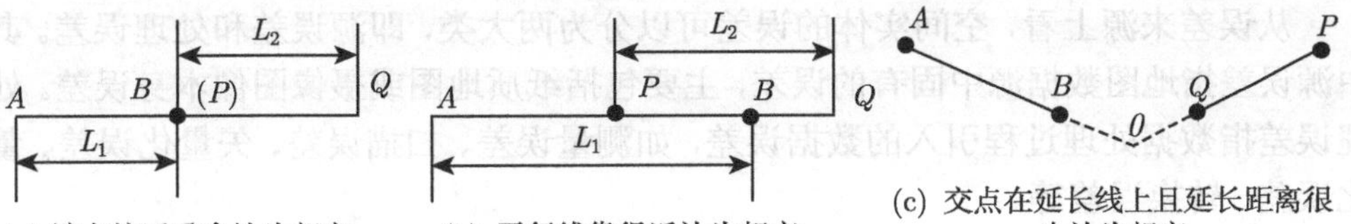

(a) 端点接近重合认为相交　(b) 平行线靠得近认为相交　(c) 交点在延长线上且延长距离很小认为相交

图 4-21　实体求交的几种特殊情况

纸质地图矢量化后的矢量地图常常是有缺陷的，其原因在于：①源地图清晰度不够、污损；②扫描过程引进污点；③二值化、矢量化算法的缺陷导致实体发生断裂。忽略由于这一系列过程导致的精度误差，此处讨论实体断裂的情形。当本来相连的实体因为矢量化过程导致断裂时，本来封闭的区域可能变得不封闭，导致轮廓搜索失败，为了避免上述情形的发生，可以对实体求交算法增加允许误差限。

考虑了误差的改进线段求交算法可以表述为：

(1) 当两线段对应直线重合但是两者没有重合线段时，假如两者相近端点之间的距离小于某个设定值，则认为两者相交，交点取两个相近端点的中点。

(2) 当两线段对应的直线是相交的，但是交点至少在其中一条线段的延长线上时，可以通过判定两线段相近的一对端点的距离值。若两者距离值小于某给定值，则可以认为两者是相交的。当进行的操作是区域跟踪时，可以添加连接两端点的新实体。

(3) 当两直线段平行时，若其中一条线段的端点到另一条线段的最近距离小于用户设定的某值时，认为两直线相交，交点取相应成最小距离的点 (不一定是垂点)。

3. 轮廓搜索的讨论 —— 存在孔洞的情形

数字地图表征的现实世界中，存在孔洞的区域并不多见。对于存在孔洞的区域，其边界由内轮廓和外轮廓构成。这时，可以分别搜索出内外轮廓，由用户两次指定搜索内点。

4.5　数字地图空间实体的几何和拓扑校正算法

4.5.1　空间数据误差及其分类

数字地图精度将影响地图匹配的精度，所以用于车辆导航的数字地图需要有足够的精度 (数字地图精度对车辆导航的详细影响请参考下一章)。此外，地图中存在的几何或拓扑错误也可能影响最优路径规划。由于空间数据的误差是不可避免的。为了提高系统性能，需要研究如何才能最大限度地降低误差。

从误差来源上看，空间实体的误差可以分为两大类，即源误差和处理误差。其中源误差指地图数据源中固有的误差，主要包括纸质地图或摄像图像本身误差。处理误差指数据处理过程引入的数据误差，如测量误差、扫描误差、矢量化误差、量化误差、转换误差等。

从误差类型上看，空间实体的误差也可以分为两大类，即几何误差和拓扑误差。其中，几何误差是指地图上空间实体位置和对应真实世界位置上的差异，通常这种差异可以用一系列空间向量表示。拓扑误差，反映了地图空间实体之间的邻接关系的改变，如现实世界中相邻的两条道路在地图中不再相邻。

从空间数据的表示看，数字地图中的误差又可以划分为模型误差和数据误差两大类。其中，模型误差是指由于数据概念模型或者存储模式带来的模型固有的误差。而数据误差，是指符合数字地图模型基础上的数据误差。长期以来，研究者常常忽略由于模型而导致的数字地图精度下降，从而影响应用系统的整体性能。典型的模型误差如：

(1) 栅格地图的精度受限于栅格的分辨率；

(2) 路心线模型道路网络反映的道路只能是道路中心的曲线，而事实上道路是一个区域。

(3) 二维矢量地图不可能存储高程信息，即先天存在高程信息丢失的缺陷。

4.5.2　典型的数字地图误差

数字地图中有一些误差是由于模型固有的缺陷造成的，因此这一类误差常常无法被校正。此处主要讨论可以校正的数字地图误差的一些特性和相应的校正方法。

数字地图的几何精度指标可以划分为绝对误差和相对误差。绝对误差指数字地图实体坐标和真实实体位置的差异，而相对误差是指数字地图上两个空间实体和现实世界对应的实体真实距离的差值。拓扑关系是数字地图中非常重要的组成因素，它表示了空间实体的邻接、包容及隔离等多种关系。车辆导航用数字地图之中道路之间的邻接关系，道路和节点的邻接关系都是拓扑关系。这些拓扑错误类型有：①多路；②少路；③道路孤立；④道路断裂；⑤路段未被分解；⑥路径穿越破坏；⑦多余的路段穿越；⑧节点错位；⑨其余情况。

图 4-22 为常熟市市区道路网络图 (部分)，其中实线代表了存在误差的道路网络，而虚线代表了真实的道路网络，真实道路和有误差的道路反映了数字地图的几何误差，图中 1 表示道路过长，2 表示道路断裂，3 表示多余的道路，4 表示节点错位，5 表示由道路断裂引起的道路孤立且道路穿越受破坏。所有这些拓扑错误都有可能引起地图匹配和最优路径搜寻的错误。

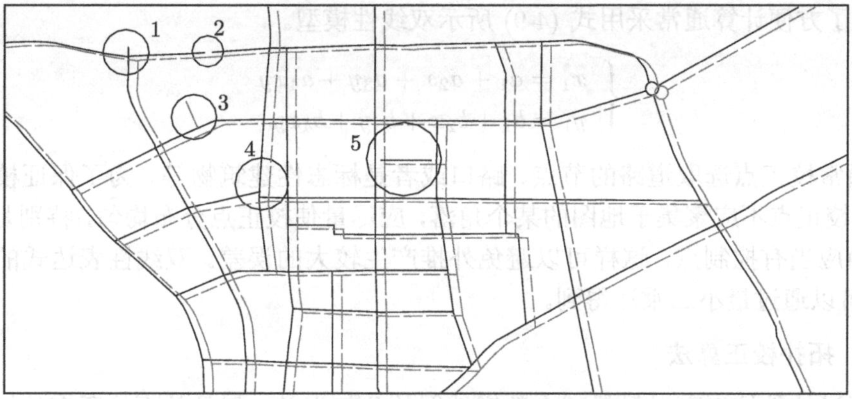

图 4-22　常熟市区地图的道路网络误差

数字地图各类误差的联系和区别在于：

(1) 绝对精度很差，不一定相对精度误差也很差；但是相对精度很差，绝对精度肯定很差。对于航位推算/地图匹配 (DR/MM) 组合导航系统而言，相对几何精度甚至可能比绝对几何精度更重要。

(2) 拓扑精度和几何精度既相互区别又互有联系，通常存在几何误差不一定存在拓扑误差。假如地图绝对精度很小但相对精度足够高，将不会导致拓扑误差。但当几何误差 (尤其是相对误差) 达到一定程度，通常就会造成拓扑错误。

(3) 拓扑错误和相对误差是造成地图匹配失败的最根本的原因，因此应该尽量减小这种误差或错误。

4.5.3　几何校正算法

数字地图的几何精度校正理论目前已经非常成熟，事实上数字地图的几何精度校正可以看成一个系统的参数辨识过程。其策略是用已知精确位置的若干控制点校正误差相对较大的其他点，这种数学关系式通常用表达式 (3-9) 表示。

$$\begin{cases} x_1 = \sum\limits_{i=0}^{n}\sum\limits_{j=0}^{n-i} a_{ij}x^i y^j \\ y_1 = \sum\limits_{i=0}^{n}\sum\limits_{j=0}^{n-i} b_{ij}x^i y^j \end{cases} \tag{4-8}$$

式中，(x_1, y_1) 为校正后的坐标，(x, y) 为未校正的坐标。可以证明上式可以用来表示因图纸旋转、偏移和比例缩放多种原因造成的综合误差。通常采用高次多项式校正时可以达到比较高的精度，但是存在的问题是：①需要较多的控制点；②控制点附近的校正精度比较高，但是远离控制点处容易产生大的变形，其校正效果反而降低。为了方便计算通常采用式 (4-9) 所示双线性模型。

$$\begin{cases} x_1 = a_1 + a_2x + a_3y + a_4xy \\ y_1 = b_1 + b_2x + b_3y + b_4xy \end{cases} \tag{4-9}$$

通常校正点选取道路的节点、路口或者是标志性建筑物等。为了保证校正效果好，校正点不应聚集于地图的某个角落，应尽量使校正点分布均匀，特别是边界或四角应当有控制点，这样可以避免外推产生较大的误差。双线性表达式的参数 a_i, b_i 可以通过最小二乘法得到。

4.5.4 拓扑校正算法

通过软件校正可以尽量减小数字地图的几何误差，但是并不是所有的拓扑错误都可以通过软件或硬件方式校正，部分拓扑误差是因为几何误差过大造成的，所以数字地图的校正次序通常为先进行几何误差校正再进行拓扑校正。

不论是手工添加还是航拍后矢量化的道路网络，处理过程中常常会带来人为的误差，下面讨论可以直接进行校正的道路断裂、道路未被分解、节点分离以及路径穿越破坏的自动校正算法。本算法基于前面提出的基于节点连接的有向路段道路网络模型。

1. **道路分割算法**

为了校正现有的道路网络，首先需要对所有的道路实体进行求交运算，得到相应交点外的所有其余可能的交点，但实体所求得的交点为其端点时，且该端点为道路网络的节点之一，并建立的拓扑连接关系完整时，表明该道路和其他道路网络中的道路不存在拓扑错误。当求交后发现存在新的交点，且该交点不是道路段端点时，可能存在拓扑错误，这时需要人机交互，由用户确认是否是合法交点 (如果某一条是立交的话，实际上并不存在路口)。

用类 C 语言定义数据结构 MAPELEMENTINFO 如下：

```
struct MAPELEMENTINFO
{
        CMapElement * pElement; //实体指针，指向路心线实体
        FPointList      IntersectionPoint;
                                    //和pElement及其他实体相交的交点集
     PMapElementListListppList; //和各交点相交的实体集的集合
};
```

假设原始路心线实体个数为 N，该算法可以用如下过程表示：

从道路实体集中取出第一实体，求出它和其他所有 $N-1$ 个实体的交点 (若交点不为端点，需要人机交互确定是否是真实交点)，若交点集中并不存在该交点，

将之加入交点集，并将与之相交的实体加入相应的交点对应的实体集中；在得到本实体的交点的同时，将该交点加入与之相交的实体的交点集中，将本实体加到与之相交实体的交点对应的实体集中。

从实体集取出第二个实体，求出该实体和剩余 $N-2$ 个实体的交点，对交点以及交点对应实体集的加入方式同前。

依次取出第 I 个实体，求其和剩余 $N-I$ 实体的交点，对交点加入 MAPELEMENTINFO 结构的方式同前。持续这个过程直至遍历尽所有实体。

2. *改进道路分割和归并*

定义实体在某交点处和其他实体相交的个数为实体在交点处的连接数，经过求交算法后，实体的交点情况可以分为如下几种情形，如图 4-23 所示，假设道路对应的多义线为 P_1P_2，假设交点为 N_i，显然，当道路路段和其他路段存在端点外的交点时，该路段必须被分割和归并，下面介绍道路分割和归并算法。

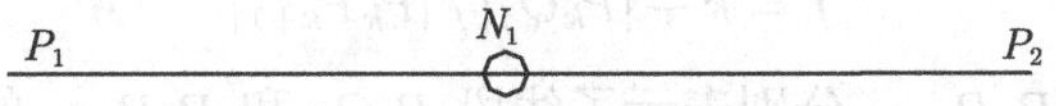

(a)道路P_1P_2与其他道路交于N_1

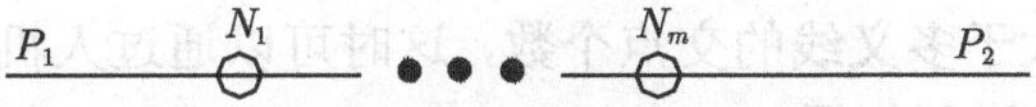

(b)P_1P_2必须被分割

图 4-23　道路路段的交点情形

依次求出每个道路交点在道路上的位置, 目前用于导航的数字地图模型中，矢量实体构成要素都是点和线段，面和多义线的构成元素都是线段，因此关键是直线的求交算法。考虑了误差的改进线段求交算法可以表述为：

(1) 当两条线段不平行且相交时按直线求交算法求出；

(2) 当两个线段对应的直线重合且两直线段的端点也重合时，认为两者的共同端点是两者的交点；

(3) 当两线段对应直线重合但是两者没有重合线段时，假如两者相近端点之间的距离小于某个设定值，则认为两者相交，交点取两个相近端点的中点；

(4) 当两线段对应的直线是相交的，但是交点至少在其中一条线段的延长线上时，可以通过判定两线段相近的一对端点的距离值，若两者距离值小于某给定值，则可以认为两者是相交的；

(5) 当两直线段平行时，若其中一条线段的端点到另一条线段的最近距离小于用户设定的某值时，认为两直线相交，交点取相应成最小距离的点 (不一定是垂点)。

如图 4-24 所示，每条道路可以用一条多义线表示，而每条多义线可以由一系列形状点 $\{P_i\}$ 构成 (图 4-24 的点 P_0，点 P_1 和点 P_n 等)，假设交点 Q_j 位于 P_kP_k+1 中，则 Q_j 的位置可以用一个实数表述为式 (4-10)。

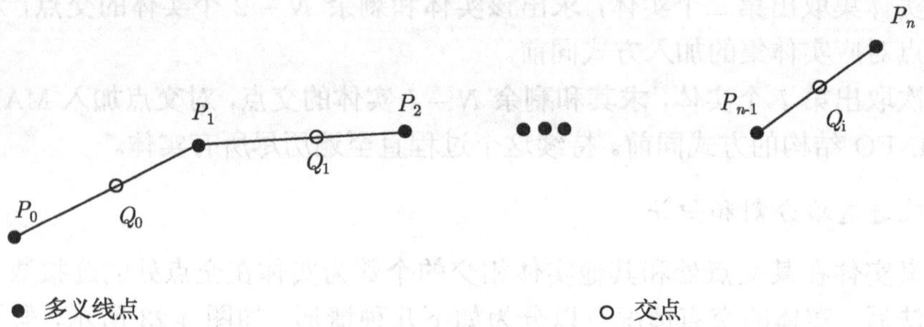

图 4-24　道路的表示

$$f = k + |P_kQ_j| / |P_kP_{k+1}| \tag{4-10}$$

式中，$|P_kQ_j|$ 以及 $|P_kP_{k+1}|$ 分别表示了线段 P_kQ_j 和 P_kP_{k+1} 的长度。将每个道路对应的交点按照位置系数排序，并更新对应的实体集，则下面可以进行道路分割和归并了。由于前文提到的求交算法考虑了可能存在的误差，所以这使交点的位置信息可能为负值或者大于多义线的交点个数，这时可以通过人机交互或者程序自动将道路对应的多义线进行拓展。

依次取出道路集中的道路，进行如下的处理：

(1) 若不存在和本道路对应多义线相交的实体，则由人机交互决定是否删除该路段；

(2) 若所有的交点均为多义线的端点时，比较原数据库记录的拓扑信息和求交后交点对应的实体集是否一致，如果不一致，人机交互决定是否进行拓扑改写；

(3) 排除了 (1), (2) 两种情况，余下的情况肯定存在不在多义线端点的交点，即存在拓扑错误。采用排序后的交点集分割多义线形成首尾相连的多义线集；

(4) 删除未分割前多义线对应的道路，并且删除和原来道路关联的其他道路与本道路的邻接关系，若对应的节点不存在其余邻接的道路，则删除该节点；

(5) 逐个取出多义线集中的多义线，进行如下处理：

a) 若取出的为首多义线，判断外侧端点的实体连接数。①若外侧端点连接系数为 0，当该多义线长度小于某个阈值，则认为是无效路段删除，否则生成新的道路和节点，添加拓扑信息。②若外侧端点连接系数为 1，人机交互决定是否和相连接的路段合并，若合并须删除合并点对应的节点，并改写对应道路的拓扑关系。③若外侧点连接系数大于等于 2，则生成新的路段 (用本多义线) 并生成新的节点 (对应本多义线对应的内侧端点)，并改写多义线外侧端点邻接的所有实体的拓扑关系。

b) 若取出的是多义线集中的最后一条多义线，同样考虑外侧端点对应的连接数，算法可以参考首条多义线，不同的是需要修改内侧端点对应的拓扑关系和其相邻的实体在该点的拓扑关系；

c) 若取出的不是首尾的多义线，则容易证明这些节点对应的连接系数大于等于 2，此时可以用该多义线生成新的路段，前一个交点生成节点，同时更新该路段在第一个交点处的拓扑关系和该交点对应实体集在该交点的拓扑关系。

4.5.5　说明

本章着重介绍了面向车辆导航的数字地图数据库的误差校正算法，其中包括几何精度校正和拓扑校正，这两种校正方法都需要一定的人机交互。需要说明的是数字地图中还存在其他类型的误差或错误，如错误的地名、错误的道路等级、错误的车道数目等。这些错误数据目前通常无法通过自动校正方法得到修改，因此在数字地图的生成和校正上，很多工作还需进一步研究。

4.6　逻辑分幅物理统一的面向大区域导航的 SLDM 组织初探

4.6.1　概述

数字地图的显示速度是车辆导航系统非常关键的一个性能指标，因此如何组织空间数据库将很大程度上影响车辆导航系统的整体性能。对于小区域的车辆导航系统，通常可以直接将所有的数据库全部调入内存，以后的地图显示实际上就依赖于空间数据在内存的组织了。然而，对于大区域车辆导航应用来说，数字地图空间数据库的容量可能多达几十兆、几百兆甚至几个吉或者更大，面对如此大规模或者超大规模数字地图 (SLDM) 数据库，显然想通过上述模式操纵空间数据库是极不现实的：①车辆导航系统不可能配置如此规模的内存；②即使在空间上、经济上、系统硬件上允许配备如此规模的内存，将如此规模的数据库调入内存的时间费用也将是惊人的。一些特种车辆，如警车、救护车，也不可能等待如此久的时间。

鉴于此，本书提出了两种面向车辆导航应用的大规模、超大规模数据库的组织方法，并对这两种 SLDM 数据库的组织方法的优缺点进行比较。

4.6.2　SLDM 的逻辑模型

对于大区域导航，由于存在多种应用，因此数字地图数据库常常拥有不同比例的地图数据。如日本的数字地图数据标准 JDRMA 中，拥有 1:2500，1:5000，

1:25 000，1:50 000 等多种比例的数据 [6,7,17]。这种多比例共存的数字地图的优点在于：

(1) 可以实现细节的分层显示 (level of detail，LOD)，比方说一个城市在全国地图中可能是一个点状实体，然而如果直接研究该城市本身，那么它又是一个包含许多道路网络和其他区域信息的复合实体。同样，对于某个建筑物，在大比例尺地图中是点状实体，而在小比例尺地图中，可能是一个面状实体。这种数据库组织，根据视野的大小，提供不同细节的物体，符合人的思维习惯。

(2) 对于不同的地区，由于空间实体的稠密度不一样，从而采用不同比例的地图表示，可以节省存储空间。

(3) 这种多比例地图存储的优点还在于，容易快速地实现地图缩放以及快速地对空间实体进行操纵。例如，单一比例的数字地图要显示大区域的空间实体时将需要花费大量的时间。

(4) 对于车辆导航应用，如果能够提供不同比例的道路网络，当需要求大区域的最优路径时，可以使用高比例的道路网络而忽略很多小路，而对于地图匹配算法则采用小比例地图，保证地图匹配能够实现。

从目前空间数据的生产和数字化过程看，目前都采用以图幅为单位进行。因此对于同一个比例的地图，通常也采用区域划分的方法，将之划分成若干个子图。如澳大利亚首都地区土地数据库共约分成 10 万块，都是通过纸质地图或者平面图以图幅为单位生产的。日本 JDRMA 地图被两次划分，基本网络为每块 80km×80km，而每个基本网络块又被二次划分为 10km×10km 的共 64 个子块。一般来说，子图划分可以采用两种方式：

(1) 基于经纬度的划分 (图 4-25(a))；

(2) 基于平面矩形的划分 (图 4-25(b))。

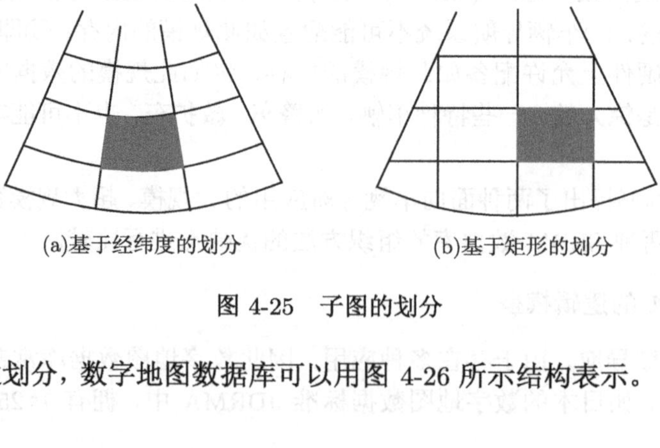

(a)基于经纬度的划分　　(b)基于矩形的划分

图 4-25　子图的划分

基于上述划分，数字地图数据库可以用图 4-26 所示结构表示。

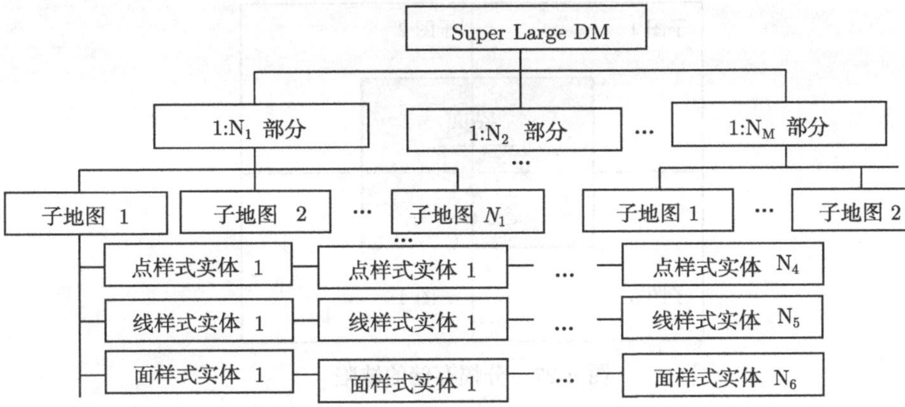

图 4-26　SLDM 的层次型逻辑结构

4.6.3　SLDM 的存储方法

数字地图的构造通常可以为如下模式中的一种：

(1) 逻辑分幅，物理分幅；

(2) 逻辑统一，物理统一；

(3) 逻辑分幅，物理统一。

前文已经证明了逻辑分幅的必要性。对应于逻辑分幅，目前用于超大规模的数字地图多采用分幅存储结构，这种存储方式符合地图的生成流程。然而，这种存储形式的缺点也是显而易见的，例如：

(1) 数据更新不利，当图形进行修改时，对应的空间索引必须全库随时重构；

(2) 数据的完整性被分割，总存在一些跨越的实体，在表达这些实体上往往存在两难的困境，目前常用的方法有：①冗余存储，在每个子图中都重复存储相应的实体信息；②分割存储，为了得到整个实体，往往需要在任何一个分割子实体中保留关联子实体对应的图号以及子图中的 ID。因此在地图匹配或者是最优路径的求取中，如果涉及跨越分图的操作时，将存在一些麻烦，如图 4-27 所示，道路同时穿越 1、2、3、4 四个子图，其中 3，4 子图中存在该道路的两个交点 A 和 B，为了将整条道路调入内存，显然需要经过一系列判别过程，日本 JDRMA 采用了将道路割裂的做法，曹加恒等所著文献介绍了建立连接索引的方法，前者割裂了道路的自然属性，后者需要极其复杂的索引技术。

在车辆导航时，对于最终用户 —— 驾驶员而言，通常只是数据的查询和使用，而不涉及修改，因此可以采取制作和使用不同的存储策略。在地图的制作和更新中始终采用分幅存储方式，而在地图的使用中采用统一存储方式。关于分幅存储的空间数据索引、地图索引、子图索引以及空间实体的子图划分和存储方法可参考曹加

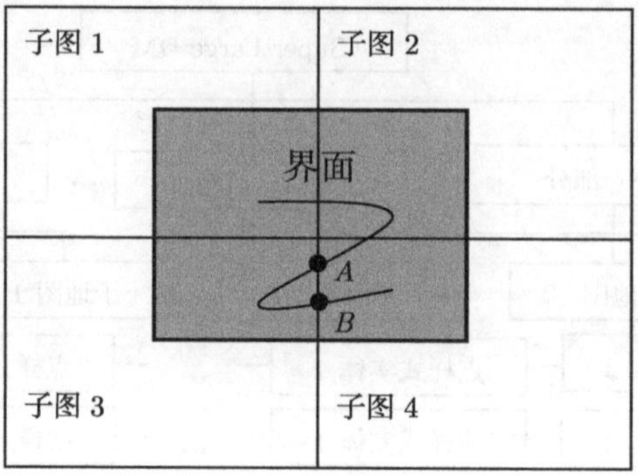

图 4-27　分幅存储的缺陷

恒等所著文献，本节着重介绍统一整体存储结构的索引结构及生成算法。

采用逻辑分幅、物理统一的 SLDM 在车辆导航时的工作原理如图 4-28 所示，当导航系统从传感器得到当前车辆的位置后，首先在子图中查询对应的子图，然后根据子图中对应的实体索引最终从统一存储的空间数据库中获取空间实体的所有信息。

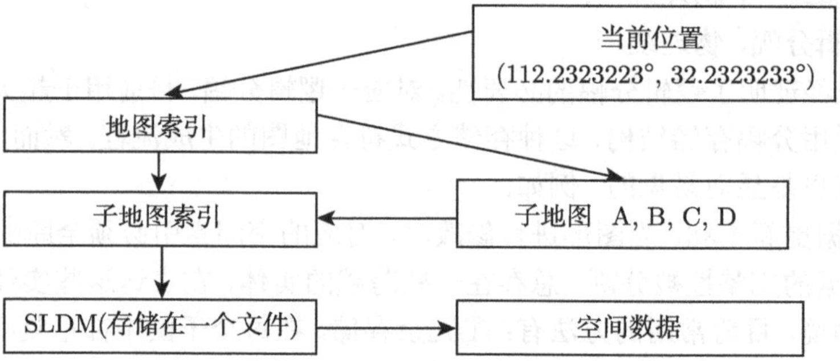

图 4-28　SLDM 在导航时地图的显示原理

上述二级索引可以用如图 4-29 方法实现。如图 4-29 所示，上述存储策略有如下特点：

(1) 一个地理空间用不同比例的地图表示，因此建立不同比例地图的索引；

(2) 在每个比例的地图索引中，包含了每个子图对应的区域大小及对应子图索引文件地址；

(3) 在固定比例的地图中，任何一个空间实体都只存在一个 COPY，逻辑子图的实现是在每个子图索引文件中记录了该子图对应的所有实体的 ID 以及每个 ID 对应在统一整体存储数据库中的位置。

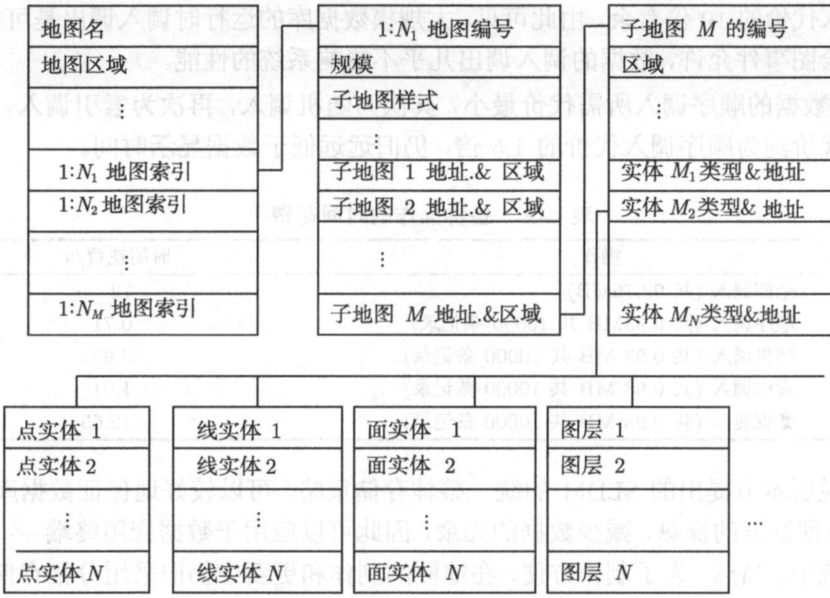

图 4-29　逻辑分幅、物理统一存储的索引结构

4.6.4　SLDM 实验

为了验证上述存储策略的操纵效率，本书做了如下实验。其准备工作如下：

(1) 在 10240×7680 的空间中随机生成的 1MB 的空间二维实体，二进制数据文件用以存储，文件大小为 93.75 MB，针对上面的数据库文件建立每个空间实体的一级索引；

(2) 假定每一个子图空间大小为 1024×768，那么上述数据库可以对应 100 幅子地图，利用每幅子地图的几何位置，生成每一幅子地图包含 (包括相交) 的空间实体编号序列；

(3) 生成每幅子地图的对应实体索引。

在内存中，采用数组存储数据，对上述数据库进行如下测试：①顺序读取、随机读取以及利用索引读取的性能比较 (都对应于一个子图对应实体的平均个数)；②数据读取和数据显示的时间比较。实验所用的硬件 CPU 为 Pentium II 223，64MB 内存，15GB 硬盘，硬盘剩余空间 2GB，操作系统为 Windows 2000 Professional。具体操作采用了循环多次求平均值的方法，最终数据如表 4-2 所示，可以看出：

(1) 对于大规模或者超大规模数字地图，将数字地图数据库全部调入内存往往是不现实的。

(2) 图形调入代价远远小于图形显示代价，10 000 条记录，不论是随机调入、索引调入还是顺序调入事件都在 1 s 左右，而相应的图形显示时间竟达到 12.65s，超过调入代价的 10 倍有余。由此可见，大规模数据库的运行时调入调出是可行的。即只要绘图事件允许，数据的调入调出几乎不影响系统的性能。

(3) 数据的顺序调入所需代价最小，其次为随机调入，再次为索引调入。索引调入的代价约为顺序调入代价的 1.5 倍，仍旧远远低于数据显示时间。

表 4-2 各种操作的时间花费

操作	时间花费/s
全部调入 (共 93.75MB)	72
顺序调入 (共 0.93MB 共 10000 条记录)	0.71
随机调入 (共 0.93 MB 共 10000 条记录)	0.95
索引调入 (共 0.93 MB 共 10000 条记录)	1.01
数据显示 (共 0.93 MB 共 10000 条记录)	12.65

这说明本节提出的 SLDM 的统一整体存储策略，可以较好地保证数据库的整体性，方便数据的操纵，减少数据的冗余，因此可以应用于数据应用终端——车辆导航系统中。当然，为了制作方便，在地图的制作和更新中仍旧采用分幅存储的策略，这样，数据需要一个融合过程，并须重新生成空间数据索引。

4.7 车辆导航道路网络数据库自动生成应用实例及总结

图 4-30 是常熟市区纸质地图 (局部) 扫描并矢量化后作适当修饰的矢量图，图

图 4-30 常熟市市区地图矢量图

中保留了街道、道路以及河流湖泊等信息。采用前述基于道路矢量轮廓的路心线生成算法，同时采用道路追踪算法通过一些必要的人机交互过程得到了图 4-31 所示的道路网络对应的路心线。

图 4-31 中的节点编号由算法自动生成。经过前述算法的处理，不仅得到了所有路段路心线的形状信息、编号，而且得到了节点的自动编号以及所有的拓扑关系。用户通过适当修改，进行属性添加，就可以得到适用于车辆导航的道路网络数据库。

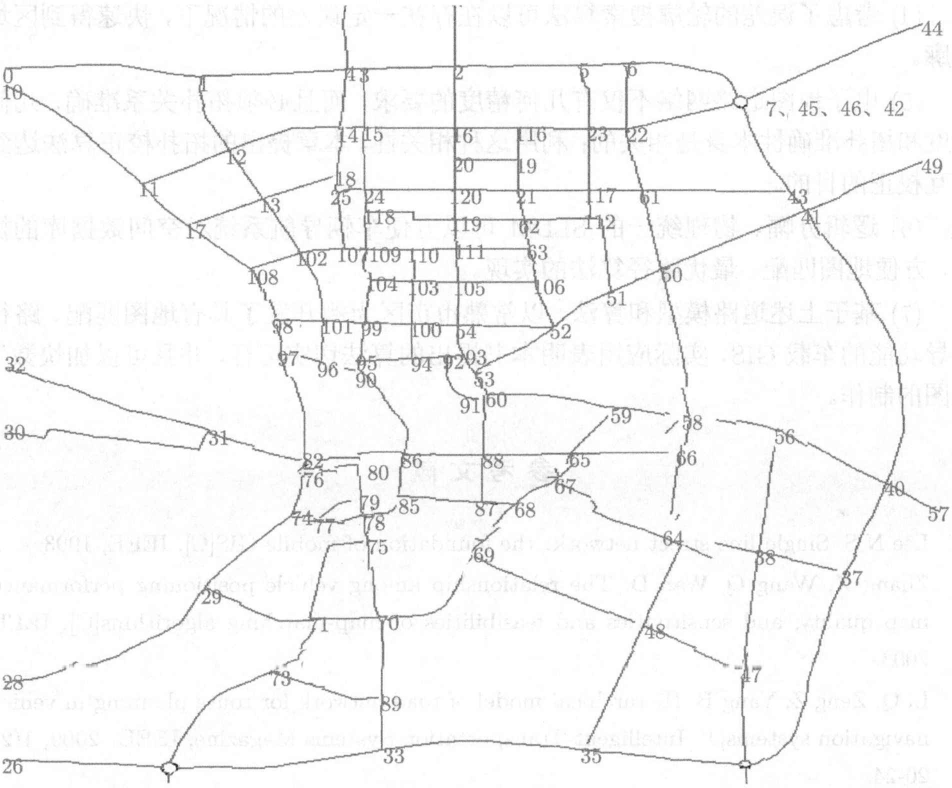

图 4-31 依据道路轮廓线自动生成的常熟市区的单路线模型道路网络

由上，可以得到如下结论：

(1) 本章提出的基于道路节点连接的数字地图道路网络模型可以较好表示现实世界道路网，它具有基于路段连接的道路网络模型的一切优点，并且可以表达后者很难表达的转弯限制及道路穿越等拓扑关系。

(2) 本章提出的道路网络数据库自动生成算法原理简单、易于实现。利用该算法生成的数据库具备了道路网络的几何和拓扑属性，只要经过适当的修改，就可以应用于 ITS 应用 (如车辆导航、交通控制、电子收费) 中。此外，本算法同样适用于基于路段连接的数字地图道路网络模型。

(3) 基于道路轮廓矢量的路心线生成算法利用道路的轮廓线通过建立三角面片的方法生成中心线，在经过适当的后处理，在配合道路跟踪算法后可以在获取道路路心线的同时得到道路网络的所有拓扑信息。在适当的人机交互、属性添加后就可以得到直接应用于车辆导航的数字地图道路网络，因此可以极大地加快电子地图的制作过程。

(4) 考虑了误差的轮廓搜索算法可以在存在一定误差的情况下，快速得到区域轮廓。

(5) 电子地图道路网络不仅有几何精度的要求，而且必须拓扑关系准确，几何精度和拓扑准确性本身是相关的；利用这种相关性，本章提出的拓扑校正算法达到相互校正的目的。

(6) 逻辑分幅、物理统一的 SLDM 可以方便车辆导航系统对空间数据库的操纵，方便地图匹配、最优路径算法的实现。

(7) 基于上述道路模型和算法，以常熟市市区为例开发了具有地图匹配、路径诱导功能的车载 GIS，实际应用表明本书提出的算法切实可行，并且可以加快数字地图的制作。

参 考 文 献

[1] Lee N S. Single line street network: the foundation of mobile GIS[C]. IEEE, 1993.

[2] Zhang X, Wang Q, Wan D. The relationship among vehicle positioning performance, map quality, and sensitivities and feasibilities of map-matching algorithms[C]. IEEE, 2003.

[3] Li Q, Zeng Z, Yang B. Hierarchical model of road network for route planning in vehicle navigation systems[J]. Intelligent Transportation Systems Magazine, IEEE，2009, 1(2): 20-24.

[4] Liu L, Li W W, Sun C, et al. New Progress of Contemporary Cartography-Navigable Electronic Map[C]. Trans Tech Publ, 2013.

[5] Huang M, Rao M, Li M. Transportation Network Modeling Based on Traffic Rules and Its Applications [J]. Journal of Highway and Transportation Research and Development，2012, 1: 25.

[6] Claussen H. Vehicle navigation systems[J]. Geographic Information Systems: The Microcomputer and Modern Cartography，2013: 225.

[7] Yeh A G, Zhong T, Yue Y. Hierarchical polygonization for generating and updating lane-based road network information for navigation from road markings[J]. International

Journal of Geographical Information Science，2015(ahead-of-print): 1-25.

[8] Neukirchner E, Kriesinger R, Wazeck J. Navigation Systems[M]. Brakes, Brake Control and Driver Assistance Systems, Springer, 2014, 246-253.

[9] Mubashir S, Sardar A. Intelligent transport systems technology, relevance & deployment[J]. Auto Tech Review，2012, 1(2): 20-25.

[10] Evangelatos T V. Digital geographic interchange[J]. Geographic Information Systems: The Microcomputer and Modern Cartography，2013: 151.

[11] Scott S. Status and direction of map database standards efforts in North America[C]. IEEE, 1993.

[12] Hofmann-Wellenhof B, Legat K, Wieser M. Navigation: Principles of Positioning and Guidance[M]. Springer Science & Business Media, 2011.

[13] Pearlman R, Scott S. IVHS map database transfer standards: current status[C]. IEEE, 1995.

[14] Sondheim M, Gardels K, Buehler K. GIS interoperability[J]. Geographical Information Systems, 1999, 1: 347-358.

[15] Bullock J B, Krakiwsky E J. Analysis of the use of digital road maps in vehicle navigation[C]. IEEE, 1994.

[16] Ohnishi H, Ogawa I, Morisue F. Map database generation system for in-vehicle navigation system[C]. IEEE, 1994.

[17] Gb T. 导航地理数据模型与交换格式 [S]. 2005.

[18] Zhang X, Wang Q, Wan D. Map matching in road crossings of urban canyons based on road traverses and linear heading-change model[J]. Instrumentation and Measurement, IEEE Transactions on, 2007, 56(6): 2795-2803.

[19] Boissonnat J, Maria C. The simplex tree: an efficient data structure for general simplicial complexes[J]. Algorithmica，2014, 70(3): 406-427.

第 5 章 地图匹配的基本理论与方法

地图匹配作为卫星定位技术的重要补充，可实现卫星信号被遮挡时的持续定位，因此对军车、警车、消防车等特种车辆的持续可靠定位意义重大。本章在介绍地图匹配一般理论的基础之上，从位置概率估计、车辆动态模型、道路确定等多个角度探讨车辆定位系统中的地图匹配算法。

5.1 研究现状

地图匹配是一种通过匹配原始定位信息和道路网络信息实现更可靠精度的定位方法 [1,2]，其基本假设 [3–5] 是：车辆行驶在道路上，轨迹和道路接近。其核心任务是：回答车辆在哪条路上，在该路的哪一点。不论卫星是否被遮挡，一个“好”的地图匹配算法满足几个特点 [3,5]：

(1) 在致密的平行道路、道路路口、小角度分叉道路、立交网络道路中能很好配准；

(2) 在误配的时候可以利用历史、拓扑等信息自动恢复定位能力；

(3) 具备传感器参数、系统累积误差的自校正功能。

地图匹配算法随 DR 技术而诞生，随着 GNSS 技术的发展又重新成为研究热点，20 世纪 70 年代初两个美国研究小组和一个英国研究小组分别独立发明了半确定法地图匹配算法 [2]。此后在国外，日本、韩国、美国、英国、加拿大等国的学者做了大量卓有成效的研究工作。在国内，北京航空航天大学、东南大学、武汉大学、中国科学技术大学、北京理工大学、东北大学等机构也有大量学者在研究。半确定地图匹配算法后来演变为基于概率估计的地图匹配算法。20 世纪 90 年代中期，Scott 建立直线、曲线等不同情况下基于 PDF 的地图匹配算法，并将 Kalman 滤波用于地图匹配算法形成递推算法 [6]。Taylor 等则依据 GPS 定位短时误差特点提出了一种基于曲线匹配的 VDGPS 地图匹配算法，在车辆转弯时最小二乘法实现误差解耦，在地图匹配同时有效消除 GPS 定位误差 [7]。李洋与张晓冬等把地图匹配的算法分为不同阶段：初始阶段匹配、路口区域匹配、车辆在匹配道路上的位置确定，根据不同情况采取相应的补偿方式，根据概率理论和内积理论，构造了合适的不同权值函数，最后根据总的权值确定匹配参数 [8]；杨新勇等基于 D-S 证据理论，建立了最短欧几里得距离和最小航向差两条判决规则，引入相关性模糊决策理论，将多路段匹配问题简化为二路段匹配问题 [9]。

上述这一类经典地图匹配方法算法简单，但由于误配后难以恢复，一般不适用于遮挡区域的定位，所以实用价值不大。

实现持久可靠的地图匹配定位，通常认为需要采用“现代”的地图匹配算法，其显著特点之一是“多假设”[5]。Pyo[10]，Jabbour[11] 等各自提出了一个多假设地图匹配算法，基本原理为依据道路距离、拓扑信息、车辆行驶方向等信息给每一个可选道路设置置信系数，并依据误差椭圆修剪候选道。各自给出了基于代价函数的多估计匹配算法。此外，Blazquez 和 Miranda 等提出一种基于增强拓扑决策规则的地图匹配算法 [12]，Abdallah 和 Nassreddine 等 [13] 提出基于间隔分析和执行函数，依据道路置信区间和拓扑关键构建多假设地图匹配计算框架。这一类算法的共同特点是可以作为“框架”算法使用，用户依据不同的传感器配置，建立不同的评价依据，对路网依据拓扑拓展，依据历史信息和当前置信系数修剪匹配树，实现了较理想的匹配效果。

在路网模型和路网信息的使用方面，作者所在研究组针对单线道路模型在转弯时难以忠实表达车辆轨迹的问题，证明了采用二次曲线表达道路时地图匹配不存在解析解，提出了基于线性角变模型的近似快速算法，并避免了实时修改道路网信息 [14]；而 Pink 等针对路口的匹配问题，提出了用 Hermit 插值动态生成 spline 的方式进行地图匹配，目标是使轨迹和道路尽量相似，但导致匹配计算不存在解析解 [15]。上述算法各有利弊，针对转弯和道路路口模型的不一致性，提出了各自的解决方法。

在地图匹配算法的评价方面，本课题组早在 2003 年就系统阐述了地图匹配性能、可靠性、敏感性和地图模型、拓扑准确度、几何精度之间的关系 [3]。Quddus 和 Ochieng 等在分析定位信息和电子地图信息不确定性的基础上，提出了组合误差信息的地图匹配可信度 (integrity of MM) 确定方法，并用 GPS，GPS/DR 不同定位模式在三种不同精度地图上验证了上述算法的有效性 [16]；Jabbour 等提出了针对匹配算法先天的不确定性 (uncertainty)，组合先验知识和后验误差特征形成地图匹配完备性判据，在多假设地图匹配算法的假设分支进行评估和剪枝，从而使系统总是在多假设分支中选择最优匹配，失配或误配时恢复定位能力强 [11]。

总体而言，地图匹配作为一种 GNSS 无法高精度定位时的辅助定位手段，其算法的稳健性远比其定位精度更重要 [3,5]。

5.2　基于位置概率估计的地图匹配方法

5.2.1　概述

基于位置概率估计的地图匹配算法是最常用的地图匹配算法。基于概率估计的地图匹配算法致力于寻找原始定位数据的误差区域内最可能的道路对应点。

本章所有的地图匹配算法几乎都是针对矢量数字地图中的道路网络进行的。基于概率估计的地图匹配算法通常和其他算法 (如 Kalman 滤波或者 LSA) 联合起来进行地图匹配。因此它是几乎所有地图匹配算法的基础。

5.2.2　基于概率估计的地图匹配算法的统一数学模型

正常地图匹配的前提之一是车辆行驶的道路存在于数字地图数据库中，也就是说车辆的行驶受到数字地图道路网络的约束，假如车辆行驶在数字地图道路网络中并不存在的道路上，则意味着可能发生误配，或者停止地图匹配 (失配)。基于概率估计的地图匹配算法有计算简单与实时性好的优点 (缺点是单纯采用概率估计的算法，在道路致密区间，误判的可能性将增加，所以它适合道路比较稀疏的区域)。

地图匹配最简单的情形是车辆只行驶在已知的一条固定道路上，上述问题是解决路网匹配的基础，下面先讨论无限长可微道路地图匹配模型，然后讨论有限路段匹配模型乃至路网匹配。

1. 无限长可微道路地图匹配统一数学模型

在直角坐标系中，假设道路的方程可以表述为式 (5-1)：

$$R(x,y,z)=0 \tag{5-1}$$

在 k 时刻，如果从上一级传感器或者滤波器得到的定位数据的概率分布密度函数为

$$f_k(x,y,z)=f(x,y,z,x_k,y_k,z_k) \tag{5-2}$$

式中，x_k,y_k,z_k 分别表示定位数据在 x,y,z 方向上的真实位置，同时也是地图匹配最想得到的结果值。假设 k 时刻定位数据的测量值为 (x'_k,y'_k,z'_k)，根据最大似然估计 (maximum likelihood estimation，MLE) 的原理，要寻找满足约束条件下，使得当前测量值 (来自传感器) 对应概率密度函数值的似然函数取最大值。则整个估计的数学模型可以表述为如式 (5-3) 表示的优化模型。

$$\begin{cases} R(x,y,z)=0 \\ G(x,y,z)=\max(-\ln f_k(x,y,z,x_k,y_k,z_k)) \end{cases} \tag{5-3}$$

式中，$G(x,y,z)$ 表示目标函数，即在已知先验概率分布密度函数条件下，在约束条件下，求使得概率密度最大的位置，即求条件概率密度的极值问题。在约束函数可微的前提下，用拉格朗日乘子法可以得到其精确最优解，构造函数

$$\Phi(x,y,z)=-\ln f_k(x,y,z,x_k,y_k,z_k)+\lambda R(x,y,z) \tag{5-4}$$

式中，λ 为拉格朗日乘子，其大小待定，则有方程组

$$\begin{cases} \partial\Phi/\partial x|_{x=x'_k}=0 \\ \partial\Phi/\partial y|_{y=y'_k}=0 \\ \partial\Phi/\partial z|_{z=z'_k}=0 \\ \partial\Phi/\partial\lambda=0 \end{cases} \tag{5-5}$$

式中，存在 4 个未知数，4 个方程，可以得到极值对应点。

为了判定在该点取最大值还是最小值，可以采用 Hessian 矩阵的行列式值来判定，即

$$T=\left\|\begin{bmatrix} \partial^2\Phi/\partial x^2 & \partial^2\Phi/\partial x\partial y & \partial^2\Phi/\partial x\partial z \\ \partial^2\Phi/\partial y\partial x & \partial^2\Phi/\partial y^2 & \partial^2\Phi/\partial y\partial z \\ \partial^2\Phi/\partial z\partial x & \partial^2\Phi/\partial z\partial y & \partial^2\Phi/\partial z^2 \end{bmatrix}\right\|_{\substack{x=x'_k\\ y=y'_k\\ z=z'_k}} \tag{5-6}$$

若 T 为半负定，表明解是其邻域内的最优点，从所有局部最优点中选取似然函数最大的点即为全局最优点，也就是地图匹配的目标位置。

2. 有限长可微路段地图匹配统一数学模型

由于现实世界道路路段的长度总是有限度的，将它无限延拓后总可以用无限长可微道路加上若干不等式约束条件。因此有限长可微道路可以表述为

$$\begin{cases} R(x,y,z)=0 \\ F_i(x,y,z)\leqslant 0;\ i=1,2,\cdots,N \end{cases} \tag{5-7}$$

在 k 时刻，如果从上一级传感器或者滤波器得到的定位数据的概率分布密度函数为

$$f_k(x,y,z)=f(x,y,z,x_k,y_k,z_k) \tag{5-8}$$

式中，x_k,y_k,z_k 分别表示定位数据在 x,y,z 方向上的真实位置，同时也是地图匹配最想得到的结果值。假设 k 时刻定位数据的测量值为 (x'_k,y'_k,z'_k)，根据最大似然估计的原理，要寻找满足约束条件下，使得当前测量值 (来自传感器) 对应概率密度函数值的似然函数取最大值的位置。则整个估计的数学模型可以表述为如下优化模型：

$$\begin{cases} R(x,y,z)=0 \\ F_i(x,y,z)\leqslant 0;\ i=0,1,\cdots,N \\ G(x,y,z)=\max(\ln f_k(x,y,z,x'_k,y'_k,z'_k)) \end{cases} \tag{5-9}$$

式中，$G(x,y,z)$ 表示目标函数，即在已知先验概率分布密度函数条件下，在约束条件下，求出使得概率密度为最大的位置，即求得条件概率密度的极值问题。此时，由于道路不一定全局可微，因此不一定存在相应的导数，拉格朗日乘子法将不能求解这个问题。用惩罚函数法可以得到其最优解，构造函数：

$$\Phi(x,y,z)=\ln f_k(x,y,z,x'_k,y'_k,z'_k)-\lambda R(x,y,z)^2+r_k\sum_{i=1}^{N}\frac{1}{F_i(x,y,z)} \tag{5-10}$$

式中，$r_k\sum\limits_{i=1}^{N}\dfrac{1}{F_i(x,y,z)}$ 表示惩罚函数法内点法的障碍函数；$\lambda R(x,y,z)^2$ 为外点法的惩罚函数。则系统的最优估计可以用迭代数值解法得到，具体参考王楠所著相关文献。

上述优化模型求解往往比较复杂，事实上对于可微的道路模型，上述算法总可以简化成如下算法：

(1) 将有限长道路拓展为无限长可微道路。

(2) 用无限长道路模型求解出相应的解，优化点中如果存在满足约束条件的点，那么这么多点中对应似然函数取值最大的点就是地图匹配的估计值；其余满足约束条件的点为局部最优点。

(3) 如果用无限长道路模型求解的所有优化点不满足约束条件，那么最优估计点肯定在有限长道路的端点上，只要在两个端点中寻找似然函数最小的那个点。因为两节点中假如存在另一个点是在这个区域之内局部最优，则它肯定能满足所有的约束条件，必然与前提矛盾，具体严格的数学证明请参考王楠所著的文献。

5.2.3　基于概率估计的地图匹配算法的几何描述

基于概率估计的地图匹配算法很直观地用几何描述的表达。假使定位分布的概率密度分布函数为 Gauss 分布，对于二维的地图匹配算法，二维的等概率密度分布函数的几何图形由无数个等概率密度函数的椭圆组成。对于既定的概率密度分布函数，在二维空间通过坐标旋转变换后，其中任一椭圆都可以表述为

$$\frac{(x-x_k)^2}{tA^2}+\frac{(y-y_k)^2}{tB^2}=1;\ t\geqslant 0 \tag{5-11}$$

式中，x_k,y_k 为 k 时刻的真实位置，由于车辆运行在道路上，这意味着误差椭圆中心将“固定”在道路曲线上，基于最大似然估计的地图匹配算法实际上就是求满足测量位置点 (来源于传感器或上一次的计算) 似然函数最大的椭圆中心位置，即图 5-1 所示。

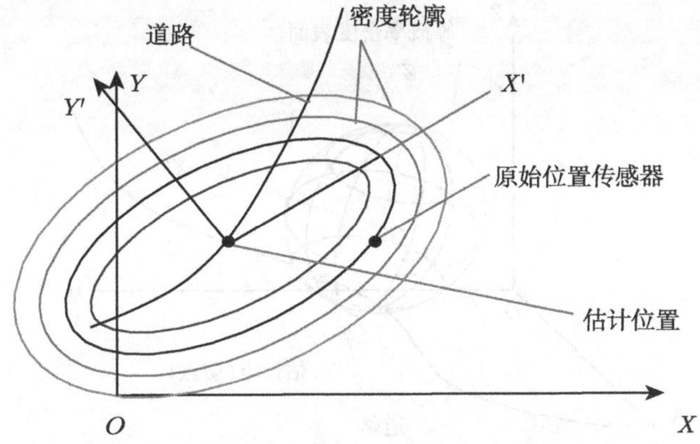

图 5-1　基于概率密度估计二维地图匹配的几何解释

将估计位置的椭圆族按照中心平移到当前原始定位数据上，由平面几何的原理，很容易证明原始定位数据所在的误差椭圆经过平移后必然与道路在估计位置 (即地图匹配所求位置) 发生相切。由于越靠近椭圆的中心点，相应的等概率密度曲线的密度分布函数越高，问题可以转化为在原始定位位置做椭圆族，求哪个椭圆在哪儿和道路相切，即求切点的位置。即可以用图 5-2 作更加直观的解释。

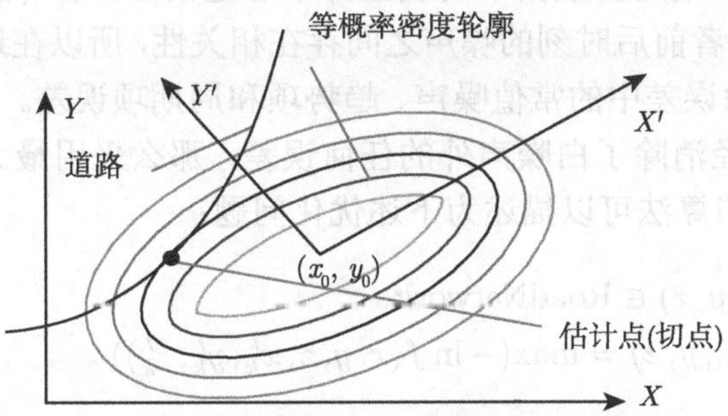

图 5-2　基于概率密度估计二维地图匹配的直观几何解释

三维基于概率估计地图匹配的几何解释与二维情况几乎一致，不同点是在三维空间，相同的概率密度分布函数值对应的空间坐标构成一个曲面 (通常为椭球) (图 5-3)，而相应的匹配点肯定也与该点对应的等概率密度分布曲面相切。同样，在三维空间，越靠近中心点的等概率密度曲面对应的概率密度函数越大，即真实点出现在相应位置的可能性越大。

由于道路网络通常不存在统一的解析表达式，因此基于概率估计的地图匹配算法本质上是一个有约束非线性规划问题。

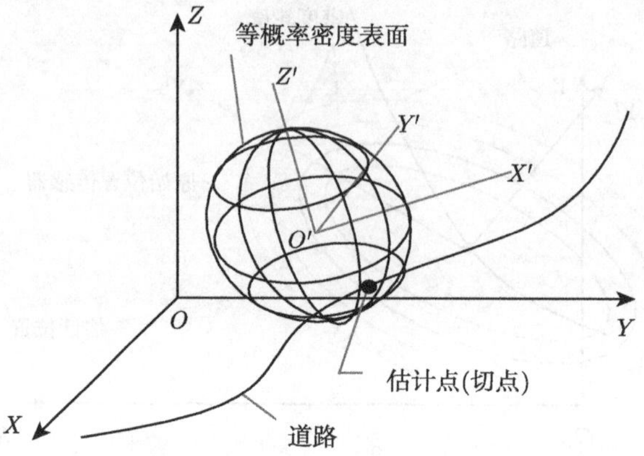

图 5-3　基于概率密度估计的三维地图匹配的直观几何解释

5.2.4　基于概率估计地图匹配的统一数学模型和流程

地图匹配总是在道路网络中实现的，因此必须在所有的道路网络中搜寻最优的地图匹配估计点。在没有任何先验知识的前提下，给定一个原始定位点，真实位置可能出现在任何一条道路之上，事实上在道路网络非常致密的路段，如果定位数据的误差特性不好的话，要进行初始匹配往往很困难。

由于来自传感器的原始定位数据中的误差并不总是白噪声分布，这种噪声往往是多个噪声的叠加，或者前后时刻的噪声之间存在相关性，所以在地图匹配前通常要建立误差模型，消除误差中的常值噪声、趋势项和周期项误差。

假设定位数据中已经消除了白噪声外的任何误差，那么采用最大似然估计的道路网络整个地图匹配的算法可以描述为下述优化问题：

$$\begin{cases} (x,y,z) \in \text{RoadNetwork} \\ G(x,y,z) = \max(-\ln f(x,y,z,x'_k,y'_k,z'_k)) \end{cases} \tag{5-12}$$

由于道路网络实际上由很多条有限长路段构成，上述统一表达可以分解成以下流程：

(1) 对道路网络的每一条有限长道路采用最大似然估计，得到相应的目标函数值；

(2) 选取目标函数值最大的道路和估计点作为地图匹配的当前估计道路和估计位置。

显然，上述算法没有用到一些很有用的先验知识 (prior knowledges)，比方说道路的邻接关系等。实际上定位数据的误差往往是有限的，因此算法可以修正为图 5-4 所示流程。

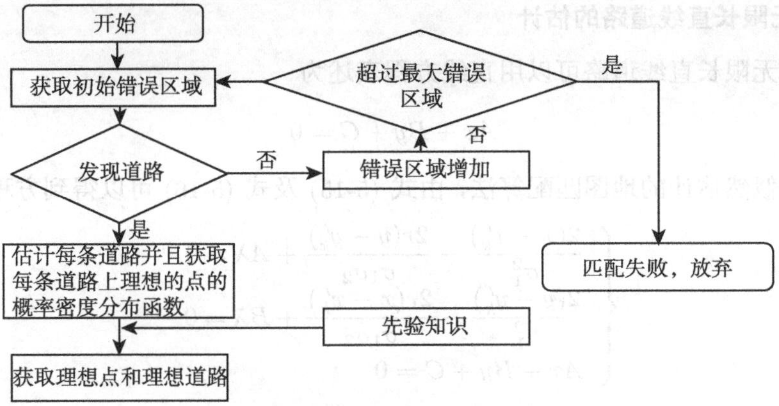

图 5-4 道路网络基于概率估计地图匹配的流程

需要说明的是上文之所以始终没有讨论无限长不可微道路模型和有限长不可微道路模型的原因在于两者都可以转化为若干个可微分段函数之和，整个道路的最优解就是所有可微分段函数中满足极大似然函数最大的点。或者说无限长可微道路的地图匹配可以在一定范围内通过求若干次有限长度可微的道路的最优估计得到，同样有限长不可微道路模型总是可以分解为若干个可微有限长道路。因此，解决了无限长可微道路模型和有限长可微道路模型的地图匹配算法就可解决所有形式道路的地图匹配估计问题。

5.3 基于 Gauss 白噪声模型的位置概率估计地图匹配算法

5.3.1 基本模型

如果从传感器或者某个误差模型中得到的定位数据概率密度分布函数满足 Gauss 白噪声分布，即满足：

$$f(\boldsymbol{X})=\frac{1}{|2\pi N|^{\frac{1}{2}}}\exp\left\{-\frac{1}{2}\left[(\boldsymbol{X}-\boldsymbol{X}_k)^{\mathrm{T}}N^{-1}(\boldsymbol{X}-\boldsymbol{X}_k)\right]\right\} \tag{5-13}$$

$$N=E\left[(\boldsymbol{X}-\boldsymbol{X}_k)^{\mathrm{T}}(\boldsymbol{X}-\boldsymbol{X}_k)\right] \tag{5-14}$$

对于二维情形，式 (5-13) 可以写成

$$\begin{aligned}f(x,y)=&\frac{1}{2\pi\sigma_1\sigma_2\sqrt{1-r^2}}\exp\left\{-\frac{1}{2(1-r^2)}\left[\frac{(x-x_k)^2}{\sigma_1^2}\right.\right.\\&\left.\left.-\frac{2r(x-x_k)(y-y_k)}{\sigma_1\sigma_2}+\frac{(y-y_k)^2}{\sigma_2^2}\right]\right\}\end{aligned} \tag{5-15}$$

下面分别讨论上述概率密度分布函数对应于不同情形的估计方法。

5.3.2 无限长直线道路的估计

平面无限长直线道路可以用直线方程表述为

$$Ax + By + C = 0 \tag{5-16}$$

基于最大似然估计的地图匹配算法，由式 (5-15) 及式 (5-16) 可以得到方程组：

$$\begin{cases} \dfrac{2(x - x'_k)}{\sigma_1^2} - \dfrac{2r(y - y'_k)}{\sigma_1\sigma_2} + A\lambda = 0 \\ \dfrac{2(y - y'_k)}{\sigma_1^2} - \dfrac{2r(x - x'_k)}{\sigma_1\sigma_2} + B\lambda = 0 \\ Ax + By + C = 0 \end{cases} \tag{5-17}$$

解之得

$$\begin{cases} \hat{x}_k = x'_k - \dfrac{(Ax'_k + By'_k + C)(A\sigma_1^2 + 2Br\sigma_1\sigma_2)}{B^2\sigma_2^2 + 2ABr\sigma_1\sigma_2 + A^2\sigma_1^2} \\ \hat{y}_k = y'_k - \dfrac{(Ax'_k + By'_k + C)(B\sigma_2^2 + 2Ar\sigma_1\sigma_2)}{B^2\sigma_2^2 + 2ABr\sigma_1\sigma_2 + A^2\sigma_1^2} \end{cases} \tag{5-18}$$

故有式

$$\begin{cases} E\{\hat{x}_k\} = E\{x'_k\} - E\{Ax'_k + By'_k + C\} \dfrac{A\sigma_1^2 + 2Br\sigma_1\sigma_2}{B^2\sigma_2^2 + 2ABr\sigma_1\sigma_2 + A^2\sigma_1^2} = x_k \\ E\{\hat{y}_k\} = E\{y'_k\} - E\{Ax'_k + By'_k + C\} \dfrac{B\sigma_1^2 + 2Ar\sigma_1\sigma_2}{B^2\sigma_2^2 + 2ABr\sigma_1\sigma_2 + A^2\sigma_1^2} = y_k \end{cases} \tag{5-19}$$

因此上述极大似然估计是无偏估计。

下面研究估计的方差，将坐标系做旋转使得道路和新坐标系的 X' 轴平行。假设观测位置经过坐标变换后的坐标位置为 (s', t')，而真实位置在新坐标系中的坐标为 $(s, 0)$，显然在新坐标系中的概率密度函数将变成：

$$f(x', y') = \frac{1}{2\pi\sigma_{x'}\sigma_{y'}\sqrt{1 - r^2}} \exp\left\{ -\frac{1}{2(1 - r^2)} \cdot \left[\frac{(x' - s)^2}{\sigma_{x'}^2} - \frac{2r(x' - s)y'}{\sigma_{x'}\sigma_{y'}} + \frac{y'^2}{\sigma_{y'}^2} \right] \right\} \tag{5-20}$$

在新坐标系中的估计为

$$\begin{cases} \hat{s} = s' - r't'\dfrac{\sigma_{x'}}{\sigma_{y'}} \\ \hat{t} = 0 \end{cases} \tag{5-21}$$

有

$$\begin{cases} E\left[(\hat{s} - s)^2\right] = E\left[(s' - s)^2\right] + E\left[(r't'\sigma_{x'}/\sigma_{y'})^2\right] - 2E\left[r's't'\sigma_{x'}/\sigma_{y'}\right] \\ \qquad = \sigma_{x'}^2 + r'^2\sigma_x^2 - 2r'^2\sigma_x^2 \\ E\left[(\hat{t} - t)^2\right] = 0 \end{cases} \tag{5-22}$$

即估计方差为 $(1-r'^2)\sigma_{x'}^2$。

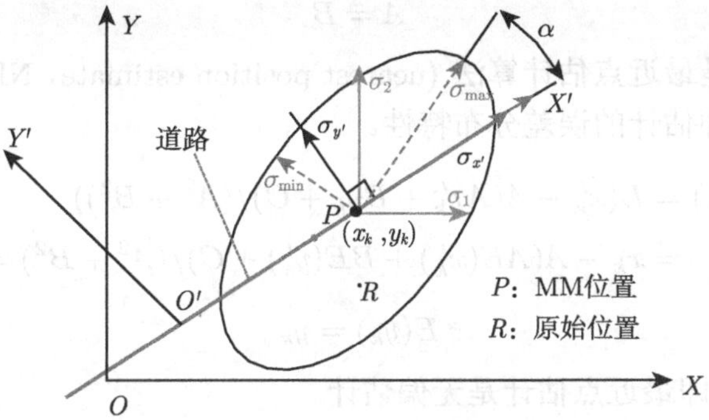

图 5-5　定位信息的误差分解

由上，这种估计不仅消除了在道路垂直方向上的误差分量，而且消除了道路平行方向的部分误差分量，因此最近点地图匹配的估计特性优于原始误差特性。

需要说明的是车辆导航的定位数据的误差特性并不是什么时候都可以得到的，有因为算法的原因无法得到相应的特性参数，也有因为不同的子系统之间没有传递相应的参数。在未知估计的概率密度分布函数的情况下，地图匹配似乎遇到了麻烦，因为不存在一个衡量的指标作为最大似然估计的指标，这个时候可以有两种方法将未知概率密度分布函数的地图匹配问题转化为已知概率密度分布函数的问题求解：

(1) 对定位数据的历史数据建立误差模型，得到相应的误差分布特性函数，则可以用前面的方法进行求解；

(2) 在某些情况下，由于计算实时性的要求，或者由于其他因素无法比较方便地得到定位数据的误差参数，则假设定位数据的误差满足 Gauss 白噪声分布，且矢量的各个元素相互独立且同分布。

对于第二种方案，在 k 时刻，在三维空间从上一级传感器或者滤波器得到的定位数据的概率密度分布函数可以表达成

$$f_k(x,y,z)=\frac{1}{(2\pi)^{\frac{3}{2}}\sigma_1^3}\exp\left\{-\frac{1}{2}\left[\frac{(x-x_k)^2}{\sigma_1^2}+\frac{(y-y_k)^2}{\sigma_1^2}+\frac{(z-z_k)^2}{\sigma_1^2}\right]\right\} \tag{5-23}$$

由于上式是式 (5-13) 的特例，k 时刻相应的地图匹配估计点坐标由式 (5-18) 可以表示为

$$\begin{cases}\hat{x}_k=(B^2x'_k-ABy'_k-AC)/(A^2+B^2)\\ \hat{y}_k=(A^2y'_k-ABx'_k-BC)/(A^2+B^2)\end{cases} \tag{5-24}$$

在上述模型中，由于概率密度函数未知，假定估计矢量各个维之间独立且方差相同。如前所述，如果将上述假定的误差圆的圆心从真实位置移到初始定位位置，道

路肯定和匹配点对应的等概率曲线相切。由式 (5-24) 可以看出如果满足式 (5-25) 时，

$$A = B \tag{5-25}$$

这种算法本质上是最近点估计算法 (nearest position estimate，NPE)。

下面研究这种估计的误差分布特性。

$$\begin{aligned} E(\hat{x}_k) &= E(x'_k - A(Ax'_k + By'_k + C)/(A^2 + B^2)) \\ &= x_k - A(AE(x'_k) + BE(y'_k) + C)/(A^2 + B^2) = x_k \end{aligned} \tag{5-26}$$

$$E(\hat{y}_k) = y_k \tag{5-27}$$

由上，这种估计，即最近点估计是无偏估计。

由于 Gauss 白噪声定位数据的实际概率密度分布函数在二维内可以表示为下式：

$$\begin{aligned} f(x, y) = &\frac{1}{2\pi\sigma_1\sigma_2\sqrt{1-r^2}} \exp\left\{-\frac{1}{2(1-r^2)}\left[\frac{(x-x_k)^2}{\sigma_1^2}\right.\right. \\ &\left.\left. - \frac{2r(x-x_k)(y-y_k)}{\sigma_1\sigma_2} + \frac{(y-y_k)^2}{\sigma_2^2}\right]\right\} \end{aligned} \tag{5-28}$$

对系统作坐标变换，使得道路和新坐标系 $(O - X'Y')$ 的横坐标 X' 平行，假设原来的位置点概率密度函数的分布中心 (x_k, y_k) 经过坐标变换后为 (x', y')，则在新坐标系中，误差的二阶矩可以表示为

$$E[(Px - x')^2] = \sigma_{x'}^2 \tag{5-29}$$

$$E[(Py - y')^2] = 0 \leqslant \sigma_{y'} \tag{5-30}$$

由于这种估计消除了在道路垂直方向上的误差分量，最近点地图匹配 (图 5-6) 的估计特性优于原始误差特性。无论最大似然估计还是最近点估计都能消除垂直于道路的随机误差，但是因为最近点估计没有使用概率密度分布函数的一些先验知识，所以它无法消除道路方向的定位误差，因此它的估计性能将不如已知概率密度分布函数的最大似然估计法。

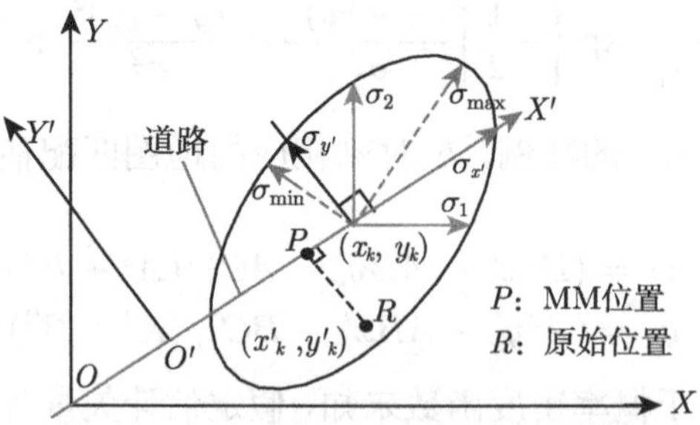

图 5-6 最近点估计的误差分解

假设误差椭圆长轴与新空间坐标系 X' 轴夹角呈 α 角，则误差椭圆在新坐标系上的分解可以用下面的表达式 (5-31)~ 式 (5-34) 表示：

$$\sigma_{x'}^2 = \sigma_{\max}^2 \cos^2\alpha + \sigma_{\min}^2 \sin^2\alpha \tag{5-31}$$

$$\sigma_{y'}^2 = \sigma_{\max}^2 \sin^2\alpha + \sigma_{\min}^2 \cos^2\alpha \tag{5-32}$$

$$\sigma_{x'y'} = \sin\alpha\cos\alpha(\sigma_{\max}^2 - \sigma_{\min}^2) \tag{5-33}$$

$$r = \sigma_{x'y'}/(\sigma_{x'}\sigma_{y'}) \tag{5-34}$$

式中，$\sigma_{\max}$ 和 $\sigma_{\min}$ 分别表示椭圆长轴和短轴的测量误差概率的标准差。

不同估计的性能可以表示成道路方向的函数。其对比条件见图 5-7。原始观测量 X_k' 的 RMS，最近点估计$\widehat{X}_{k\text{NPE}}$的 RMS，最大后验概率估计$\widehat{X}_{k\text{MLE}}$的 RMS 为

$$\text{RMS}(X_k') = \sqrt{E\left\{[X_k' - X_k]^2\right\}} = \sqrt{\sigma_{\min}^2 + \sigma_{\max}^2} \tag{5-35}$$

$$\text{RMS}(\widehat{X}_{k\text{NPE}}) = \sqrt{E\left\{\left[\widehat{X}_{k\text{NPE}} - X_k\right]^2\right\}} = \sqrt{\sigma_{\max}^2 \cos^2\alpha + \sigma_{\min}^2 \sin^2\alpha} \tag{5-36}$$

$$\text{RMS}(\widehat{X}_{k\text{MLE}}) = \sqrt{E\left\{\left[\widehat{X}_{k\text{MLE}} - X_k\right]^2\right\}} = \frac{\sigma_{\max}\sigma_{\min}}{\sqrt{\sigma_{\max}^2 \cos^2\alpha + \sigma_{\min}^2 \sin^2\alpha}} \tag{5-37}$$

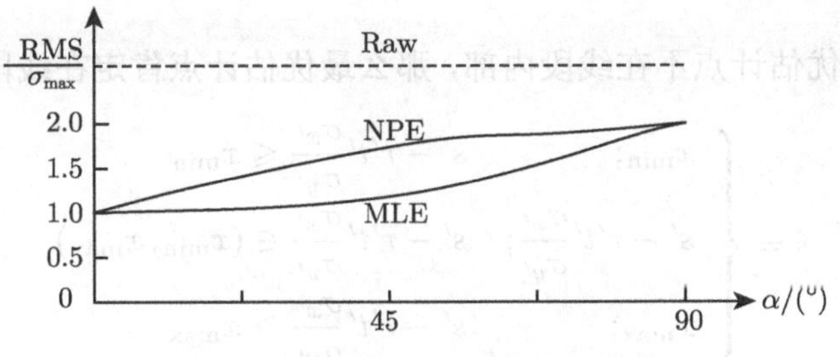

图 5-7 不同估计方式的性能比较

上述 RMS 的估计误差比较可以确定给定的道路方向和测量噪声情况下，各种估计性能的优劣，从图中可以看出最近点估计和最大后验概率估计都能降低测量噪声的误差，并且最大后验估计比最近点估计有着更好的性能。

5.3.3 有限长线性道路的估计

在式 (5-18) 中表示了地图匹配对无限长或者足够长道路的估计算法。显然，在实际应用中，任何道路的长度都是有限的，因此需要对算法作修正。假设线段的两个坐标分别为 (x_C, y_C) 和 (x_D, y_D)，对应的直线方程为

$$Ax + By + C = 0 \tag{5-38}$$

$$A = y_D - y_C \tag{5-39}$$

$$B = x_C - x_D \tag{5-40}$$

$$C = x_C y_D + x_D y_C - x_C x_D - y_C y_D \tag{5-41}$$

将系统作坐标变换，使得新坐标系 x 轴和道路平行。假设坐标变换后，直线段的端点坐标变为 $(x_{\min}, 0)$ 和 $(x_{\max}, 0)$，真实位置在新坐标系的坐标为 $(s, 0)$，而测量值在新坐标系中的位置为 $(s', 0)$。故线段在新坐标系中可以表述为

$$y' = 0; \quad x \in (x_{\min}, x_{\max}) \tag{5-42}$$

相应的概率密度分布函数可以表述为

$$\begin{aligned} f(x', y') = & \frac{1}{2\pi\sigma_{x'}\sigma_{y'}\sqrt{1 - r'^2}} \\ & \cdot \exp\left\{-\frac{1}{2(1 - r'^2)}\left[\frac{(x' - s)^2}{\sigma_{x'}^2} - \frac{2r'(x' - s)y'}{\sigma_{x'}\sigma_{y'}} + \frac{y'^2}{\sigma_{y'}^2}\right]\right\} \end{aligned} \tag{5-43}$$

采用极大似然估计的地图匹配算法就转化为二次函数在固定区间的最值问题求解，由初等代数的理论，有如下结论：

(1) 如果最优估计点在线段内部，那么容易证明该点肯定就是线段对应直线的全局最优点。

(2) 如果最优估计点不在线段内部，那么最优估计点肯定在线段的端点上。即

$$\hat{s} = \begin{cases} x_{\min}; & s' - r't'\dfrac{\sigma_{x'}}{\sigma_{y'}} \leqslant x_{\min} \\ s' - r't'\dfrac{\sigma_{x'}}{\sigma_{y'}}; & s' - r't'\dfrac{\sigma_{x'}}{\sigma_{y'}} \in (x_{\min}, x_{\max}) \\ x_{\max}; & s' - r't'\dfrac{\sigma_{x'}}{\sigma_{y'}} \geqslant x_{\max} \end{cases} \tag{5-44}$$

对于有限长道路，由式 (5-44) 可知其均值和方差不存在统一的数学表达式。

5.3.4 样条道路的地图匹配估计

事实上，为了保证驾驶的安全，现实的道路路心线通常要求设计时曲线光滑。B 样条是最常用的设计曲线，因此用样条函数来表示道路路心线是非常自然的。样条的原理就是用分段的低次短曲线来描述光滑的长曲线。最常用的 B 样条函数为二阶或三阶样条。用样条来表示道路曲线可以节省中间节点，且能尽可能真实地描述道路。比方说，对于圆弧型道路，如果用折线构成的多义线将需要很多控制点，而样条函数只用 4~6 个控制点就可以非常真实地逼近。研究样条函数型的道路的地图匹配估计算法的意义在于：

(1) 样条可以精确而又经济地描述现实世界的道路；

(2) 样条可以比折线更好地描述现实世界的道路；

(3) 样条在计算和图形显示上并不比折线复杂多少，但是其准确的表示可以保证更加精确地进行地图匹配；

(4) 尽管目前世界各国的数字地图道路库多用折线段表示道路，不能排除未来的数字地图道路库使用样条函数描述道路的可能性，另外对于折线型道路，如果以形状点为控制点，对之进行样条反算，可以得到比原来更精确的表示，而计算过程并不复杂。具体可以参考孙家广、袁尉平等的文献。

下面分别针对二阶和三阶样条道路研究地图匹配的算法。由于上节已经证明了，如果全局最优估计点不在有限长度曲线内部的话，那么有限长度道路对应的最优估计点一定在道路的端点上面，即所有样条道路的估计问题同样可以转化为无限长度的道路估计问题。由此，二阶或者三阶样条道路的估计可等价于二次曲线和三次曲线的道路估计。

1. 二阶样条道路的估计

经过坐标变换，二阶样条道路可用方程表示为

$$\begin{cases} x = t \\ y = Dt^2 + Et + F \end{cases} \tag{5-45}$$

白噪声概率密度分布函数为

$$\begin{aligned} f(x,y) =& \frac{1}{2\pi\sigma_1\sigma_2\sqrt{1-r^2}}\exp\left\{-\frac{1}{2(1-r^2)}\left[\frac{(x-x_k)^2}{\sigma_1^2}\right.\right. \\ &\left.\left.-\frac{2r(x-x_k)(y-y_k)}{\sigma_1\sigma_2}+\frac{(y-y_k)^2}{\sigma_2^2}\right]\right\} \end{aligned} \tag{5-46}$$

根据最大似然估计原理，等价于式 (5-47) 的最值求解

$$g(x,y) = \frac{(x-x_k)^2}{\sigma_1^2} - \frac{2r(x-x_k)(y-y_k)}{\sigma_1\sigma_2} + \frac{(y-y_k)^2}{\sigma_2^2} \tag{5-47}$$

将式 (5-45) 代入式 (5-47)，式 (5-47) 取最值时肯定满足：

$$\begin{cases} \partial g(t)/\partial t = A_1t^3 + A_2t^2 + A_3t + A_4 = 0 \\ A_1 = 2D/\sigma_2^2 \\ A_2 = \dfrac{3DE}{\sigma_2^2} - \dfrac{6rD}{\sigma_1\sigma_2} \\ A_3 = \dfrac{2}{\sigma_1^2} - \dfrac{4rE-4rDx_k}{\sigma_1\sigma_2} + \dfrac{E^2+2DF-2Dy_k}{\sigma_2^2} \\ A_4 = \dfrac{2x_k}{\sigma_1^2} - \dfrac{2rF-2ry_k-2rEx_k}{\sigma_1\sigma_2} + \dfrac{EF-Ey_k}{\sigma_2^2} \end{cases} \tag{5-48}$$

利用 Tartaglia 公式 [17] 可以得到上述三次代数方程的一个实根解。有了这个根，用劈因子法可以得到剩下的两个根对应的二次代数方程组，解之可以得到其余两个根，如果它们是一对共轭非实数根则弃之不用。

此时比较所有实根的似然函数，取最大值对应的坐标就是二阶样条对 Gauss 白噪声的地图匹配估计算法。

2. 三阶样条道路的估计

三阶样条道路可以用方程表示为

$$\begin{cases} x = Pt^3 + Qt^2 + Rt + S \\ y = Dt^3 + Et^2 + Ft + G \end{cases} \tag{5-49}$$

白噪声概率密度分布函数为

$$f(x,y) = \frac{1}{2\pi\sigma_1\sigma_2\sqrt{1-r^2}} \exp\left\{ -\frac{1}{2(1-r^2)} \left[\frac{(x-x_k)^2}{\sigma_1^2} - \frac{2r(x-x_k)(y-y_k)}{\sigma_1\sigma_2} + \frac{(y-y_k)^2}{\sigma_2^2} \right] \right\} \tag{5-50}$$

根据最大似然估计原理，等价于式 (5-51) 的最值求解

$$g(x,y) = \frac{(x-x_k)^2}{\sigma_1^2} - \frac{2r(x-x_k)(y-y_k)}{\sigma_1\sigma_2} + \frac{(y-y_k)^2}{\sigma_2^2} \tag{5-51}$$

将式 (5-49) 代入式 (5-51)，式 (5-51) 取最值时将满足：

$$\partial g(t)/\partial t = A_1t^5 + A_2t^4 + A_3t^3 + A_4t^2 + A_5t^1 + A_6 = 0 \tag{5-52}$$

式中，A_i 为系数，由样条参数方程代入式得到，显然极值点的解对应一个五次代数方程。法国数学家 Galois 于 1829 年证明了代数 5 次以上的高次方程不存在通用求根公式 [17]，因此三次样条的地图匹配不存在通用的解析解公式。

令 $A = \max\{|A_1|, |A_2|, |A_3|, |A_4|, |A_5|, |A_6|\}$，可以证明所有可能的实数解都位于区间 $(-1 - A/|A_1|, 1 + A/|A_1|)$，在这个区间进行迭代即可。

三次样条的数值解的另外一种解法是分段线性化，可以利用线性道路的估计方法进行求解。

5.3.5　面向道路网络的地图匹配算法

道路网络是由一系列节点和连接构成的图，节点之间的连接可以是直线道路也可以是曲线或者由折线组成的多义线段。因为针对直线道路和曲线道路的地图辅助定位估计已经建立，所以就可获得道路网络地图辅助定位估计的所有基本估计。

道路网络的地图辅助定位估计方法的构成与分段曲线道路模型的估计方法相类似。先对每一条道路进行地图辅助定位估计运算，然后对每一个局部估计进行比较得到总体的最优定位估计。如果曲线路段采用分段线性的道路模型，则整个道路网络都由有限长直线路段组成，最后估计也只有一种形式。

虽然道路网络比曲线道路复杂得多，但道路网络的定位估计过程与分段曲线道路模型的地图辅助定位方法非常类似。针对有限长直路的定位估计在道路网络的地图辅助估计中的使用相当简单，首先将测量噪声分布的参数转换到每一路段定义的局部坐标系中，然后在局部坐标系中计算有限长直路的定位估计。通过每一局部估计在概率空间内的比较，决定最优定位估计，并将之转换到一般坐标系中。

在道路网络的地图辅助定位系统中。基于概率估计只利用了当前时刻的信息，而忽略了前后时刻车辆位置的相关性。这种情况有些时候会造成下列结果，即估计出的定位数据不符合车辆在道路中的运动规律，并当车辆沿道路到达交叉路口时，很可能出现估计出的车辆位置从一条路跳到另一条路的振荡现象。虽然这些估计是基于当前测量信息的最优估计，但是指示车辆过去可能运行的道路测量信息却未加利用。这种“跳跃”现象的原因是估计的模糊性，即测量信息中由于噪声引起的小的变化造成定位估计的显著变化，使得结果落到不同的路段之上。

曲线道路的分段线性模型和道路网络的地图辅助定位估计方法是从有限长直路的地图辅助定位估计中衍生出来的，但是二者之间有着本质上的不同。直线道路的定位估计有唯一解，而曲线和道路网络存在着多个等价的最优解。没有很好的办法避免在给定的测量信息下两个或两个以上的局部估计出现相同的先验概率。

考虑图 5-8 所示由两条直线段组成的简单曲线模型，同样假设定位噪声为 Gauss 白噪声，即定位数据的概率密度分布函数为

$$f(x,y)=\frac{1}{2\pi\sigma_1\sigma_2\sqrt{1-r^2}}\exp\left\{-\frac{1}{2(1-r^2)}\cdot\left[\frac{(x-x_k)^2}{\sigma_1^2}-\frac{2r(x-x_k)(y-y_k)}{\sigma_1\sigma_2}+\frac{(y-y_k)^2}{\sigma_2^2}\right]\right\} \tag{5-53}$$

相应似然函数的最值求解等价于式 (5-54) 的最值问题求解

$$g(x,y)=\frac{(x-x_k)^2}{\sigma_1^2}-\frac{2r(x-x_k)(y-y_k)}{\sigma_1\sigma_2}+\frac{(y-y_k)^2}{\sigma_2^2} \tag{5-54}$$

对之进行坐标转换，则上式可以表示成

$$g'(x',y')=\frac{(x'-s)^2}{\sigma_{x'}^2}+\frac{(y'-t)^2}{\sigma_{y'}^2} \tag{5-55}$$

式中，(s,t) 为新坐标的位置，$\sigma_{x'},\sigma_{y'}$ 表示新坐标系中的方差。再作一次坐标变换，令

$$\begin{cases} \xi = x/\sigma_{x'} \\ \eta = y/\sigma_{y'} \end{cases} \tag{5-56}$$

得到方程

$$g'(\xi,\eta) = \left(\xi - \frac{s}{\sigma_{x'}}\right)^2 + \left(\eta - \frac{s}{\sigma_{y'}}\right)^2 \tag{5-57}$$

由于直线经过式 (5-56) 的变换仍旧为直线，因此问题转化为寻找同时和两条相交射线相切的圆的圆心轨迹，显然它在新坐标系的角平分线上。经过坐标反变换后轨迹仍旧是一条直线。限于篇幅，本书不再列出其形式。

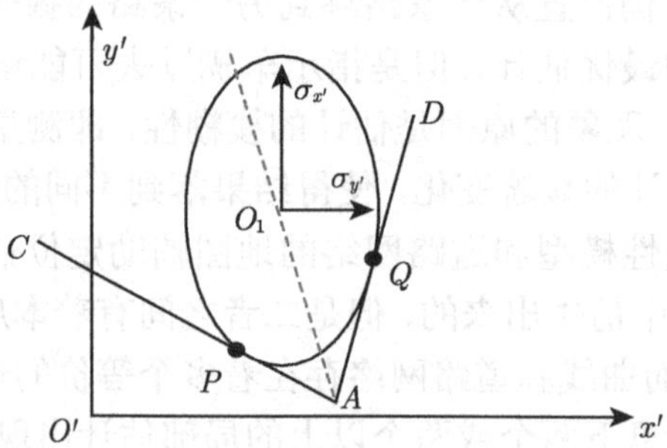

图 5-8　多重估计的歧义曲线

通常当定位数据出现在歧义直线上时，如果不采用其他先验知识的话，将无法确定当前的车辆位置。从概率角度上讲，定位数据落在歧义直线上的概率为零，但这并不表示将不会发生误判。事实上，任何一条道路上的任何一点的密度分布函数都和其他点的密度分布函数重合，在数学上讲这种函数的重叠是不可避免的，因此不论对于何种路段形式，误判是不可避免的，并且当两个位置对应的密度分布函数的面积越大时，误判的可能性就越大。

同样，道路网络的定位估计歧义性分析与曲线道路是密切相关的，但也有些不同的地方，例如并行道路的情况 (在城市道路中很常见)，如果不考虑测量噪声的空间相关性，两条平行道路的中心线即是歧义线 (图 5-9)。在曲线道路的情况下，歧义性仅仅造成车辆被估计在错误的路段之上，而对道路网络而言这种歧义性造成的错误要严重得多，车辆可能定位在不同路名的另一条路上，而且与真实位置相去甚远。对道路网络的地图辅助定位估计，歧义性的解决不仅是车辆定位精度的问题，而且涉及是否能将车辆定位在正确的道路之上，因此具有非常重要的意义。

如果单纯考虑测量位置落在歧义线上的情况，那么出现地图辅助定位估计多重性的概率是很小的。但是，对于歧义性函数的分析得到的结论却并非这么简单。当测量噪声落在歧义线上时，估计的似然函数有等高度的峰值，这是产生歧义性的原因；如果测量位置似然函数没有落在歧义线上，而且具有差别较大的峰值，这样容易决定最优估计结果；如果第二个估计的峰值与最优估计相比很接近，此时将很难估计车辆的真实位置。

考虑转换到长直路上的测量似然函数 (图 5-9)。函数只有一个峰值，峰值的估计即是定位的估计。考虑到测量噪声的影响，对同样位置进行第二次测量使得似然函数具有相同的形状，其概率误差与测量误差成比例。测量值落在歧义线上的似然函数有两个等高的峰值 (图 5-9(b))。

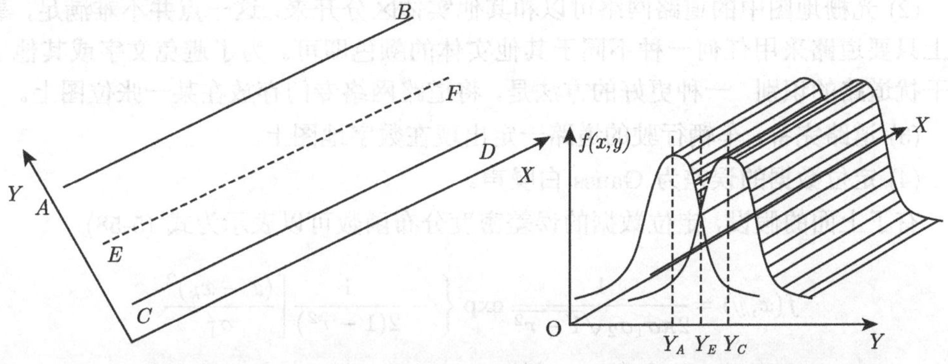

(a)二维空间平行道路的匹配歧义线　(b)在三维空间歧义线的成因分析

图 5-9　平行道路的歧义线

在道路网络中，歧义线不仅存在于平行道路，而且存在于十字路口之中 (图 5-10)，通常在十字路口歧义线对地图匹配的影响远远大于平行道路网络，在路网比较稀疏的情况下，平行歧义线对地图匹配的影响较小，而十字路口的歧义线对地图匹配影响将占主导地位。

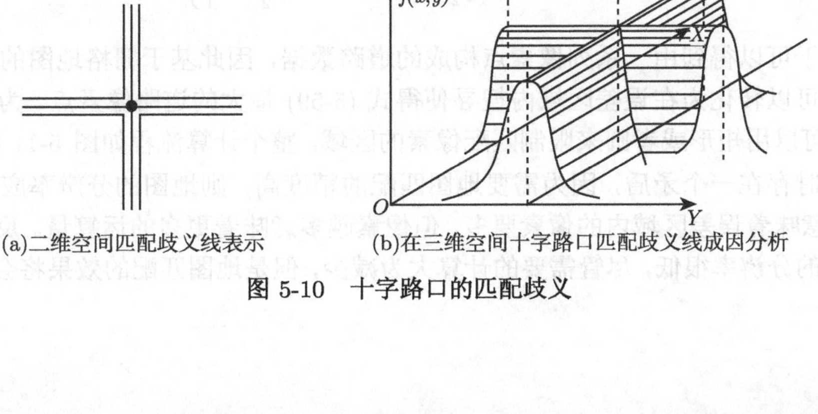

(a)二维空间匹配歧义线表示　(b)在三维空间十字路口匹配歧义线成因分析

图 5-10　十字路口的匹配歧义

5.4　光栅数字地图的地图匹配算法探讨

通常所说的地图匹配算法都是针对矢量地图而言。严格地说，光栅地图也具备一定的地图匹配功能，在特定条件下，如区域很小，光栅图比例很高，且道路用独特的颜色表示或者道路用另外一张位图单独存放，则光栅地图也可以进行地图匹配。本节研究光栅地图的地图匹配算法。

首先作如下假设：

(1) 光栅地图在分辨率允许的范围内足够精确，也就是说，光栅地图的误差主要来源于分辨率。

(2) 光栅地图中的道路网络可以和其他实体区分开来，这一点并不难满足，事实上只要道路采用任何一种不同于其他实体的颜色即可。为了避免文字或其他实体干扰道路的识别，一种更好的方法是，将道路网络专门存放在某一张位图上。

(3) 道路完备，车辆行驶的道路一定出现在数字地图上。

(4) 定位数据的误差为 Gauss 白噪声。

有了上面的假设，定位数据的误差密度分布函数可以表示为式 (5-58)

$$
\begin{aligned}
f(x,y) =& \frac{1}{2\pi\sigma_1\sigma_2\sqrt{1-r^2}}\exp\left\{-\frac{1}{2(1-r^2)}\left[\frac{(x-x_k)^2}{\sigma_1^2}\right.\right. \\
&\left.\left. -\frac{2r(x-x_k)(y-y_k)}{\sigma_1\sigma_2}+\frac{(y-y_k)^2}{\sigma_2^2}\right]\right\}
\end{aligned} \tag{5-58}
$$

假设原始定位数据为 (x_k', y_k')，在前文已经证明了相应的地图匹配估计等于寻找满足式 (5-59) 取最大的点。

$$
\begin{aligned}
f(x,y) =& \frac{1}{2\pi\sigma_1\sigma_2\sqrt{1-r^2}}\exp\left\{-\frac{1}{2(1-r^2)}\left[\frac{(x-x_k')^2}{\sigma_1^2}\right.\right. \\
&\left.\left. -\frac{2r(x-x_k')(y-y_k')}{\sigma_1\sigma_2}+\frac{(y-y_k')^2}{\sigma_2^2}\right]\right\}
\end{aligned} \tag{5-59}
$$

由于可以得到由一系列像素点构成的道路数据，因此基于栅格地图的地图匹配算法可以转化为在误差区域内搜寻使得式 (5-59) 最大的道路像素点。为了简化计算，可以用矩形或者圆来限制匹配像素的区域。整个计算流程如图 5-11 所示。

这时存在一个矛盾，因为需要地图匹配的精度高，则地图的分辨率应该尽量高，这意味着误差区域内的像素要多，但像素越多意味着更多的运算量。反之，如果地图的分辨率很低，尽管需要的计算大为减少，但是地图匹配的效果将会很差。

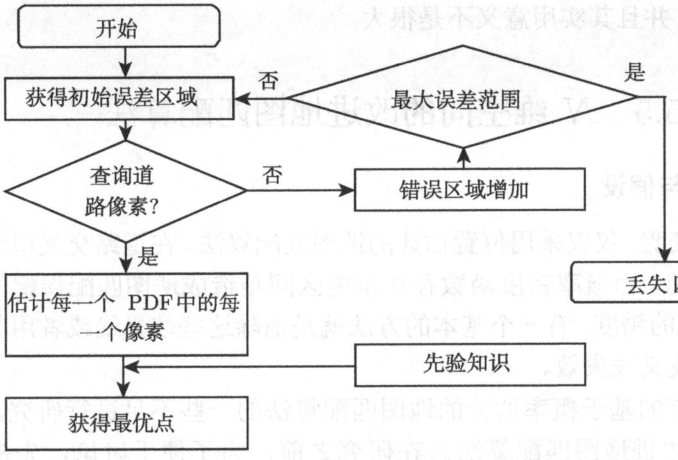

图 5-11 基于栅格地图的地图匹配基本流程

因此选择适当的比例很关键。假设地图每个像素代表的距离为 1m 的话，那么在误差区域 (假设定位误差为 50m) 最多有 2500 个像素，如果道路区域占总像素个数的 1/10，那么在误差区域内将有 250 个道路像素。对于式 (5-59)，如果忽略加减运算的代价的话，总共需要进行 250×16=4000 次乘除运算。一般来说，1s 内承受这个运算量对于中高档次的 CPU 来说应该不成问题。为了提高精度，可以对误差区域内的道路像素点进行实时矢量化运算，那么可以采用与矢量数字地图完全一样的估计方法。采用这种估计方法可以达到亚像素级的匹配精度。

为了解决普通位图缩放时图形不清楚的问题，可以考虑采用多比例光栅地图的方法，在不同的显示比例下，选择最接近的光栅地图进行缩放显示。

一些矢量数字地图解决误配的技术手段，在栅格道路网络中也可以使用，如利用道路的邻接性判别误判点，但是实现起来要比操纵矢量数字地图困难很多。

一般来说，采用光栅数字地图进行地图匹配的好处在于：

(1) 同样可以提供可视化的界面；

(2) 同样可以进行地图匹配；

(3) 除了栅格地图、空间索引外不需要其他任何数据库。

其缺点是：

(1) 信息量有限，很难直接利用栅格地图进行路径优化；

(2) 定位精度差，误配的可能性较大；

(3) 由于误配的可能性很大，导致的问题是很难启用误差模型，消除非白噪声，使得一些减少误判的技术无法使用；

(4) 由于精度的需求，分辨率不能太低，因此只适合小区域导航。对于大区域导航，地图的容量将比矢量地图要大很多。总的来说，这种形式只适合道路网不稠密的小区域导航，并且其实用意义不是很大。

5.5　N 维空间的改进地图匹配算法

5.5.1　基本定义与假设

大量的实验表明，仅仅采用位置估计的地图匹配算法，在道路交叉口和致密网段很容易产生误配，而概率密度函数存在重叠区间是造成地图匹配误配的根本原因。提高地图匹配的精度，有一个基本的方法就是消除这些歧义线或者用其他的外来估计量使这些歧义线失效。

本节针对已有的基于概率估计的地图匹配算法的一些不足进行研究，提出了基于概率估计的改进地图匹配算法。在研究之前，为了便于讨论，先提出几个定义：

(1) 道路密度：道路密度通常用来表征道路网络致密的程度，同样的定位精度，采用同样的地图匹配算法，在不同致密的道路网络中其误配的概率、算法的有效性和算法的精度是不一样的。由于道路的稠密或稀疏本身是一个很模糊的概念，比方说，单位面积内道路的数目、平行道路的最短距离、道路网络某个区域的两个十字路口中路段长度的最小值都可以用来衡量这个指标。

(2) 地图相对定位精度：地图相对定位精度是用来衡量定位精度和道路致密度之间的比值关系，通常定位数据的误差特性反映了定位数据的绝对定位精度，其衡量的指标是长度。如果道路密度用长度衡量，那么地图相对定位精度 P_r 可以表示成：

$$P_r = 2\rho/\sigma \tag{5-60}$$

式中，ρ 表示道路密度；σ 表示定位方差。地图相对定位精度可以用来衡量道路网络的可匹配性，它有助于地图匹配算法的自适应参数和模型选择。

(3) 匹配精度：地图匹配后定位精度可以用匹配的数学期望或者方差表示，也可以用最大匹配误差来表示。

5.5.2　改进一 —— 考虑了角度误差的概率位置估计算法

在前面已指出道路网络中存在下述歧义估计线：

(1) 同一条道路的最简区间之间的任意点和点之间的歧义线；

(2) 道路内部不同段之间的估计歧义线；

(3) 相邻道路，十字路口的歧义线；

(4) 平行道路之间的估计歧义线；

(5) 既不平行 (或接近平行)，也不相邻的任意两条道路之间的估计歧义线。

在上述几种歧义线中:

(1) 如果定位精度足够高，或者是相对定位精度很好，第五类歧义线上对应的似然函数值小到可以忽略，那么意味着这些道路之间通常不会发生误判。

(2) 同样如果相对定位精度足够高，第四类歧义线对应的似然函数也很小，也就是说通常不会成为最优估计的点，因此这一类误判也可以消除。问题在于，无论相对定位精度多高，第一、二、三类歧义线单纯用基于位置点概率估计法的地图匹配算法始终存在，因此单纯提高定位精度的方法将不可能有效消除地图匹配算法中的误配现象，此外定位精度也不可能无限提高。

本节提出一种改进的基于概率估计的地图匹配算法，该算法不仅考虑了位置信息，而且考虑了其他可用信息 (如角度信息)，在加入一定的先验知识的前提下，本算法可以取得很好的匹配效果。由于角度信息的加入，可以有效地消除邻接路段的概率密度分布函数的重叠区间，在图 5-12 中，图 (a) 显示了反映路口各道路的位置密度分布函数的置信区间，可以看出在路口位置，三条道路存在一个置信区间混叠的现象，如果重叠的部分各自的概率密度分布函数 (PDF) 取值很大的话，要想很好地区分车辆行驶在哪一条道路上极其困难；在图 5-12(c) 中，三条 PDF 曲线反映了车辆行驶在三条道路上方向角 θ 的概率密度分布函数 (PDF) 曲线，可以看出在角度方差不是很大的情况下，道路和道路之间方向 PDF 曲线几乎不存在重叠，由此证明估计矢量中加入角度可以较好地区分不同路段。然而需要指出的是，如果两条邻接道路存在一定的转弯角的话，估计矢量中加入角度变量可以用来区分不同路段，但是它无法区分同一路段角度相同的路段内部点，无法区分行驶角度接近的邻接道路，更加无法区分平行道路，这说明:

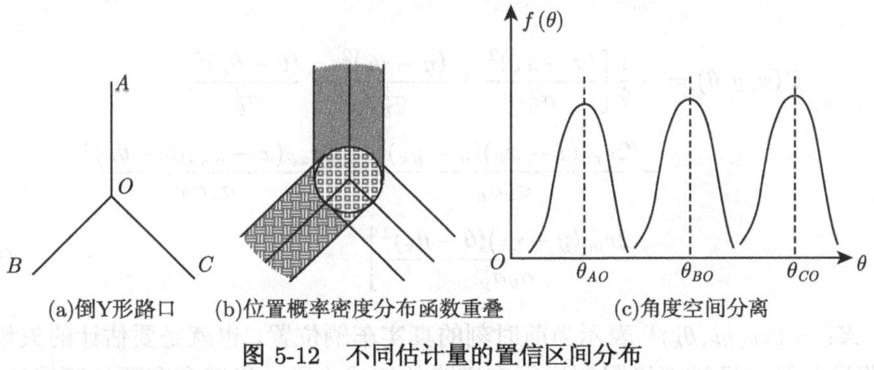

(a)倒Y形路口 (b)位置概率密度分布函数重叠 (c)角度空间分离

图 5-12 不同估计量的置信区间分布

(1) 这种算法的应用场合是定位区域的道路网络不太致密;

(2) 单纯用角度作为估计量无法很好地估计当前的位置;

(3) 将位置估计和角度估计综合起来，在道路网络不太致密，或者地图相对定位精度较高的情况下是有效的;

(4) 常规的估计算法只是估计车辆在道路的位置，通常无法判定车辆的行驶方向，对于同一条道路，不同向行驶角度差为 180°。

可见，角度 PDF 几乎不存在重叠区间，因此可以在不依据历史信息的前提之下较准确地估计车辆的行驶方向。

同样，仍旧先研究原始定位信息误差分布呈 Gauss 白噪声的地图匹配算法，将估计矢量由原始的三维信息拓展到四维，加入角度信息，那么定位数据的概率密度函数可以表示成多元函数

$$\begin{cases} f(\boldsymbol{X}) = (2\pi)^{-p/2}\,|\Sigma|^{-\frac{1}{2}} \exp\left\{\left(-\dfrac{1}{2}(\boldsymbol{X}-\boldsymbol{u})\right)^{\mathrm{T}} \Sigma^{-1} \left(-\dfrac{1}{2}(\boldsymbol{X}-\boldsymbol{u})\right)\right\} \\ \boldsymbol{X} \sim N_p(\boldsymbol{u}, \Sigma) \\ \boldsymbol{X} = (x, y, z, \theta)^{\mathrm{T}} \end{cases} \tag{5-61}$$

那么，整个道路网络的地图匹配算法可以表述为下述有约束优化问题：

$$\begin{cases} \mathrm{RoadNetwork}(x, y, z, \theta) = 0 \\ F(x, y, z, \theta) = \max(-\ln f(x, y, z, \theta, x_k', y_k', z_k', \theta_k')) \end{cases} \tag{5-62}$$

如果在二维平面进行研究，则似然函数 (PF) 可以表达成

$$\begin{cases} f'(X) = -\dfrac{1}{2}(\boldsymbol{X} - \boldsymbol{X}_k)^{\mathrm{T}}\Sigma^{-1}(\boldsymbol{X} - \boldsymbol{X}_k) \\ \boldsymbol{X} = (x, y, \theta)^{\mathrm{T}} \end{cases} \tag{5-63}$$

即

$$\begin{aligned} f'(x, y, \theta) = &-\frac{1}{2}\left[\frac{(x-x_k)^2}{\sigma_x^2} + \frac{(y-y_k)^2}{\sigma_y^2} + \frac{(\theta-\theta_k)^2}{\sigma_\theta^2}\right. \\ &- \frac{2r_{xy}(x-x_k)(y-y_k)^2}{\sigma_x\sigma_y} - \frac{2r_{x\theta}(x-x_k)(\theta-\theta_k)^2}{\sigma_x\sigma_\theta} \\ &\left. - \frac{2r_{y\theta}(y-y_k)(\theta-\theta_k)^2}{\sigma_\theta\sigma_y}\right] \end{aligned} \tag{5-64}$$

式中，$\boldsymbol{X}_k = (x_k, y_k, \theta_k)^{\mathrm{T}}$ 表示当前时刻的真实车辆位置，也就是要估计的矢量。

假设车辆已经被严格限制运行在道路的切线上面，仍旧存在两种可能的行驶角度，因此道路上任何一点的估计矢量存在二义性。由于传感器来的角度误差通常是渐变的，且在持续的导航中可以通过地图匹配不断校正，因此通常认为该角度和道路的哪一个切线方向夹角小，则道路就向那个方向行驶。下面同样研究各种情形下的估计算法。

对于直线道路，不论是无限长道路还是有限长道路，由于道路的方向角一定，估计矢量中加入角度信息将不会影响估计的结果，因此可以套用式 (5-15) 进行估计。需要指出的是，由于角度信息的存在，它使得不同道路的估计值发生改变，原来两条路上在不引入角度信息时似然函数值接近的两个估计点在加入角度信息后会增大似然函数之间的差值，从而使估计更加准确。

估计矢量中加入角度信息通常将影响无限长曲线路段的估计，同样可以证明超出二次以上的曲线将不存在解析形式的通解，相应的最优估计值通常只有数值解，一种简化的算法是将曲线道路局部线性化，然后对若干段线性有限道路求最优解，最后从所有的局部最优点中搜寻全局最优点。

如果假设位置量和角度的误差是不相关的，那么上述似然函数可以表述为

$$f'(x,y,\theta) = -\frac{1}{2(1-r^2)}\left[\frac{(x-x'_k)^2}{\sigma_1^2} - \frac{2r(x-x'_k)(y-y'_k)}{\sigma_1\sigma_2} + \frac{(y-y'_k)^2}{\sigma_2^2}\right] - \frac{1}{2}\left(\frac{\theta-\theta_k}{\sigma_\theta^2}\right)^2 \tag{5-65}$$

基于上述似然函数的道路网络地图匹配算法同前述基于位置估计的算法，不再重复。

然而并不是所有时候都可以得到这些估计量的 PDF，此时将无法采用式 (5-65) 进行匹配。通常，可以采用加权模型进行估计，如下面几种代价模型：

$$f'(x,y,\theta) = \lambda_1\sqrt{(x-x_k)^2+(y-y_k)^2} + \lambda_2\left|\theta-\theta_k\right| \tag{5-66}$$

$$f'(x,y,\theta) = \lambda_1((x-x_k)^2+(y-y_k)^2) + \lambda_2\left|\theta-\theta_k\right|^2 \tag{5-67}$$

在权值的选取上，可以参照式 (5-58) 根据最大置信区间的大小来选取，假如车辆的位置标准差为 30m，车辆运行的角度噪声标准差为 10°，那么如果角度量纲为弧度，式 (5-66) 的权值可以用式 (5-68) 来选取。此外，为了强化其中任何一种模型的作用，可以通过调整权值来达到。

$$\begin{cases} \lambda_1 = 1/900 \\ \lambda_2 = 360/\pi^2 \end{cases} \tag{5-68}$$

此外，还可以先采用位置点估计在误差区域内得到若干个估计点，采用先验知识选取最优的位置，具体见图 5-13。

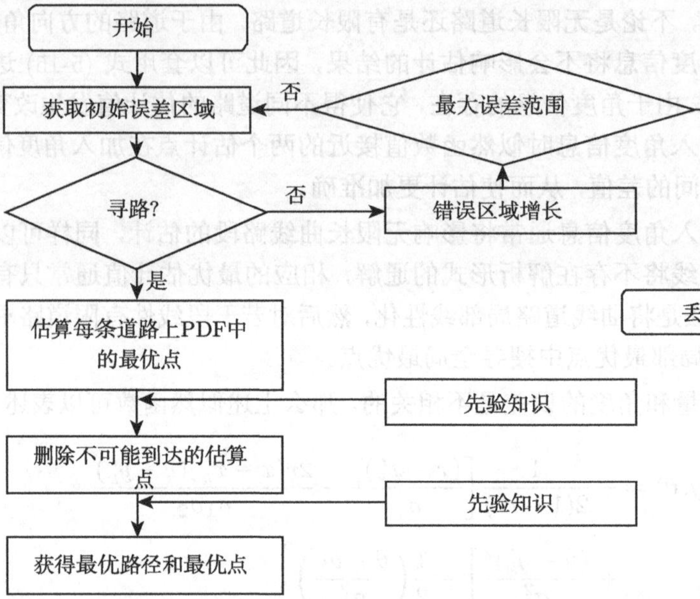

图 5-13　考虑了角度误差的概率估计的地图匹配流程

5.5.3　改进二 —— 对道路网络模型缺陷的算法改进

基于概率估计的地图匹配算法中引入角度通常会改善算法的性能，然而这是建立在道路网络模型正确和数字地图道路准确的前提下。下述数字地图中的模型因素将可能影响上述考虑了角度误差的基于概率估计地图匹配算法的精度：

(1) 由于目前数字地图都是单路线性模型，道路路段本身是由一系列折线组成的多义线，由折线段构成的道路的角度显然存在突变 (图 5-14)。如图 5-14(a)，假设车辆从 A 行驶到 B，由数字地图模型，车辆的行驶过程为 A 到 B，然后由 B

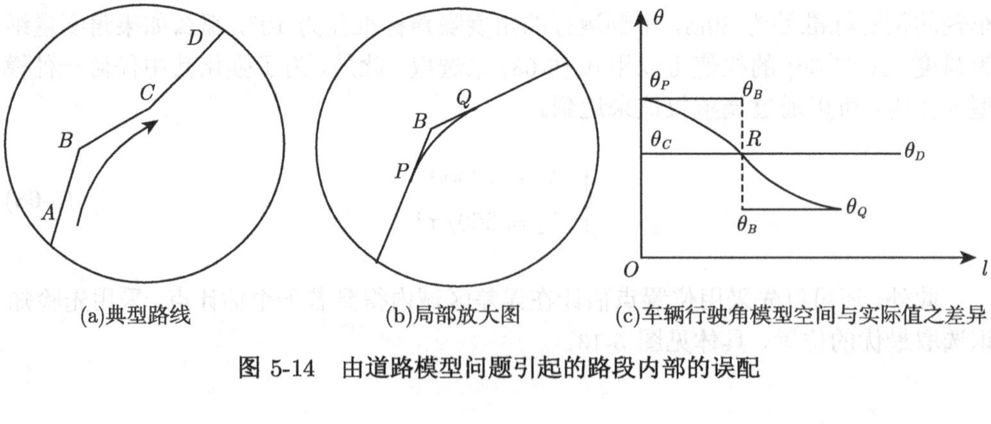

(a)典型路线　　(b)局部放大图　　(c)车辆行驶角模型空间与实际值之差异

图 5-14　由道路模型问题引起的路段内部的误配

到 C 的两段直线道路的行驶，并且在 B 处，车辆的角度发生突变；然而实际的车辆行驶情况是，车辆从 A 到 C 的行驶中存在一个渐变的转换和一段转弯圆弧，而在这个转弯的渐变过程中，模型中的道路角将可能和本路段的其他折线段的角度恰恰一致。如图 5-14(c) 中，实际的车辆行驶角曲线和道路折线 CD 的行驶角曲线存在一个交点，如果 AB、BC、CD 靠得很近，即在角度估计的置信概率空间发生重叠的同时，位置估计空间也发生重叠，另外一方面由于模型误差，在 B 点的估计似然函数发生畸变，反而使得 C 上的似然函数值优于 B 点，这时将可能发生误判。

(2) 目前的数字地图道路网络模型都没有很好地表示出道路的转弯。为了缩小道路网络的规模，通常对道路网络简化处理，对于十字路口，通常简化成四个相互连接的道路中心线和对应的一个道路节点 (图 5-15(a))。事实上，车辆发生道路穿越总需要一个过程，并且需要一个转弯半径，真正的道路网络应该如图 5-15(b) 所示，可以看到一个十字路口实际上需要 10 个道路路段和 4 个道路节点构成。图 5-15(b) 中，车辆从 A 点经过 O 点行驶到 D 点的过程从道路模型上看其角度变化位于 O 点存在一个突变，即在 O 点是不可导的，事实上由于转弯半径的存在，车辆并不经过 O 点，而是在 P 点时发生转弯，对应的轨迹是一段圆弧 PQ, 而实际的行驶角是从 θ_P 到 θ_E 再转变到 θ_Q 的一个渐变过程，因此在路段 POQ 采用角度作为估计因子是不可信的，如果附近恰恰有一个路段 (图 5-15(c) 之路段 CE) 对应角度恰恰介于转弯的起始角和终止角，那么由于角度因子对似然函数的影响，极有可能使车辆被错误匹配到别的道路上去。

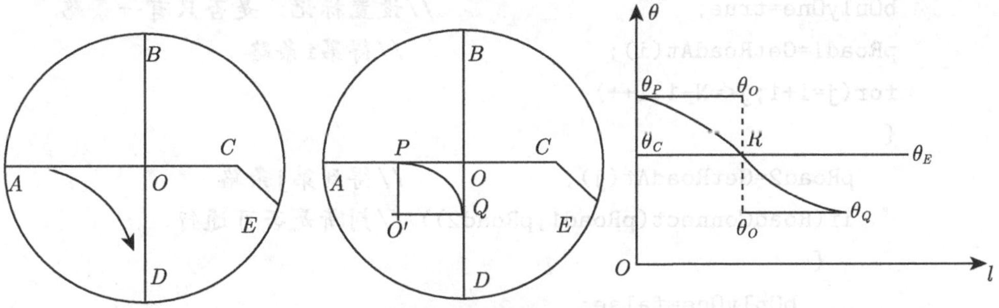

(a)典型路段　(b)模型与实际之差异　(c)行驶角模型空间与实际值之差异

图 5-15　由模型不正确引起的不同路段之间的误配

综上可见，发生上述误判的原因是模型和实际运行轨迹不匹配，如果模型中所有的行驶角度都是平稳变化的，那么这一类路段内和路段间的误判就可以被很好地抑制。

地图匹配的前提是数字地图足够精确，道路几何、拓扑信息完备并具备图形库和数据库之间的无缝连接。在一定的时间内，通常车辆行驶的路径和路段是有限的，即在有限的时间内，车辆只可能出现上述实体对中的某个道路对上 (包括只是出现在某个道路实体对的某一条道路上的情形)。在以后的道路匹配算法中，所有的计算都是以道路实体对为单元进行的。

在图 5-16 所示的道路网络 (局部) 中存在 6 条道路，相应的道路实体对可以表示为链表 (1 2)-(1 3)-(1 4)-(2 3)-(2 4)-(3 4)-(3 6)-(4 5)。

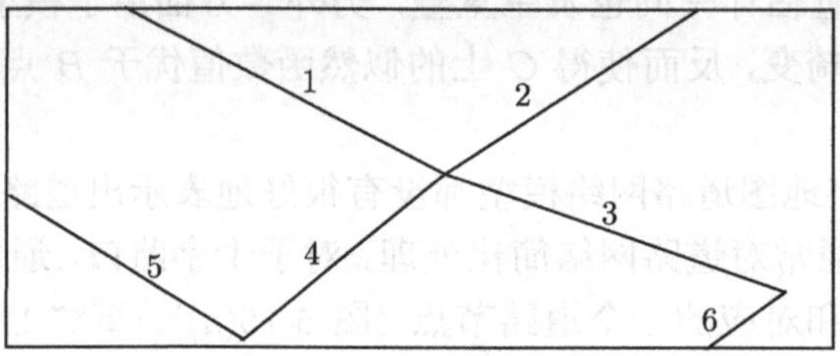

图 5-16 一个简化的单路线道路网络

在误差区域内搜寻所有的路段实体，遍历这些实体，将所有邻接的道路组成实体对，而地图匹配的算法统统是针对实体对进行，如果一个实体不存在相邻的道路实体，则将之单独成立一个实体对。上述流程可以用下述伪代码表示为:

```
GetRoadArrayInErrorArea();              //选取误差区域或全部道路
PPairArray->ClearAllPair();             //清除上次的道路对数据
for(i=0;i<=N-1;i++)                     //假设N是误差域的道路数
{
    bOnlyOne=true;                     //设置标记: 是否只有一条路
    pRoad1=GetRoadAt(i);                //得第i条路
    for(j=i+1;j<=N-1;i++)
    {
       pRoad2=GetRoadAt(j);             //得到第j条路
       if(RoadConnect(pRoad1,pRoad2))   //判断是否可通行
         {
           bOnlyOne=false;
           pPart=CreateNewPair();       //产生新的道路对
           pPart->AddRoad(pRoad1);
           pPart->AddRoad(pRoad2);
           pPartArray->AddPair(pPair);
          }
     }
   if(bOnlyOne==true)
```

```
    {
        pPart=CreateNewPair();          //生成一个新的道路对
        pPart->AddRoad(pRoad1);
        pPartArray->AddPart(pPair);
    }
}
```

为了使得数字地图道路的穿越不发生角度突变，平稳过渡，可以通过在交点处进行圆弧插值而得到，因为车辆拐弯轨迹通常就是圆弧，因此这种方法是合理的，可以尽量准确地模拟车辆运行的真实轨迹。

一般而言，在设计合理的道路网络中道路到达十字路口或其他形式的交叉路口前通常会有一段不算太短的直线行驶路段，并且通常这一段直线路段会比道路的转换半径要大。因此，问题就转化为求两条相交直线的过渡圆问题，这是一个纯解析几何问题，限于篇幅，不再讨论。道路的拐弯半径 R 通常可以表述成路宽 W 和交叉路口形式 S 以及路段夹角 θ 以及路长 L 的函数，即

$$R = R(W, S, \theta, L_1, L_2) \tag{5-69}$$

对于不同的路口，可以用不同的经验公式表述。采用过渡圆弧或圆弧的离散化短线段序列进行估计时，得到结果后为了将车辆显示在道路上，可以采用图 5-17 的映射方法，圆弧上的点又可以显示在原始道路之上。

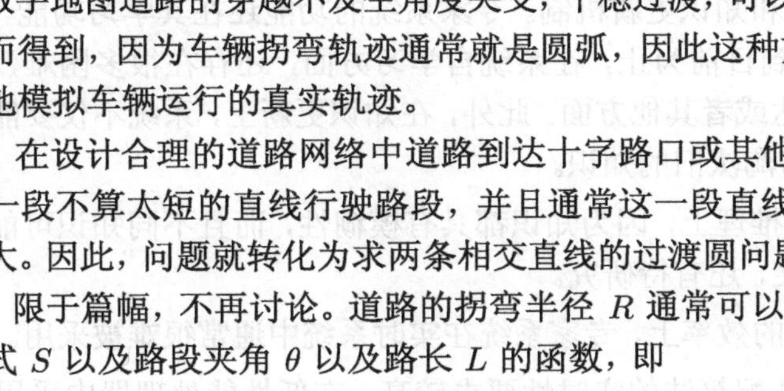

图 5-17　道路交叉口的圆弧插补以及可视化显示的反算

5.5.4　改进三——基于先验知识数值化加权模型的改进概率估计

地图匹配中如果能够使用一些先验的知识，则可以大大地降低地图匹配误配的可能性，增加导航系统的鲁棒性。

从理论上讲，基于知识的系统在知识足够的前提下，其功能将是不受限制的，或者说这种系统所能达到的功能仅仅受限于知识的拥有。然而，迄今为止专家系

统的研究还存在很多问题有待解决，甚至出现某种程度的研究停顿现象，这些困难包括：

(1) 知识表达，人类知识是包罗万象的，有些知识可以数值化表达，有些知识只能够形式化表达，有些知识是模糊的概念，有些知识甚至是当前存在的知识表达法，如产生式规则、框架表达法，根本不能表示。因此，对应基于知识的系统的功能肯定要受到限制。

(2) 自学习和知识更新机制。专家系统的功能还在其学习功能 (包括主动学习和被动学习)，到目前为止，在系统自学习方面，还存在很多困难，这种困难有的来源于知识表达或者其他方面。此外，在知识更新上，系统不仅要能够增加新的知识，而且要能够淘汰旧的知识。

(3) 在知识推理上，因为知识都具有模糊性，而且不同知识可能发生冲突，如何解决这种冲突，还有待研究。

(4) 从系统的效率上，专家系统在实时系统中通常很难被采用。

由于地图匹配算法的实时性要求较高，在低性能处理器中采用基于知识的策略是不现实的。此处提出一个知识数值化的方法，可以代替复杂的知识推理或复杂的程序流程。

面向对象的分析观点认为任何复杂的事物都可以用对象表示，而对象本身可以用对象状态、消息以及对象行为表示。采用这个分析方法同样可以将车辆导航系统看成图 5-18 所示的一个对象。这个复杂对象包含很多状态如车辆当前位置、车辆当前速度、车辆当前方向、车辆前一次位置等；一切状态的改变都可以用消息表示，如定位信息来到，车辆完成一次状态转移，车辆到达一条新的道路；同时这个对象还包括很多行为，如发布导航指令等。

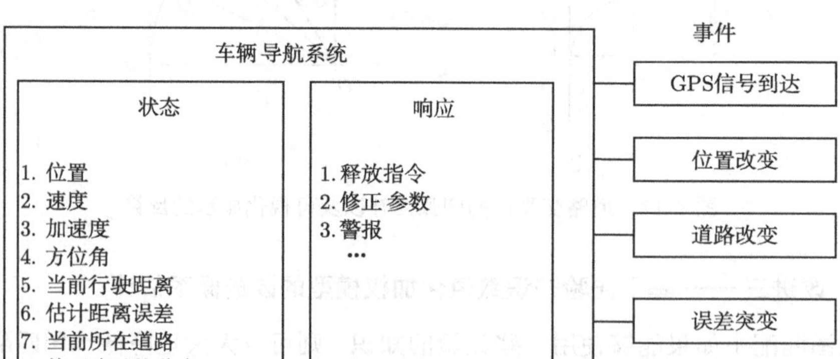

图 5-18　车辆导航系统的对象化

如果采用产生式规则来描述知识，那么所有的知识都可以表述为：

```
IF 前提1 and/or 前提2 and/or ....前提N
THEN 结论1 and  结论2 and ...结论M
```

所有的前提和结论都可以既是消息又是状态，由于车辆导航系统中一切状态和消息都可以表达为概率事件，如果这个事件肯定发生，那么概率密度分布函数为 1，如果相应的事件是不确定事件，那么往往也可以由先验知识得到相应的概率密度分布函数。因此所有的知识都可以表述为

```
IF 消息1 and/or 消息2 and/or 消息3...消息N
THEN  概率事件1 and 概率事件2 ... 概率事件M
```

由于这些规则对应的知识是先验的，因此总可以统计出相应事件的似然估计函数 $D(\boldsymbol{x})$，其中 $\boldsymbol{x}$ 为知识的变量空间，假设存在如下知识：

知识一：IF 两个车辆位置是时间相邻的，THEN 它们不会跨越路段。这是一个确定性事件，则代价函数可以表示为

$$D_1(x,y,v_x,v_y,a_x,a_y,R_w)=\begin{cases}\text{HugeNum}; & \text{前后两条道路不相邻}\\ 0; & \text{前后两条道路相邻}\end{cases}\tag{5-70}$$

知识二：IF 两个位置是事件相邻的，THEN 前后两个位置的距离通常不会大于 18m。由于存在“通常”这一模糊概念，因此可以将之转化为一个概率密度分布函数的似然函数，则代价函数为

$$D_2(x,y,v_x,v_y,a_x,a_y,R_w)=\begin{cases}\lambda(Dist-18)^2; & Dist(x_k,y_k,x_{k+1},y_{k+1})>18\\ 0; & Dist(x_k,y_k,x_{k+1},y_{k+1})\leqslant 18\end{cases}\tag{5-71}$$

知识三：IF Δheading 小，THEN 轨迹和路径的相似性高。同样，“小”和“高”都是模糊术语，因此同样可以看成道路和轨迹相似性归于角度差偏移的概率事件，因此它可以量化为前面的改进一数学模型——考虑了角度误差的位置估计。

假设存在 N 条先验知识，对应的概率密度分布函数互不相关，其最大似然函数分别为 $D_i(\boldsymbol{x})$，因此系统的估计函数可以表述为式 (5-72) 所示多维空间的多元函数。

$$\begin{cases}f(\boldsymbol{x})=f'(\boldsymbol{x})+\sum\limits_{i=0}^{N}\lambda_i Di(\boldsymbol{x})\\ f'(\boldsymbol{x})=-\dfrac{1}{2(1-r^2)}\left[\dfrac{(x-x_k')^2}{\sigma_1^2}-\dfrac{2r(x-x_k')(y-y_k')}{\sigma_1\sigma_2}+\dfrac{(y-y_k')^2}{\sigma_2^2}\right]-\dfrac{1}{2}\left(\dfrac{\theta-\theta_k}{\sigma_\theta^2}\right)^2\\ \boldsymbol{x}=(x,y,z,v_x,v_y,v_z,a_x,a_y,a_z,\cdots,\theta)^{\mathrm{T}}\end{cases}\tag{5-72}$$

式中，λ_i 为权值，它可以根据对应的均方差来选择。假设事件空间存在若干事件 S1, S2, S3, ⋯ , SN，且都呈正态分布，即 Si~[u,sigam]，则权值系数可以按照式 (5-73) 求取。

$$\lambda_i = \lambda_0/\sigma_i^2 \tag{5-73}$$

可以看出，基于知识的改进的地图匹配算法仍旧可以纳入式 (5-72) 表示的道路网络地图匹配算法的统一数学模型。

5.5.5　高维数字道路网络的匹配展望

目前的数字地图数据库多为 2D 数据类型，而现实世界中，道路网络中并不是所有的道路都是水平或者接近水平，因此 2D 数字地图数据库在表达外部世界上存在着许多先天的缺陷 (见前面所述)。由于这些缺陷，某些特殊情形下，常规的地图匹配算法必然出现一些问题，如：

(1) 对于一些倾斜的道路，如果 GPS 卫星无法接收的话，那么只有依靠 DR 进行航位推算，而目前的航位推算算法常常是建立在一个默认前提基础上，即当前的车辆是行驶在水平路面的，因此，如果某一段倾斜道路足够长的话，这种由倾角引起的累积误差会很可观，因此存在使地图匹配算法失效的可能性。

(2) 目前的城市道路网络中，立交桥将会变得越来越普及，这种道路交通形式给地图匹配算法带来了很多挑战。

为了解决这些问题，可以引入高维数字地图数据库，它使得数字地图道路路端中不仅存储水平信息，同时也存储高程信息。对于情形 1，有了高程信息，便可以改进航位推算算法。

图 5-19 反映了两条在 X-Y 平面接近于平行且紧靠着的两条路的 PDF 分布。可以看到，车辆行驶在两条道路上时，航向角对应的概率密度空间几乎重合，位置估计空间也几乎平行，因此常规的地图匹配算法将无能为力。但是车辆对应俯仰角概率密度分布空间存在较大的差异，因此如果有了高程信息，将也可能将这两条道路区分开来。

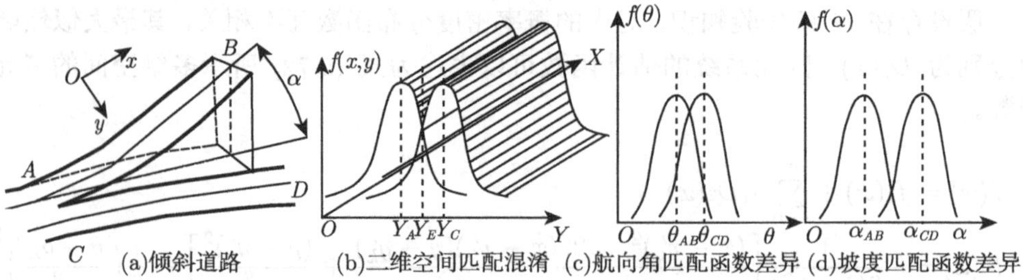

(a)倾斜道路　(b)二维空间匹配混淆　(c)航向角匹配函数差异　(d)坡度匹配函数差异

图 5-19　两条邻接道路不同估计空间的概率密度分布函数

5.6 基于 LSA 的定位信息有色噪声提取

5.6.1 概述

前文所述的概率估计模型都是建立在信号是 Gauss 白噪声的基础之上的，事实上从传感器出来的定位信号往往存在许多非白噪声，例如 GPS 信号中 SA 误差是一个相关过程，通常可以用二阶马尔可夫过程来模拟，又如 DR 定位时，角度和位置都存在累积误差，这种累积误差通常都是相关变量，因此地图匹配的精度往往受限于原始定位数据的精度，如果不把信号中的这些噪声给滤除，将很难得到理想的地图匹配估计。一些地图匹配算法，如最近点估计的地图匹配算法，直接将定位数据看成 Gauss 白噪声分布，必然增加误配的可能性，这种算法只适合道路网络非常稀疏的场合。

本节通过研究车辆的动态模型和 GPS/DR 组合导航定位的定位特性，试图尽可能真实地恢复信号本身，从而为地图匹配提供更加精确的信号源。一旦这些模型被建立，通常可以比较好地消除原始定位数据中的非白噪声，同时提供滤波后的数据的误差分布特性，这个特性可以直接应用于基于概率估计的地图匹配算法中。由此，整个地图匹配算法过程可以表述为：

在车辆导航系统中为了消除定位数据中的有偏误差和趋势项及周期项，得到尽可能接近真实位置的定位数据，通常有如下几种途径：

(1) 建立车辆的动态模型，统计车辆的运动规律，然后依据这种运动规律建立数学模型，如 Kalman 滤波模型、最小二乘法以及所有相应派生算法，从而消除定位系统中的非随机误差。

(2) 从研究信号本身入手，不考虑车辆的动态规律，把定位信号的误差干扰过程看成一个盲信号 (只有输出没有输入的黑箱)，当然如果事先知道某些系统特性，那么可以将之看成一个灰箱系统，对某类型的灰箱可以建立起其统一数学模型。然后利用系统的输出进行参数识别，将之转换成白箱系统，通过这种模型进行误差的预测，从而最大限度地消除非白噪声以及白噪声，从而实现更精确的估计。

本节专门研究基于误差模型的原始定位信息中的有色噪声的消除方法。

5.6.2 短时误差模型和定位数据的白噪声化

地图匹配的精度受限于原始定位数据的精度，消除原始定位数据中的有色噪声可以最精确地对车辆当前位置进行估计。由于目前的车辆导航和定位系统中多采用 GPS 作为定位信息源，不管系统采用 GPS 单独定位还是 GPS 和其他形式定位方式的组合，GPS 的固有误差决定了整个系统的性能和定位信息的一些特性。此处以 GPS 信号为例研究定位信息的有色噪声的消除方法。

GPS 原始定位数据中包含了星历误差 (ephemeris error)、SA 误差 (现被暂时取消)、电离层以及对流层传输误差、接收机钟差、接收机噪声、多路径等诸多非常复杂的因素。一般的说，任何一颗可以接收到的卫星和接收机所在位置的伪距 (pseudorange) 可以表述为

$$\rho^j = D^j + c(b_u - B^j) + c(T^j + I^j + v) + \delta \tag{5-74}$$

式中，ρ^j 为第 j 颗卫星至接收机的伪距；D^j 为第 j 颗卫星至接收机的真实距离；b_u 为接收机钟差；B^j 为第 j 颗卫星钟差 (包括了 SA 误差)；T^j 为第 j 颗卫星信号传输中对流层误差 (troposheric delay error)；I^j 为第 j 颗卫星信号传输中电离层误差 (Ionospheric delay error)；c 为光速；v 为接收机测量误差；δ 为其他形式的噪声。

由 Braasch 的研究表明，SA 误差通常可以用式 (5-75) 所示的二阶马尔可夫过程来表示。SA 误差和其他误差的综合作用使 GPS 误差表现为复杂的有色噪声过程，并且 SA 误差占有主导地位。

$$\ddot{x}_p + 2\beta\varpi_0\dot{x}_p + \varpi_0^2 x_p = cw \tag{5-75}$$

式中，ϖ_0 为固有频率；β 为阻尼系数；c 为常数；w 为 Gauss 白噪声。

有研究表明 GPS 误差特性表现为非平稳随机过程，其变化具有明显的周期性和随机性，它可以用非平稳 ARMA 模型描述，同时所有的 ARMA 过程都可以用若干阶的 AR 模型表示。美国政府自 2000 年 5 月暂时取消了 SA 限制，然而 GPS 定位信号仍旧体现出一种强烈的相关性。图 5-20 表示了无 SA 下在一段时间内接收到的 GPS 定位信号。

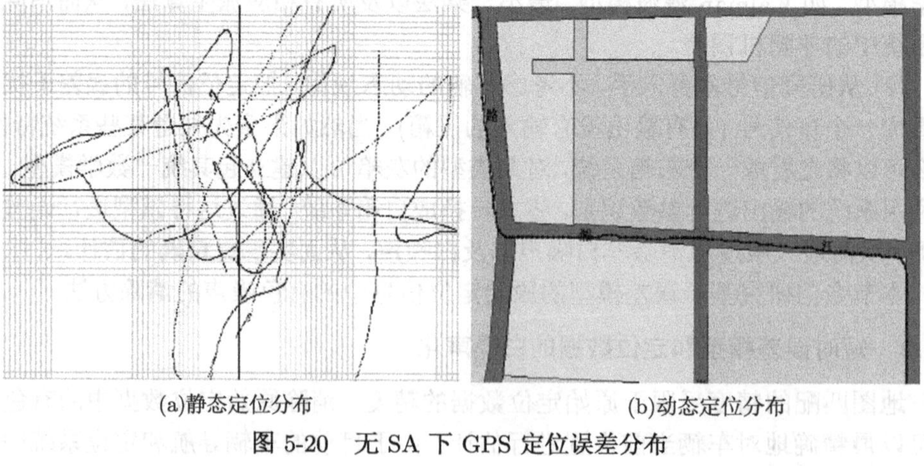

(a)静态定位分布　　(b)动态定位分布

图 5-20　无 SA 下 GPS 定位误差分布

在时间较短的情况下，GPS 定位数据可以看成缓变过程，通常这种渐变周期在 180~250s，因此可以用多项式模拟其在短时间内的误差特性为

$$\begin{cases} \Delta x_t = \sum_{i=0}^{N} a_i t^i + \delta_x \\ \Delta y_t = \sum_{i=0}^{N} b_i t^i + \delta_y \end{cases} \tag{5-76}$$

式中，δ_x,δ_y 是白噪声，a_i,b_i 为待定系数，通常多项式次数 N 不宜太高。

由前面所述，GPS 定位误差可以用图 5-21 表示，图中 $X_{\rm GPS}$ 为原始定位位置;$X_{\rm T}$ 为是车辆真实位置对应的坐标 (它和道路路心线存在较小的误差)；B 为多种误差综合下的有色噪声矢量，这些误差涉及 SA、星历误差、传输层、对流层等误差；$\Delta X_{\rm SA}$ 为因为 SA 导致的误差；$\Delta X_{\rm E,I,T}$ 为星历误差、传输层、对流层等误差的综合作用下的误差；$\hat{X}_{\rm MM}$ 为原始定位点地图匹配后的位置；$\hat{X}_{\rm NE}$ 为原始定位点用最近点估计出的位置；L 为最近点估计位置到原始定位位置的矢量，反映了原始定位数据在道路法向上的误差。

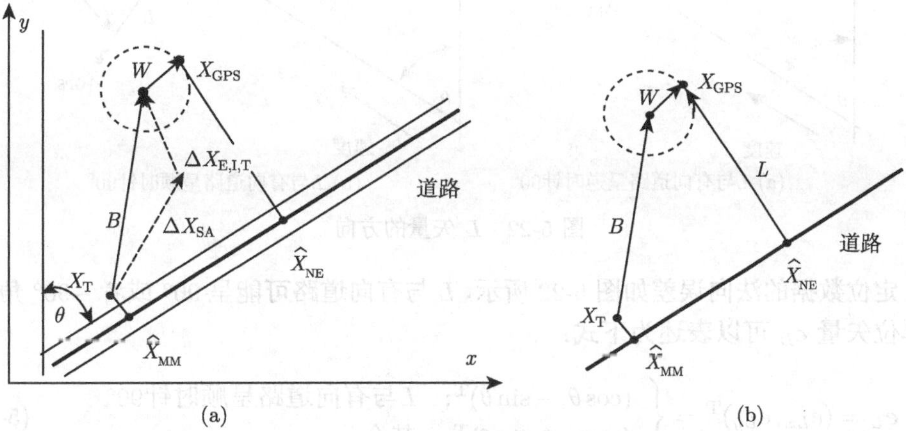

图 5-21　GPS 定位误差和地图匹配示意图

由图 5-21，可以知道当车辆行驶在某条直线道路上时，不论估计点在道路的哪一个位置，使用任何一种地图匹配算法都可以得到原始定位数据在道路垂直方向上的误差，并且值唯一，因此这个法向误差可以用来建立观测方程:

$$|L| = B \cdot L/|L| + v \tag{5-77}$$

式中，“·”表示向量点乘；v 为 Gauss 白噪声。

假设当前道路对应的直线方程为式 (5-78)

$$ax + by + c = 0, \quad a, b\text{不同时为}0 \tag{5-78}$$

则 i 时刻的观测量为

$$|L| = \frac{|ax_i + by_i + c|}{\sqrt{a^2 + b^2}} \tag{5-79}$$

由前式 (5-76)，则有式 (5-80)：

$$B = \left(\sum_{i=0}^{N} a_i t^i, \sum_{i=0}^{N} b_i t^i\right)^{\mathrm{T}} \tag{5-80}$$

假设有向道路和北向顺时针夹角为 θ，则道路方向对应的单位矢量可以表示为

$$\boldsymbol{e} = (\cos(\pi/2 - \theta), \sin(\pi/2 - \theta))^{\mathrm{T}} = (\sin\theta, \cos\theta)^{\mathrm{T}} \tag{5-81}$$

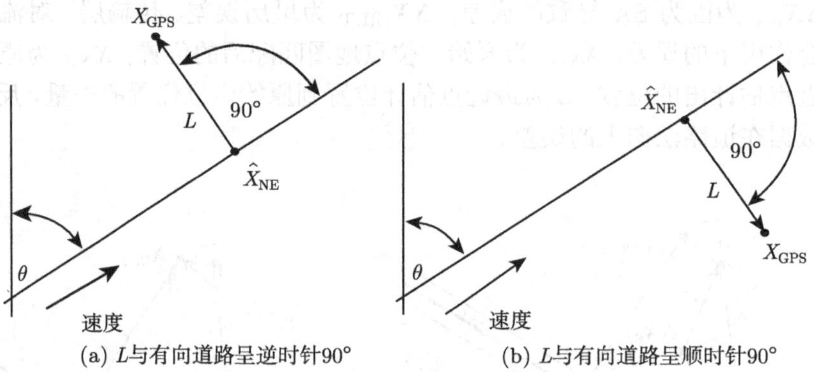

图 5-22　L 矢量的方向

定位数据的法向误差如图 5-22 所示，L 与有向道路可能呈 90° 或者 −90° 角，L 的单位矢量 e_L 可以表述为下式：

$$\boldsymbol{e}_L = (e_{Lx}, e_{Ly})^{\mathrm{T}} = \begin{cases} (\cos\theta, -\sin\theta)^{\mathrm{T}}; & L\text{与有向道路呈顺时针}90^\circ \\ (-\cos\theta, \sin\theta)^{\mathrm{T}}; & \text{其余} \end{cases} \tag{5-82}$$

在一段时间内有

$$\begin{cases} L_1 = \left(\sum_{i=0}^{N} a_i\right) e_{Lx1} + \left(\sum_{i=0}^{N} b_i\right) e_{Ly1} + v_1 \\ L_2 = \left(\sum_{i=0}^{N} 2^i a_i\right) e_{Lx2} + \left(\sum_{i=0}^{N} 2^i b_i\right) e_{Ly2} + v_2 \\ \cdots \\ L_M = \left(\sum_{i=0}^{N} M^i a_i\right) e_{LxM} + \left(\sum_{i=0}^{N} M^i b_i\right) e_{LyM} + v_M \end{cases} \tag{5-83}$$

整理后有

$$\begin{bmatrix} L_1 \\ L_2 \\ L_3 \\ \vdots \\ L_M \end{bmatrix} = \begin{bmatrix} e_{Lx1} & \cdot & e_{Lx1} & e_{Ly1} & \cdot & e_{Ly1} \\ e_{Lx2} & \cdot & 2^N e_{Lx2} & e_{Ly2} & \cdot & 2^N e_{Ly2} \\ e_{Lx3} & \cdot & 3^N e_{Lx3} & e_{Ly3} & \cdot & 3^N e_{Ly3} \\ \vdots & \vdots & \vdots & \vdots & \vdots & \vdots \\ e_{LxM} & \cdot & M^N e_{LxM} & e_{LyM} & \cdot & M^N e_{LyM} \end{bmatrix} \begin{bmatrix} a_0 \\ \cdot \\ a_N \\ b_0 \\ \cdot \\ b_N \end{bmatrix} + \begin{bmatrix} v_1 \\ v_2 \\ v_3 \\ \vdots \\ v_M \end{bmatrix} \tag{5-84}$$

因此可表示成下述通式：

$$Y = AX + V \tag{5-85}$$

由最小二乘法 (LSA)，最终有

$$\hat{X} = (A^{\mathrm{T}}A)^{-1}A^{\mathrm{T}}Y \tag{5-86}$$

同时，得到方差阵：

$$C = \operatorname{cov}\left[(A^{\mathrm{T}}A)^{-1}A^{\mathrm{T}}Y, (A^{\mathrm{T}}A)^{-1}A^{\mathrm{T}}Y\right] = \operatorname{cov}[Y, Y]\left(A^{\mathrm{T}}A\right)^{-1} = \sigma^2\left(A^{\mathrm{T}}A\right)^{-1} \tag{5-87}$$

式中，σ^2 表示去掉有色噪声后 (SA 以及对流层、电离层等误差)GPS 的定位误差方差。

5.6.3 实用模型

在实际的地图匹配算法中，存在对式 (5-84) 代表模型的参数选择问题。一般而言，多项式次数不宜太高，原因在于：

(1) 多项式次数太高，将使矩阵规模增大，增加空间和时间花销；

(2) 多项式次数太高，意味着需要更多的数据才能解方程，而时间段太长，拟合的精度反而下降；

(3) 多项式次数太高，方程有解的可能性降低。

因此，在实际应用中通常可以采用线性误差模型甚至是常误差模型。其中，线性模型对应的方程为

$$\begin{bmatrix} L_1 \\ L_2 \\ L_3 \\ \vdots \\ L_M \end{bmatrix} = \begin{bmatrix} e_{Lx1} & e_{Lx1} & e_{Ly1} & e_{Ly1} \\ e_{Lx2} & 2e_{Lx2} & e_{Ly2} & 2e_{Ly2} \\ e_{Lx3} & 3e_{Lx3} & e_{Ly3} & 3e_{Ly3} \\ \vdots & \vdots & \vdots & \vdots \\ e_{LxM} & Me_{LxM} & e_{LyM} & Me_{LyM} \end{bmatrix} \begin{bmatrix} a_0 \\ a_1 \\ b_0 \\ b_1 \end{bmatrix} + \begin{bmatrix} v_1 \\ v_2 \\ v_3 \\ \vdots \\ v_M \end{bmatrix} \tag{5-88}$$

常误差模型对应方程为

$$\begin{bmatrix} L_1 \\ L_2 \\ L_3 \\ \vdots \\ L_M \end{bmatrix} = \begin{bmatrix} e_{Lx1} & e_{Ly1} \\ e_{Lx2} & e_{Ly2} \\ e_{Lx3} & e_{Ly3} \\ \vdots & \vdots \\ e_{LxM} & e_{LyM} \end{bmatrix} \begin{bmatrix} a0 \\ b0 \end{bmatrix} + \begin{bmatrix} v_1 \\ v_2 \\ v_3 \\ \vdots \\ v_M \end{bmatrix} \tag{5-89}$$

解方程 (5-88) 或方程 (5-89) 可以得到模型参数向量

$$X = (a_0 \quad b_0)^{\mathrm{T}}, \text{对应于常误差模型} \tag{5-90}$$

$$X = (a_0 \quad a_1 \quad b_0 \quad b_1)^{\mathrm{T}}, \text{对应于线性误差模型} \tag{5-91}$$

利用该模型参数可以估计当前 $M+1$ 时刻最原始定位点的最优估计点

$$\begin{bmatrix} \hat{x} \\ \hat{y} \end{bmatrix} = \begin{bmatrix} x \\ y \end{bmatrix} - \begin{bmatrix} \sum_{i=0}^{N} a^i (M+1)^i \\ \sum_{i=0}^{N} b^i (M+1)^i \end{bmatrix} \tag{5-92}$$

由前述误差模型，经过上式计算后，认为已经消除了原始定位信息中的有色噪声 (colored noise)，于是就可以采用前面的基于概率的地图匹配算法进行估计。

5.6.4 模型可计算分析

基于车辆行驶在道路网络上的前提，原始定位数据项对于它所在的道路总可以分解为道路法向误差和道路切向误差两部分。对于固定的一条道路或者一条道路的某个直线段，如果地图匹配使之发生了确定的对应关系，那么可以明确知道对应于道路法向上原始定位数据的误差，这是本算法的核心所在。下面针对常误差模型探讨算法的可计算性。

从理论上讲，对于常误差模型，由于存在两个模型参数待求，因此至少需要两组历史时刻的数据才有可能将模型参数求解出。然而，存在两组历史观测量并不是求出模型参数的充分条件，式 (5-85) 有唯一解的前提是

$$R(A^{\mathrm{T}}A) \geqslant 2 \tag{5-93}$$

式中，$R\{\cdot\}$表示求矩阵的秩。又

$$A^{\mathrm{T}}A = \begin{bmatrix} \sum_{i=0}^{N} (e_{Lxi})^2 & \sum_{i=0}^{N} (e_{Lxi}e_{Lyi}) \\ \sum_{i=0}^{N} (e_{Lxi}e_{Lyi}) & \sum_{i=0}^{N} (e_{Lyi})^2 \end{bmatrix} \tag{5-94}$$

因此，如果矩阵 $A^{\mathrm{T}}A$ 的秩小于 2，必然有

$$\sum_{i=0}^{N}(e_{Lxi})^2\sum_{i=0}^{N}(e_{Lyi})^2-\sum_{i=0}^{N}(e_{Lxi}e_{Lyi})\sum_{i=0}^{N}(e_{Lxi}e_{Lyi})=0 \tag{5-95}$$

由 Cauchy 不等式，必然有

$$\frac{e_{Ly1}}{e_{Lx1}}=\frac{e_{Ly2}}{e_{Lx2}}=\ldots=\frac{e_{LyM}}{e_{LxM}}=\text{const} \tag{5-96}$$

式 (5-96) 的几何意义在于：如果车辆在一段时间内行驶在一条直线道路或者行驶的实际轨迹在一条直线上，那么模型是不可计算的。实际上，此时模型已经退化为一维参数估计问题，通常只能用它来估计下一时刻法向 (量) 上的有色噪声分量。

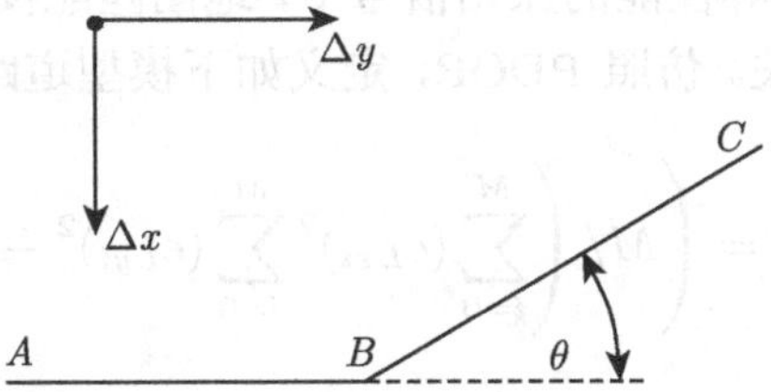

图 5-23　误差坐标分解

同样可以从几何的角度解释这个原因，假设当前只存在两个原始观测数据，显然对于每一个数据可以确定其法向上的误差，第一个定位数据对应的道路为 AB(图 5-23)，可以非常准确地得到 Δx，而假设另外一点落在道路 BC，则定位点到 BC 的法向距离为 L，必有

$$L=\Delta x\cos\theta+\Delta y\sin\theta+\delta \tag{5-97}$$

式中，δ 为系统的干扰噪声。显然有

$$\begin{cases}\Delta y=(L-\Delta x\cos\theta)/k-\delta/k\\ k=\sin\theta\end{cases} \tag{5-98}$$

分析上式，有如下结论：

(1) 当 k 很小时，系统很小的噪声都将引起估计量极大的误差，当 k=0，也就是说 AB 和 BC 重合时，估计值的误差被无限放大，也就是说有一个方向的误差值无法估计，同式 (5-96)。

(2) 当 θ=90° 时 k=1，系统噪声对估计的影响被抑制到最小，估计性能最佳。也就是说，当车辆发生 90° 转弯时，估计的性能最佳。

可见，k 是一个噪声放大因子。因此，上述误差模型的可计算性与道路本身的形状特征有关，如果道路网络中存在较多的转弯时，有色噪声可以较好地被提取；

相反，如果道路本身很直的话，GPS 原始定位数据在相应切向的误差将很难被估计出来。

由前所述，估计自协方差矩阵可以用下式表示：

$$C=\sigma^2\left(A^{\mathrm{T}}A\right)^{-1}=\frac{\sigma^2\begin{bmatrix}\sum_{i=0}^{M}\left(e_{Lxi}\right)^2 & -\sum_{i=0}^{M}\left(e_{Lxi}e_{Lyi}\right)\\ -\sum_{i=0}^{M}\left(e_{Lxi}e_{Lyi}\right) & \sum_{i=0}^{M}\left(e_{Lxi}\right)^2\end{bmatrix}}{\sum_{i=0}^{M}\left(e_{Lxi}\right)^2\sum_{i=0}^{M}\left(e_{Lyi}\right)^2-\left(\sum_{i=0}^{M}e_{Lxi}e_{Lyi}\right)^2} \tag{5-99}$$

根据式 (5-99)，在同等性能的原始信号下，地图匹配校正的精确度与道路路段或者道路网络的形状有关。仿照 PDOP，定义如下模型道路可计算参数 MDOP[7]

$$\mathrm{MDOP}=\sqrt{\mathrm{tr}(A^{\mathrm{T}}A)^{-1}}=\left(M/\left(\sum_{i=0}^{M}\left(e_{Lxi}\right)^2\sum_{i=0}^{M}\left(e_{Lyi}\right)^2-\left(\sum_{i=0}^{M}e_{Lxi}e_{Lyi}\right)^2\right)\right)^{\frac{1}{2}} \tag{5-100}$$

式 (5-100) 可以在实际计算中衡量道路的可计算性。

基于概率估计的地图匹配算法需要误差椭圆参数，因此有

$$\begin{cases}\sigma_x=\sigma\sqrt{\sum_{i=0}^{M}\left(e_{Lxi}\right)^2}\\ \sigma_y=\sigma\sqrt{\sum_{i=0}^{M}\left(e_{Lyi}\right)^2}\\ \sigma_{xy}=\sigma\sqrt{\sum_{i=0}^{M}\left(e_{Lxi}e_{Lyi}\right)}\end{cases} \tag{5-101}$$

至此，由式 (5-92) 可以得到消除有色噪声后的最优估计点，有了该估计点，利用式 (5-101) 可以得到误差椭圆参数，然后可以用基于概率估计的地图匹配算法进行最终位置的估计。

5.7　基于 Kalman 滤波的有色噪声提取方法

5.7.1　车辆动态模型概述

通常采用 Kalman 滤波进行车辆定位需要建立车辆的动态方程，目前常用的车辆运动模型主要有如下几类：

(1) 微分多项式模型；

(2) 常速度模型 (CV)；

(3) 常加速度模型 (CA)；

(4) 时间相关模型；

(5) 半马尔可夫模型；

(6) Noval 统计模型及 “当前” 统计模型。

本节研究基于 Kalman 滤波的地图匹配算法中 Kalman 滤波方程的建立和求解以及算法可计算性分析。

5.7.2　地图匹配 Kalman 滤波器的状态方程建立

由前一节的研究可知，在一段较短的时间内，原始定位信息时间序列中的误差可以用时间变量的多项式来逼近，即

$$(\Delta x_t, \Delta y_t)^{\mathrm{T}} = \left(\sum_{i=0}^{N} a_i t^i, \sum_{i=0}^{N} b_i t^i\right)^{\mathrm{T}} \tag{5-102}$$

对上式求 N 次导数有

$$\frac{\mathrm{d}^N (\Delta x_t, \Delta y_t)^{\mathrm{T}}}{\mathrm{d}t^N} = (a_N, b_N)^{\mathrm{T}} \tag{5-103}$$

在多项式模型下，误差变量的某一阶导数在一定的时间内将为常数，而其 $N+1$ 阶导数必然为 0，假设 $X=(\Delta x, \Delta y)^{\mathrm{T}}$，则其连续状态方程可写成

$$\begin{bmatrix} X \\ \dot{X} \\ \ddot{X} \\ \vdots \\ X^{(N+1)} \end{bmatrix} = \begin{bmatrix} 0 & 1 & 0 & \cdots & 0 \\ 0 & 0 & 1 & \cdots & 0 \\ \vdots & \vdots & \vdots & & \vdots \\ 0 & 0 & 0 & \cdots & 1 \\ 0 & 0 & 0 & \cdots & 0 \end{bmatrix} \begin{bmatrix} \dot{X} \\ \ddot{X} \\ X^{(3)} \\ \vdots \\ X^{(N+2)} \end{bmatrix} + \begin{bmatrix} 0 \\ 0 \\ 0 \\ \vdots \\ 1 \end{bmatrix} w(t) \tag{5-104}$$

式中，$w(t)$ 为连续白噪声。将之转化为离散状态方程有

$$\begin{bmatrix} X_k^{(0)} \\ X_k^{(1)} \\ X_k^{(2)} \\ \vdots \\ X_k^{(N)} \end{bmatrix} = \begin{bmatrix} 1 & 0 & 0 & 0 & 0 \\ 0 & 1 & 0 & 0 & 0 \\ 0 & 0 & 1 & 0 & 0 \\ 0 & 0 & 0 & 1 & 0 \\ 0 & 0 & 0 & 0 & 1 \end{bmatrix} \begin{bmatrix} X_{k-1}^{(0)} \\ X_{k-1}^{(1)} \\ X_{k-1}^{(2)} \\ \vdots \\ X_{k-1}^{(N)} \end{bmatrix} + \begin{bmatrix} \displaystyle\int_{(k-1)T}^{kT} X_t^{(1)} \mathrm{d}t \\ \displaystyle\int_{(k-1)T}^{kT} X_t^{(2)} \mathrm{d}t \\ \displaystyle\int_{(k-1)T}^{kT} X_t^{(3)} \mathrm{d}t \\ \vdots \\ 0 \end{bmatrix} + \begin{bmatrix} 0 \\ 0 \\ 0 \\ \vdots \\ 1 \end{bmatrix} w(k) \tag{5-105}$$

式中，$w(k)$ 为离散白噪声。又

$$\int_{(k-1)T}^{kT} X_t^{(i)}\mathrm{d}t = TX_{(k-1)T}^{(i)} + \int_{(k-1)T}^{kT}\int_{(k-1)T} X_t^{(i+1)}\mathrm{d}t\mathrm{d}t \tag{5-106}$$

可以递推得

$$\int_{(k-1)T}^{kT} X_t^{(i)}\mathrm{d}t = \sum_{j=i}^{N}\frac{T^{j-i}}{(j-i)!}X_{(k-1)T}^{(i)} \tag{5-107}$$

因此可以得到基于多项式误差模型的统一状态方程

$$\begin{bmatrix} X_k^{(0)} \\ X_k^{(1)} \\ X_k^{(2)} \\ \vdots \\ X_k^{(N)} \end{bmatrix} = \begin{bmatrix} 1 & a_{12} & a_{13} & \cdots & a_{1N} \\ 0 & 1 & a_{23} & \cdots & a_{2N} \\ 0 & 0 & 1 & \cdots & a_{3N} \\ \vdots & \vdots & \vdots & & \vdots \\ 0 & 0 & 0 & \cdots & 1 \end{bmatrix} \begin{bmatrix} X_{k-1}^{(0)} \\ X_{k-1}^{(1)} \\ X_{k-1}^{(2)} \\ \vdots \\ X_{k-1}^{(N)} \end{bmatrix} + \begin{bmatrix} 0 \\ 0 \\ 0 \\ \vdots \\ 1 \end{bmatrix} w(k) \tag{5-108}$$

并满足

$$a_{ij} = \frac{T^{j-i}}{(j-i)!};\ j > i \tag{5-109}$$

5.7.3 地图匹配观测方程

图 5-24 中 X_{GPS} 为原始定位点，$\widehat{X}_{\mathrm{NE}}$ 为原始定位点在目标道路上的最近估计点，$\widehat{X}_{\mathrm{MM}}$ 为地图匹配最终结果点，并且满足

$$X_{\mathrm{GPS}} = (x_{\mathrm{GPS}}, y_{\mathrm{GPS}})^{\mathrm{T}} \tag{5-110}$$

$$\widehat{X}_{\mathrm{NE}} = (x_{\mathrm{NE}}, y_{\mathrm{NE}})^{\mathrm{T}} \tag{5-111}$$

$$\widehat{X}_{\mathrm{MM}} = (x_{\mathrm{MM}}, y_{\mathrm{MM}})^{\mathrm{T}} \tag{5-112}$$

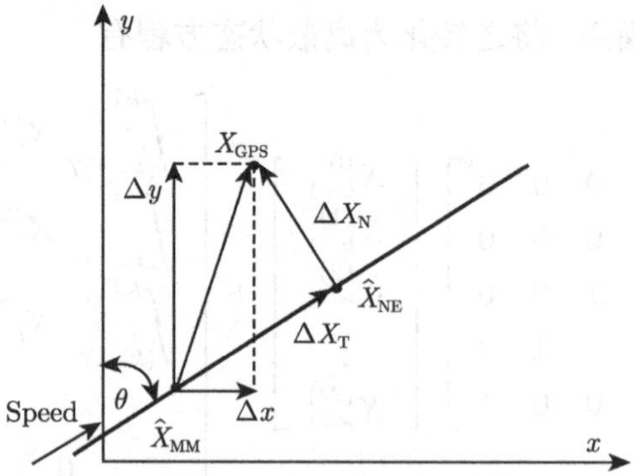

图 5-24　定位误差分解

如前所述，原始定位数据的误差在对应道路上的非白噪声可以分解为法向误差以及切向误差，即

$$\begin{bmatrix} \Delta X_{\mathrm{N}} \\ \Delta X_{\mathrm{T}} \end{bmatrix} = \begin{bmatrix} -\cos\theta_k & \sin\theta_k \\ \sin\theta_k & \cos\theta_k \end{bmatrix} \begin{bmatrix} \Delta x \\ \Delta y \end{bmatrix} \tag{5-113}$$

在任意时刻对于既定的原始定位数据相对于对应的道路的法向误差总是确定的，因此可以作为观测变量，它满足式 (5-114)：

$$|\Delta X_{\mathrm{N}}| = \sqrt{(x_{\mathrm{GPS}} - x_{\mathrm{NE}})^2 + (y_{\mathrm{GPS}} - y_{\mathrm{NE}})^2} \tag{5-114}$$

因此有观测方程

$$z_k = [-\cos\theta_k \ \ 0 \ \ \cdots \ \ 0 \ \ \sin\theta_k \ \ 0 \ \ \cdots \ \ 0] \begin{bmatrix} \Delta x^{(0)} \\ \vdots \\ \Delta x^{(N)} \\ \Delta y^{(0)} \\ \vdots \\ \Delta y^{(N)} \end{bmatrix} + v(k) \tag{5-115}$$

$$z_k = \begin{cases} |\Delta X_{\mathrm{N}}|; & L\text{与有向道路呈顺时针 } 90^\circ \\ -|\Delta X_{\mathrm{N}}|; & \text{其余} \end{cases} \tag{5-116}$$

5.7.4　模型可计算性分析

基于车辆行驶在道路网络上的前提，原始定位数据相对于它所在的道路总可以分解为道路法向误差和道路切向误差两部分。由于法向误差是可观测的，因此它可以作为地图匹配 Kalman 滤波器的观测方程。

由前述基于多项式误差模型的 Kalman 滤波器统一状态方程的状态转移矩阵可以表示成式 (5-117)：

$$A = \begin{bmatrix} A_{11} & 0 \\ 0 & A_{22} \end{bmatrix} \tag{5-117}$$

式中，A_{11}、A_{22} 满足式 (5-118)：

$$A_{11} = A_{22} = \begin{bmatrix} 1 & a_{12} & \cdots & a_{1N} \\ 0 & 1 & \cdots & a_{2N} \\ \vdots & \vdots & & \vdots \\ 0 & 0 & \cdots & 1 \end{bmatrix}_{N\times N} \tag{5-118}$$

并且满足

$$a_{ij} = \frac{T^{j-i}}{(j-i)!};\quad j > i \tag{5-119}$$

又统一观测方程满足式 (5-120)

$$C_k = (E_{1,k} \quad E_{2,k}) \tag{5-120}$$

式 (5-120) 满足

$$E_{1,k} = (-\cos\theta_k \quad 0 \quad \cdots \quad 0)_{1\times N} \tag{5-121}$$

$$E_{2,k} = (\sin\theta_k \quad 0 \quad \cdots \quad 0)_{1\times N} \tag{5-122}$$

上面的 Kalman 滤波模型中观测矩阵中参数随着 θ_k 的变化而变化，下面探讨这种时变模型的可观测问题。

先定义：如果一个离散线性系统中，其初始状态 $X(0)$ 可以由确定的观测序列$\{Z(0),Z(1),Z(2),\cdots,Z(n)\}$确定，则离散系统是可观测的。如果对任意时刻，上述结论均成立，则系统是完全可观测的。

对于前述统一 Kalman 滤波模型，其可观测性讨论如下：

1) 车辆始终行驶在直线道路上

此时观测矩阵和转移矩阵都如式 (5-123) 所示的常数矩阵：

$$\begin{bmatrix} C \\ C_1 A \\ C_2 A^2 \\ \vdots \\ C_{2N-1} A^{2N-1} \end{bmatrix} = \begin{bmatrix} E_{1,0} & E_{2,0} \\ E_{1,1} A_{11} & E_{2,1} A_{cc} \\ E_{1,2} A_{11}^2 & E_{2,2} A_{11}^2 \\ \vdots & \vdots \\ E_{1,2N-1} A_{11}^{2N-1} & E_{2,2N-1} A_{11}^{2N-1} \end{bmatrix}_{2N\times 2N} \tag{5-123}$$

因为道路为直线道路，因此满足

$$\theta_k = \text{const};\ i = 0,1,2,\cdots,2N-1 \tag{5-124}$$

$$E_{1,k} = -\cos\theta_0\,[1 \quad 0 \quad 0 \quad \cdots \quad 0]_{1\times N} \tag{5-125}$$

$$E_{2,k} = \sin\theta_0\,[1 \quad 0 \quad 0 \quad \cdots \quad 0]_{1\times N} \tag{5-126}$$

令矩阵 E_3 满足

$$E_3 = [1 \quad 0 \quad 0 \quad \cdots \quad 0]_{1\times N} \tag{5-127}$$

由于始终满足

$$|\sin\theta| + |\cos\theta| \neq 0 \tag{5-128}$$

因此，式 (5-123) 所示矩阵总是可以经过若干步初等变换后，得到

$$\begin{bmatrix} E_{1,0} & E_{2,0} \\ E_{1,1}A_{11} & E_{2,1}A_{11} \\ E_{1,2}A_{11}^2 & E_{2,2}A_{11}^2 \\ \vdots & \vdots \\ E_{1,2N-1}A_{11}^{2N-1} & E_{2,2N-1}A_{11}^{2N-1} \end{bmatrix}_{2N\times 2N} \to \begin{bmatrix} E_3 & 0_{1\times N} \\ E_3A_{11} & 0_{1\times N} \\ E_3A_{11}^2 & 0_{1\times N} \\ \vdots & \vdots \\ E_3A_{11}^{2N-1} & 0_{1\times N} \end{bmatrix}_{2N\times 2N} \tag{5-129}$$

容易证明式 (5-130)：

$$Rank\left(\begin{bmatrix} E_3 & 0_{1\times N} \\ E_3A_{11} & 0_{1\times N} \\ E_3A_{11}^2 & 0_{1\times N} \\ \vdots & \vdots \\ E_3A_{11}^{2N-1} & 0_{1\times N} \end{bmatrix}_{2N\times 2N}\right) = N < 2N \tag{5-130}$$

因此有结论：上述统一 Kalman 滤波模型在直线道路上行驶时是不可观测的。

2) 车辆在曲线道路上行驶

假设在一段时间内，车辆行驶在若干个直线段上，每个道路直线段对应的行驶离散定位点数为 t_1，t_2，t_3，$\cdots$，t_M。相应的第 i 次角度对应的观测矩阵如下式：

$$C_i' = \begin{pmatrix} E_{1,i}' & E_{2,i}' \end{pmatrix} \tag{5-131}$$

其中

$$E_{1,i}' = (-\cos\theta_i \quad 0 \quad \cdots \quad 0) \tag{5-132}$$

$$E_{2,i}' = (\sin\theta_i \quad 0 \quad \cdots \quad 0) \tag{5-133}$$

同时满足

$$\theta_i \neq \theta_j;\ \forall i,j \in [1,M]\text{且}i \neq j \tag{5-134}$$

因此有可控矩阵

$$\begin{bmatrix} C_0 \\ C_1A \\ C_2A^2 \\ \vdots \\ C_{2N-1}A^{2N-1} \end{bmatrix}_{2N\times 2N} = \begin{bmatrix} \varPhi_1 \\ \varPhi_2 \\ \varPhi_3 \\ \vdots \\ \varPhi_M \end{bmatrix}_{2N\times 2N} \tag{5-135}$$

式中，Φj 满足式 (5-136)：

$$\Phi_j = \begin{bmatrix} E'_{1,j}(A_{11})^{\left(\sum\limits_{i=0}^{j-1} t_i\right)} & E'_{2,j}(A_{11})^{\left(\sum\limits_{i=0}^{j-1} t_i\right)} \\ E'_{1,j}(A_{11})^{\left(\sum\limits_{i=0}^{j-1} t_i+1\right)} & E'_{2,j}(A_{11})^{\left(\sum\limits_{i=0}^{j-1} t_i+1\right)} \\ E'_{1,j}(A_{11})^{\left(\sum\limits_{i=0}^{j-1} t_i+2\right)} & E'_{2,j}(A_{11})^{\left(\sum\limits_{i=0}^{j-1} t_i+2\right)} \\ \vdots & \vdots \\ E'_{1,j}(A_{11})^{\left(\sum\limits_{i=0}^{j-1} t_i+t_j-1\right)} & E'_{2,j}(A_{11})^{\left(\sum\limits_{i=0}^{j-1} t_i+t_j-1\right)} \end{bmatrix}_{2N\times t_j} \tag{5-136}$$

由于式 (5-137) 始终成立

$$\begin{bmatrix} 1 & 0 & \cdots & 0 \end{bmatrix}(A_{11})^i = \begin{bmatrix} 1 & a_1T & a_2T^2 & \cdots & a_NT^{N-1} \end{bmatrix};\forall \in Z^+ \tag{5-137}$$

同样可以证明满足式 (5-138) 表示的条件时，Φ_j 满秩，即系统可观测。

$$\begin{cases} \sum\limits_{i=0}^{M} t_i = 2N \\ t_i \leqslant N, \forall i \in [0, M] \end{cases} \tag{5-138}$$

因此有结论：当车辆经过道路转弯或者曲线路段时，只要存在足够多的观测数据，系统可观测。

5.7.5　实用模型

考虑到计算实时性要求，通常采用基于低次多项式模型的状态方程。

常误差模型的状态方程如式 (5-139)，由于状态空间只存在两个未知数，因此相应的计算量要比其他模型小得多。另外，常误差模型的 Kalman 滤波和上一节基于 LSA 的常误差模型相比，采用了递推算法代替了上一节的时间窗算法。

$$\begin{bmatrix} \Delta x_k \\ \Delta y_k \end{bmatrix} = \begin{bmatrix} 1 & 0 \\ 0 & 1 \end{bmatrix} \begin{bmatrix} \Delta x_{k-1} \\ \Delta y_{k-1} \end{bmatrix} + \begin{bmatrix} \sigma_x \\ \sigma_y \end{bmatrix} \tag{5-139}$$

线性误差模型的状态方程如式 (5-140)：

$$\begin{bmatrix} \Delta x_k^{(0)} \\ \Delta x_k^{(1)} \\ \Delta y_k^{(0)} \\ \Delta y_k^{(1)} \end{bmatrix} = \begin{bmatrix} 1 & T & 0 & 0 \\ 0 & 1 & 0 & 0 \\ 0 & 0 & 1 & T \\ 0 & 0 & 0 & 1 \end{bmatrix} \begin{bmatrix} \Delta x_{k-1}^{(0)} \\ \Delta x_{k-1}^{(1)} \\ \Delta y_{k-1}^{(0)} \\ \Delta y_{k-1}^{(1)} \end{bmatrix} + \begin{bmatrix} 0 \\ \sigma_x \\ 0 \\ \sigma_y \end{bmatrix} \tag{5-140}$$

抛物线模型的状态方程如式 (5-141)：

$$
\begin{bmatrix} \Delta x_k^{(0)} \\ \Delta x_k^{(1)} \\ \Delta x_k^{(2)} \\ \Delta y_k^{(0)} \\ \Delta y_k^{(1)} \\ \Delta y_k^{(2)} \end{bmatrix} = \begin{bmatrix} 1 & T & T^2/2 & 0 & 0 & 0 \\ 0 & 1 & T & 0 & 0 & 0 \\ 0 & 0 & 1 & 0 & 0 & 0 \\ 0 & 0 & 0 & 1 & T & T^2/2 \\ 0 & 0 & 0 & 0 & 1 & T \\ 0 & 0 & 0 & 0 & 0 & 1 \end{bmatrix} \begin{bmatrix} \Delta x_{k-1}^{(0)} \\ \Delta x_{k-1}^{(1)} \\ \Delta x_{k-1}^{(2)} \\ \Delta y_{k-1}^{(0)} \\ \Delta y_{k-1}^{(1)} \\ \Delta y_{k-1}^{(2)} \end{bmatrix} + \begin{bmatrix} 0 \\ 0 \\ \sigma_x \\ 0 \\ 0 \\ \sigma_y \end{bmatrix} \tag{5-141}
$$

一般来说，实际应用中常采用低次模型，如线性误差模型已经可以很好地拟合短时误差特性，并且计算量比较小。高次模型将导致系统的可观测性降低，并且增加计算的时间和空间复杂度。

从理论上讲，地图匹配算法中同样可以用车辆动态模型来建立 Kalman 滤波器，但是存在如下缺陷：

(1) 原始定位数据误差的非白特性。常规 Kalman 滤波器有一个默认的前提是状态空间对应的噪声为白噪声，无法对非白噪声提取，因此合适的车辆动态模型 (如 Singer 模型) 往往比前面的状态方程复杂得多。

(2) 基于车辆动态模型的 Kalman 滤波通常在弯曲道路或者道路转弯处才能测量整个空间的误差值，而这个时候通常具有较强的机动性，目前的车辆动态模型往往不能很好描述实际运行状况，并且因为模型过于复杂，计算量大，在目前的情况下还不能很好地应用到实时系统中去。

由于地图匹配系统中可观测的是道路法向上的误差，因此不论是上一节还是这一节，建立的都是基于误差的模型。这些模型比常规的车辆动态模型可以更好地消除原始定位数据包含的非白噪声，一旦提取了非白噪声后才可以用基于概率估计的地图匹配算法进行最终位置的估计。

5.8　基于字符串模糊匹配的道路识别算法

5.8.1　基于模式匹配的地图匹配算法概述

现有的地图匹配算法都可以大致归纳到如下四种大类的算法之中：

(1) 基于概率估计的地图匹配算法；

(2) 基于模式匹配的地图匹配算法；

(3) 基于模糊逻辑的地图匹配算法；

(4) 基于知识的地图匹配算法。

上述四种算法各有优缺点，并且四种算法并不存在一条可以完全区分开的鸿沟，往往它们互相渗透，互为利用。此外，这四种算法有各自的优缺点。

基于模式匹配的地图匹配算法通常都有较好的算法稳健性，因此它误判的概率往往小于其他类型的算法。此种匹配算法有一个默认的前提：车辆行驶产生的定位数据轨迹和对应的行驶道路存在相似性。利用这种相似性，该算法搜寻最可能的当前行驶道路，然后在该道路上寻找对应的位置点。

几乎所有的这一类算法都涉及定位轨迹的表示。八链码法、多项式拟合曲线、Fourier 描述子是模式识别理论中用于描述曲线特征的几种常用的方法。其中八链码法适合于表示栅格图中的曲线，而车辆的行驶轨迹和道路轨迹都是矢量曲线，因此不合适。多项式拟合是较好的曲线表示方法，然而几乎所有的地图匹配算法都是针对道路对进行的，如果采用低次多项式将很难表示道路的拐弯，而采用高次多项式不可避免增加运算的复杂度并减少数值稳定性。采用分段多项式 (如样条) 可以较好地表示道路或运行轨迹，但是存在如下缺陷：

(1) 计算量更大;

(2) 前文已经证明，高于三次的多项式不存在对应位置估计的解析解;

(3) 相应的模式匹配算法复杂。

基于模式识别的地图匹配算法还涉及最优模式的识别问题。因此这种算法还需要从所有可行的道路对中，寻找和车辆行驶轨迹最接近的道路穿越。Singer 于 1993 年提出了一种基于矩的曲线匹配算法，任何一条曲线的矩都可以用式 (5-142) 表示

$$\mu(r,s)=\int_{l}x^{r}y^{s}\mathrm{d}l \tag{5-142}$$

可以证明，一条既定的曲线对应于唯一的矩空间，同样矩空间的任何一个样本也唯一对应于一条曲线。因此，从理论上讲，采用矩作为道路匹配的依据似乎可以很好地解决问题。然而，矩的计算是极其耗时的，尽管 Singer 在文献中也提出了矩计算的一种递推算法，然而总的计算量仍旧很大。此外，地图匹配中当前行驶道路对的识别行驶轨迹只是可选道路的部分而并非全部，因此采用矩作为判定因子涉及的都是子模板和父模板的匹配，子模板和父模板的距离用矩将很难衡量。

相关算法也是常用的另外一种道路识别的方法。假设车辆在 $t=1,2,\cdots,k,k\leqslant N$ 的时刻内，定位系统测出的车辆行驶轨迹分别是 $S_1,S_2,\cdots,S_k$，对应于数字地图有 i 条可能行驶路线。设地图上与导航传感器测出数据对应的轨迹 (可以用最近点估计的方法求得) 分别为 $L_{i1},L_{i2},\cdots,L_{ik}$，是 i 组序列。相关性算法是计算测出轨迹与 i 组地图数据的相关性系数，即

$$\rho_i=\frac{\displaystyle\sum_{k=1}^{N}[(S_k-\overline{S})(L_{ik}-\overline{L}_i)]}{N\sigma_S\sigma_{Li}} \tag{5-143}$$

其中

$$\overline{S}=\frac{\sum_{k=1}^{N}S_k}{N},\quad \overline{L_i}=\frac{\sum_{k=1}^{N}L_{ik}}{N} \tag{5-144}$$

σ_S，σ_{L_i} 分别是序列 S_k 和 S_{L_i} 的标准差。若 ρ_i 值较大，表示传感器测出轨迹和地图上某一条道路轨迹具有较高的相似性。在所有候选地图路线中与实际测出路线相关性最高的路线即为车辆行驶的真实路线。相关性地图匹配算法在车辆行驶航向有比较大的改变 (例如车辆在十字路口拐弯或角度变化较大的曲线和折线路段时) 时效果最好。在其他情况下，容易造成两条候选路线相关性相差不大的情况以至无法确定实际行驶路线，因此有着很大缺陷。为了解决上述困难，可以附加以采用最小方差的估计方法，其判据如下：

$$\sigma_i=\sum_{k=1}^{N}(S_k-L_{ik})^2 \tag{5-145}$$

通常，车辆定位轨迹和真实路径的方差最小，所以方差最小者通常为真实路径。

然而，相关性算法首先必须寻求每一个定位数据在所有可能行驶的道路上的对应点，因此它首先必须进行位置点估计。在没有先验知识的前提下，通常采用最近点估计将定位序列映射到可选道路上。

因此在定位误差较大的情况下 (或求定位数据在并非真实路径上的对应点)，运用最近点判断确定对应点时可能带来误判，图 5-25 表示了由于最近点算法而导致的误判。这种误判通常表示为两种情形：点跳跃，路段跳跃 (图 5-25(a)、(b)) 以及点不动 (图 5-25(c))。在图 5-25(a) 中由初等几何原理定位数据轨迹弧 $A'B'$ 在道路弧段 AB 上的最近点仅在 A 点和 B 点。在图 5-25(b) 中定位轨迹弧段 $A'C'$ 和 $D'B'$ 的最近点分别仅为 A 点和 B 点，而弧段 $C'D'$ 在道路的对应点分布在道路段 AB 上。

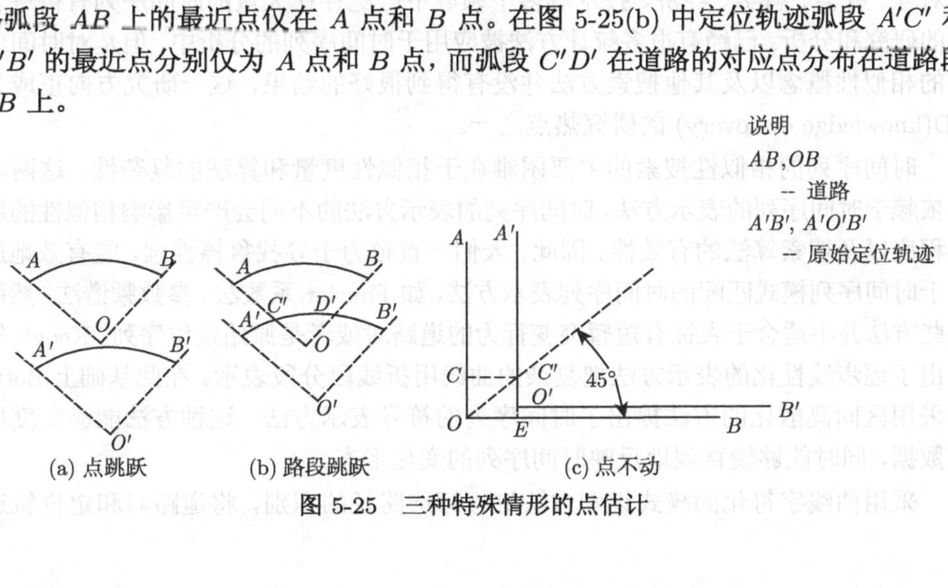

图 5-25　三种特殊情形的点估计

如图 5-26 所示的常熟地区定位数据显示中，采用最近点估计求某一点到其道路穿越对上的对应点。假使车辆从 C 点开始行驶路过 B 点后不拐弯直接行驶。有向道路 CB 可以通行的道路为 BA，BE 和 BD。因此车辆穿越路口 B 时存在三种模式: CBA,CBE 以及 CBD。由于原始定位数据不可避免存在定位误差，图中，在车辆刚刚穿越 B 点的较短的时间内，有最近点估计的缺陷，将导致最优模式的误配。因此，一旦模式识别错误，必然导致错误的地图匹配结果。

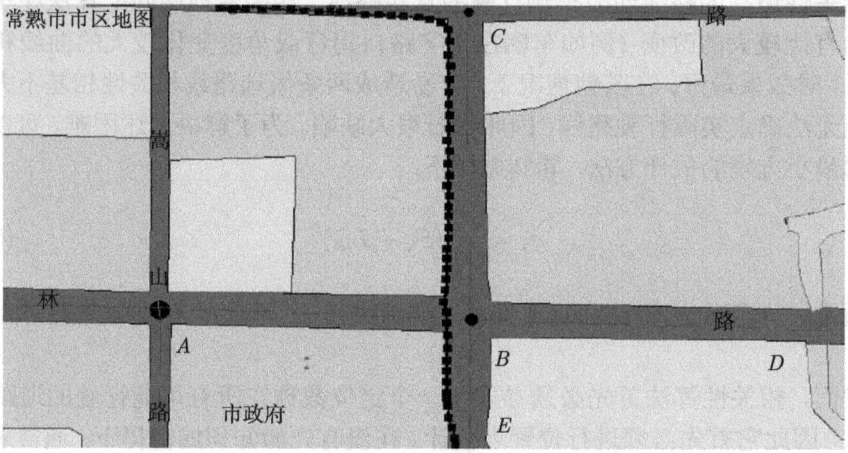

图 5-26　常熟市区定位数据数字地图显示

不仅如此，相关性算法的缺陷还在于，必须对每一个车辆行驶的定位点进行多次估计，因此计算量比较大。

时间序列通常指一组顺序排列的数据或者一组有序的数据。它是一类复杂数据对象。社会、科学、经济、技术等多个领域中广泛存在大量的时间序列有待进一步的研究和分析。已经有很多统计方法被应用于时间序列的分析中，但是对时间序列的相似性概念以及其他搜索方法并没有得到很好的结果，这一研究方向正成为 KD(knowledge discovery) 的研究热点之一。

时间序列的相似性搜索的主要困难在于相似性度量和算法的复杂性，这两者都依赖于时间序列的表示方法。时间序列的表示方法的不同会严重影响相似性的敏感程度以及搜索算法的有效性。因此，人们一直致力于寻找鲁棒性强，能有效地应用于时间序列模式匹配的时间序列表示方法，如 Fourier 系数法、参数频谱法，然而这些方法并不适合于表征有短暂突变行为的道路对或者是原始定位序列。Keogh 等提出了逐步线性化的表示方法把复杂的曲线用折线段分段表示。在此基础上 Betty 等采用区间离散化的方法提出了时间序列的符号表示方法，这种方法能够高度压缩数据，同时能够较直观地反映时间序列的变化形态。

采用曲线字符化的模式识别方法进行可选路径的识别，将道路对和定位轨迹的匹配转化为一个子字符串和若干个字符串的模式匹配，如果某个道路穿越对应的字符串包含了当前字符串，那么车辆极有可能是行驶在该道路穿越上。由于字符串匹配算法非常成熟，采用本方法可以快速而又准确地得到当前行驶的道路对。

5.8.2　道路网络和行驶轨迹的字符串化

如前所述，车辆行驶轨迹非常复杂，远不是一根直线段可以拟合的，如果采用高次曲线来拟合，显然违反了简化模型直观简洁地反映时间序列变化形态便于模式识别的初衷。生理试验表示，人类的视觉系统通常将平滑的曲线划分为多个折线段处理。逐步线性化思想将复杂的曲线简化为多个有限的直线段, 一方面可以降低形态的不变形特征。另外降低了时间序列表示的复杂性。时间序列的线性化表示有如下两种方法：

(1) 定长逐段线性化表示。这种表示方法对定长时间 (或空间) 段的数据进行线性回归分析，得到相应的线性模型。在得到线性化表示之前，需要确定每个进行定长线性回归分析的子段长度，一旦这个长度被确定，定长逐段线性表示的参数只要逐段依据最小二乘拟合就可获得。然而这种方法的问题就在于这种时间或者空间的粒度选择，如果选择得过大，将导致拟合误差的急剧增加，如果信号本身变化很剧烈的话，那么结果更不能令人满意；如果选择过小，固然是保证了精度，但是失去了逐段线性化表示的意义。因此，这种算法应用并不广泛，通常我们采用第二种方法。

(2) 自适应逐段线性化表示。对于复杂的时间序列，在不同的时间段，其变化趋势不一样，变化频率也不一样，因此定长的逐段线性化方法必须在误差和线性段数量之间作出取舍。而自适应逐段线性化表示方法则不然，它能够根据当前时间序列变化的特点自动选择线性化窗口的宽度。如果，当前时刻时间序列变化非常平稳，瞬间频率很小，那么可以适当加宽线性化窗口，直到发现开始产生激烈的变化为止。由于自适应逐段线性化表示方法能够在不同的时刻采用不同的线性化窗口，这样既能够满足线性化表示的精度，又能尽量压缩数据量，从而可以克服常规线性化方法的缺陷。

假使车辆当前行驶在某个路段，同时前方路口有 N 条路段汽车可以通达，那么认为存在 N 个待匹配模式。不论是 GPS 还是 DR 都能够提供车辆行驶的方向角，另外车辆的方向角改变存在一个过程，车辆的转弯也存在一个过程。纯粹利用角度进行模式识别。

在任何一个时刻，任何一辆汽车的行驶角的变化空间总在 [0°，360°]，因此直接采用角度作为线性化的依据，将整个角度变化空间划分成若干个子空间，然后给每个子空间进行编码，这种编码可以是一个字符，也可以是一个整型数，如图 5-27 所示。

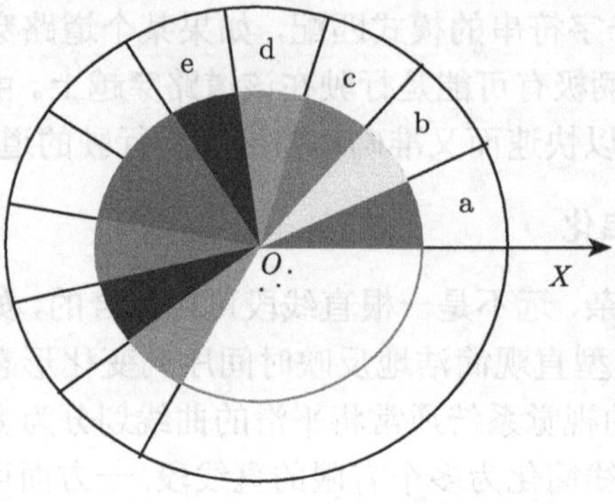

角编码

角度区域/(°)	编码
[0，360/N]	a
[360/N,720/N]	b
[720/N,1080/N]	c
[1080/N,1440/N]	d
...	...

图 5-27　车辆行驶角和道路方向角编码

用如下方法得到车辆行驶轨迹原始编码序列：遍历车辆所有轨迹点，根据每一段对应方向角查找相应的编码，生成原始的编码序列。

同样，为了实现车辆轨迹对道路穿越的编码，必须将道路对对应的曲线同样进行编码，已经定义了任何一对相邻可通行的有向路段为穿越，因此实际上必须对当前所在道路的有向道路，以及上一条道路可以通行的穿越进行编码。其中，对当前所在道路的可通行穿越进行编码是为了俘获车辆跨越下一个节点的过程，而对上一条道路所有可通行穿越的编码是为了防止上次行驶发生误判。

对于既定的一个道路穿越，用类似车辆轨迹的方法遍历所有形状点，并查找编码表将整个穿越的曲线转化为一个原始的编码表。

显然，在上述的原始定位轨迹对应的编码序列中可能存在大量冗余的编码，如当车辆行驶在直行水平道路上时，将可能在很长的时间内车辆行驶的角度都是 0°左右，因此对应的编码可能是：

aaaaaaa . . . aa

因此，原始编码没有达到最简形式。

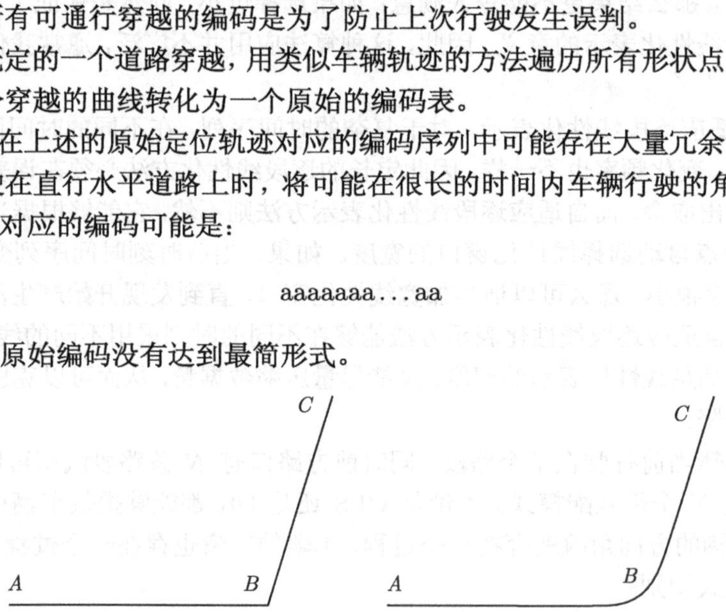

(a)道路模型　　　　(b)实际轨迹

图 5-28　道路穿越的编码

同样，对于一个道路穿越对，由于现行数字地图道路网络的本身缺陷，通常很难表示出车辆从一条道路进入下一条道路时车辆角度的变化情况 (图 5-28(a))。根据通常数字地图道路网络模型，一个穿越由两条直线道路构成，因此对应的曲线原始编码仅由两个字符组成，然而真实的情形并不是这么回事，车辆从 AB 道路穿越节点 B 进入 BC 道路的过程中，车辆的方向角的变化实际上是连续的，因此同样此处需要对原始编码进行处理。

综合上述两种情况，鉴于车辆的方向角改变总是连续的原则，不论车辆行驶轨迹还是道路对，得到原始编码后需经过下述过程处理：

(1) 扫描原始编码序列，如果序列中存在相邻位置的重码，删除重复的码仅留一个样本；

(2) 扫描原始编码序列，如果序列中存在编码的跳变，需增加码，保证码的变化总是连续的。例如，如果图 5-28(a) 中对应道路编码为 af，那么经过处理，它相应的编码方式就变为 abcdef。

经过处理后的原始轨迹的编码和道路对的编码都将变为连续变化的字符串序列，因此对当前最可能行驶道路的识别将转化为轨迹和穿越对编码的字符串匹配和搜索子串的过程。

需要说明的是，在对道路对的曲线编码中不一定需要对所有部分进行编码，通常参与编码的曲线段在误差区域内，因为车辆不可能超出误差区域行驶，所以不需编码。

5.8.3 可选道路对的选择和位置估计

经过上述编码处理后，任何一条轨迹，任何一个道路穿越都可以形式化为变化连续的字符串，因此当前车辆行驶道路对的确定就变成在所有字符串形式的父模板中搜寻含有与本字符串最相似的一个子串。

假设 str1,str2 定义如下：

$$\text{char str1[MAX\_STR\_LENGTH]}, \text{str2[MAX\_STR\_LENGTH]}$$

如果 str1 是 str2 的子串，那么距离 D=0。其余情况用下述步骤求取：

(1) 因为行驶轨迹可能存在噪声，导致角度在一定范围内的振荡，因此存在父模板长度小于子模板长度的可能性，此时将父模板左右分别利用第一个字符和最后一个字符进行延拓，直至父模板长度大于子模板长度；

(2) 将轨迹对应的字符串逐个和可选道路穿越对对应的父模板进行匹配，得到相应的匹配值；

(3) 从所有的匹配结果中搜寻出和轨迹对应的字符串最匹配的父模板对应的道路对，就是可选道路对中当前车辆最可能行驶的一个。

理想的情况下，如果车辆行驶在一个可通行的有向路段对上，那么车辆行驶轨迹对应的字符串肯定是有向路段对的子串，也就是只需要查找哪个父串中存在子串模式。然而由于行驶过程中车辆本身可能偏离道路，并且原始车辆数据也存在误差，因此必须改进字符串匹配方法，需要一种能够模糊匹配的字符串算法。此处，用两个字符串的距离来衡量两者的相似性，假设第一个字符串 str1 长度为 N，第二个字符串 str2 长度为 M，并且满足

$$N < M \tag{5-146}$$

定义两字符串的距离为

$$D = \langle \mathrm{str1}, \mathrm{str2} \rangle = \min\left(\sum_{i=0}^{n} (\mathrm{str}[i] - \mathrm{str}[i+j])^2\right) \tag{5-147}$$

式 (5-147) 将字符串的模糊匹配转化为距离空间的代数运算，因此很容易通过编程实现。

5.8.4　改进一 —— 非均匀角度字符串化

图 5-27 表示了一种角均匀编码的方法，每个码对应于固定大小的角度变化空间。这种采用均匀编码存在如下缺陷：

(1) 难以选择划分的密度，每个区域划分得太细致，将导致字符串长度急剧增加，同时匹配的时间也相应增加。编码太少，必然导致区分能力降低，甚至发现轨迹对应的字符串是每一个道路对对应字符串的子串。

(2) 均匀编码方式可能导致不恰当的空间划分，如图 5-29(a) 所示，车辆行驶在道路 BC 上时，车辆的方向角应该以道路方向角为中心的随机变量，显然如果按照图 5-29(b) 的区域划分方式将它们强行分到两个区域并用不同的编码表示，必然会降低识别的可靠性。

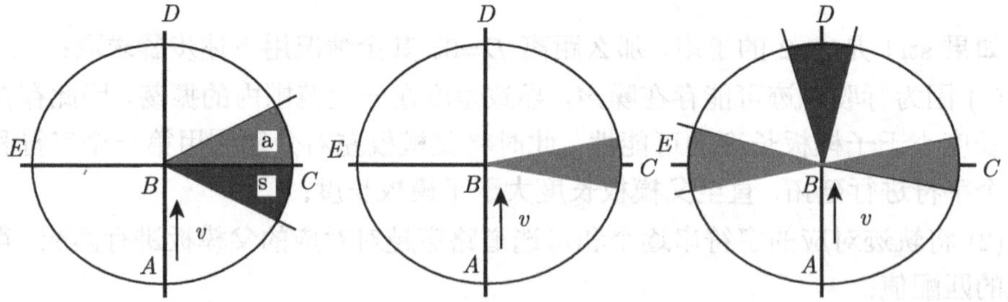

图 5-29　不均匀编码方式

为了解决上述问题，可以采用如下改进的编码方式。道路 BC 两侧的一定范围内方向角区域应用同一编码表示 (图 5-29(c))，具体为：

(1) 得到上次通行道路可以到达的有向路段；

(2) 对每一条有向路段附近选定一定的区域；

(3) 任何两个有向路段之间的剩余区域进行均匀划分；

(4) 对所有划分区域进行顺时针或者逆时针编码。

5.8.5　改进二 —— 长度空间的匹配

一般情形下，前述算法可以较快速地进行路段识别。为了增加判断的置信度，可以将角度区间对应长度作为判断因子。建立如下数据结构：

```
struct Vector
{
    unsigned char fAngle;        //角度编码
    float         fLength;       //改编码对应的曲线段长度
};
```

在编码的过程中同时记录曲线对应的长度。具体的匹配策略为：

(1) 用前述方法进行字符串匹配；

(2) 求取最佳匹配对应的长度空间的平方和；

利用长度空间的平方和作为判据，找出最小的那一个就是最可能行驶的道路对。假设轨迹和道路对对应数组分别为

```
Vector VCurve[MAX_LENGTH];//轨迹对应数组，MAX_LENGTH表示最大长度
Vector VRoads[MAX_LENGTH];//有向道路对对应数组，MAX_LENGTH表示最大
长度
```

相应的计算公式为

$$\begin{cases} D_i = \begin{cases} 0; \quad i=0\text{或}i=N,\text{且VCurve}[i].\text{fLength} < \text{VRoads}[i+j].\text{fLength} \\ |\text{VCurve}[i].\text{fLength} - \text{VRoads}[i+j].\text{fLength}|;\ \text{其余} \end{cases} \\ \langle \text{VCurve}[i], \text{VRoads} \rangle = \displaystyle\sum_{i=1}^{N} D_i^2 \end{cases} \tag{5-148}$$

5.8.6　角度空间混淆

由于车辆转弯通常需要一个过程，因此在这个过程转移中，几乎每一种地图匹配算法都存在对这种过程识别的困难。

图 5-30(a) 中，车辆在路段 AB 上行驶且驶向 B 点，有向路段 AB 可以通行的有向路段有 BC 以及 BD。可以看到车辆行驶在任何一条道路上时，由于道路对车辆的不完全约束和定位数据的原始误差，通常车辆的方向角可以表征为以道路角为中心而变化的随机过程。任何一条道路 BC，BD 附近的小的扇形区域表征了车辆行驶在该道路上的方向角的噪声空间，到车辆从 AB 道路进入 BC 道路时对应于方向角的跃迁，区域 1 表征了车辆从 AB 进入 BC 的方向角状态转移空间，如果车辆开始发生状态跃迁，假如当前方向角在区域 1，通常表征车辆开始从 AB 进入 BC。

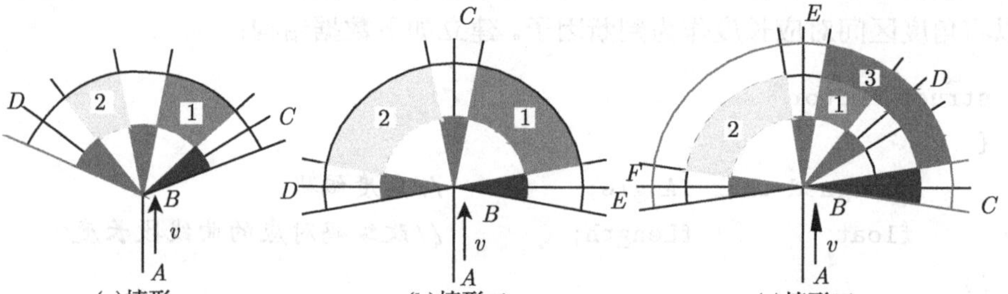

图 5-30　道路对字符串空间的混叠

图 5-30(b) 中，车辆行驶于有向路段 AB，可以进入的有向路段有 BC，BD，BE。由于车辆行驶在道路 BC 本身存在方向角的噪声空间，因此车辆开始由 AB 向 BD 转弯、车辆由 AB 直行、车辆向 BE 转弯对应的方向角可能和道路 BC 本身对应的方向角噪声空间混叠，这三种状态将不能被很好区分。

图 5-30(c) 中，从有向道路 AB，车辆可以进入四条道路 BC, BD, BE, BF。明显可以看到道路从 AB 向 BC 和 BD 转移时，方向角转移空间 1 和 3 存在重合的区域 (1 是 3 的子集)，由此可以造成如下混淆：

(1) AB 进入 BE, BF, BC, BD 在 BE 方向角的噪声区域存在方向角重合现象；

(2) AB 在向 BC 和 BD 的转移中，两种情况的转移空间存在重合；

(3) BD 方向角的噪声空间和道路从 AB 向 BC 转移的转移空间存在重叠。

对于以上混叠现象，基于字符串匹配的道路识别方法将不能有效识别，事实上这几乎是每一种地图匹配算法都很难解决的问题。道路的转移存在一个过程，通常如果车辆由 AB 转移到 BC 实际上意味着车辆约有一半的转移过程是在 AB 上发生，而另外一半的转移过程是在 BC 上发生 (图 5-31(c))。事实上，由于起始的过程可以映射回原道路，因此即使发生匹配错误，仍旧不影响计算结果 (图 5-31(c))。

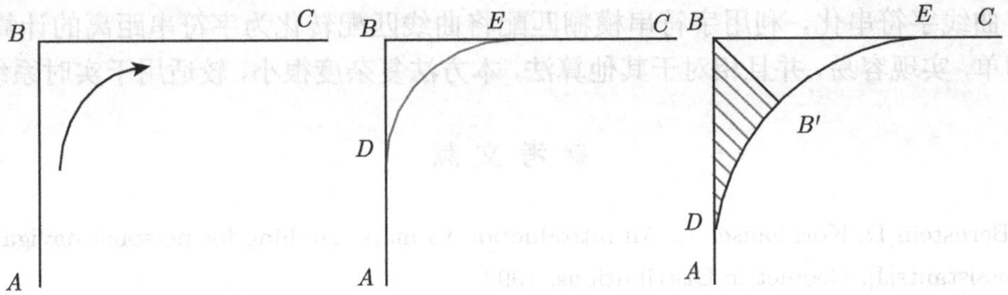

(a)模型轨迹　(b)实际轨迹　(c)反算方法

图 5-31　插补圆弧的反算

5.8.7　基于位置相关的地图匹配算法

如果能够明确地识别当前道路在哪个路段，那么根据一段时刻的定位数据，利用车辆轨迹和道路路心线的相似性，可以不对车辆运动或者误差建立任何模型的基础上对原始定位数据进行地图匹配。其算法原理如下 [18]：

(1) 确定当前点在目标道路上的可行区域；

(2) 以一定的步长在该区域内搜索，具体先假设当前位置对应于道路某点，然后逐个递推以前各个时刻在道路上的位置，递推准则可以按照距离 (原始定位系统中有里程信息) 或者以当前点的假设误差为误差推算历史时刻的某点最可能的估计点，再按照该点估计对应道路的位置；

(3) 计算每一次对应的优化代价函数式 (5-149)，其中 $\langle a, b\rangle$ 表示两个空间矢量的加权距离，具体可以用概率密度函数的似然函数代替，或者是类似前述式 (5-66) 的加权模型；

$$f\left(\left\{(x_i, y_i, z_i, \theta_i, \cdots)^{\mathrm{T}}\right\}, \left\{(x_i', y_i', z_i', \theta, \cdots)^{\mathrm{T}}\right\}\right) = \sum_{i=0}^{M}\left\langle(x_i, y_i, z_i, \theta_i, \cdots)^{\mathrm{T}}, (x_i', y_i', z_i', \theta, \cdots)^{\mathrm{T}}\right\rangle \tag{5-149}$$

(4) 比较每一次搜索的代价函数，从中找出最优的一个，并且以该次当前位置对应的道路位置为地图匹配的结果。

为了提高算法的效率，可以采用网格细分的方法，先在粗网格中得到一个结果后再在该点附近进行网格细分，再次优化。

道路路段的确定并不能够直接得到当前定位位置的地图匹配结果。但是这种对行驶道路的确定可以使前述非白噪声的提取和最终位置的估计更为方便。另外，在不建立载体的任何运动模型的基础上，基于优化方法，由于在某一时刻车辆行驶的位置有限，因此可以在可行区间搜索最优解，最后的最优解同样可以是地图匹配的结果。

曲线字符串化，利用字符串模糊匹配将曲线匹配转化为字符串距离的计算原理简单，实现容易，并且相对于其他算法，本方法复杂度很小，较适用于实时系统。

参考文献

[1] Bernstein D, Kornhauser A. An introduction to map matching for personal navigation assistants[J]. Geometric Distributions, 1998.

[2] 赵亦林. 车辆定位与导航系统 [M]. 北京：电子工业出版社, 1999.

[3] Zhang X, Wang Q, Wan D. The relationship among vehicle positioning performance, map quality, and sensitivities and feasibilities of map-matching algorithms[C]. IEEE, 2003.

[4] Quddus M A, Ochieng W Y, Noland R B. Current map-matching algorithms for transport applications: state-of-the art and future research directions[J]. Transportation Research Part C: Emerging Technologies, 2007, 15(5): 312-328.

[5] Hashemi M, Karimi H A. A critical review of real-time map-matching algorithms: current issues and future directions[J]. Computers, Environment and Urban Systems, 2014, 48: 153-165.

[6] Scott C. Improved GPS positioning for motor vehicles through map matching[C]. 1994.

[7] Taylor G, Blewitt G, Steup D, et al. Road Reduction Filtering for GPS - GIS Navigation[J]. Transactions in GIS, 2001, 5(3): 193-207.

[8] 李洋，张晓冬，鲍远律. 多权值概率论实时地图匹配 [J]. 电子测量与仪器学报, 2012, 26(2): 166-170.

[9] 杨新勇，黄圣国. 基于道路精简滤波原理的车辆导航系统地图匹配算法 [J]. 遥感学报, 2005, 9(2): 215-219.

[10] Pyo J, Shin D, Sung T. Development of a map matching method using the multiple hypothesis technique[C]. IEEE, 2001.

[11] Jabbour M, Bonnifait P, Cherfaoui V. Road tracking for multi-hypothesis localization on navigable maps[C]. IEEE, 2008.

[12] Blazquez C, Miranda P, Ponce A. Performance of a new enhanced topological decision-rule map-matching algorithm for transportation applications[J]. Journal of Applied Research and Technology, 2012, 10(6): 929-940.

[13] Abdallah F, Nassreddine G, Denoeux T. A multiple-hypothesis map-matching method suitable for weighted and box-shaped state estimation for localization[J]. Intelligent Transportation Systems, IEEE Transactions on, 2011, 12(4): 1495-1510.

[14] Zhang X, Wang Q, Wan D. Map matching in road crossings of urban canyons based on road traverses and linear heading-change model[J]. Instrumentation and Measurement, IEEE Transactions on, 2007, 56(6): 2795-2803.

[15] Pink O, Hummel B. A statistical approach to map matching using road network geometry, topology and vehicular motion constraints[C]. IEEE, 2008.

[16] Quddus M A, Ochieng W Y, Noland R B. Integrity of map-matching algorithms[J]. Transportation Research Part C: Emerging Technologies, 2006, 14(4): 283-302.

[17] 郭敏. 一元四次方程公式解的追根溯源 [J]. 数学之友, 2011, (12): 72-73.

[18] 张小国，王庆. 车载组合导航系统中的分级地图匹配算法 [J]. 中国惯性技术学报, 2000, 8(3): 37-41.

第 6 章　面向地图匹配算法的数字地图误差分析及对策

6.1　道路网络数据库对车辆导航性能影响

对车辆定位与导航系统而言，只要涉及与地图有关的功能，数字地图数据库必不可少。目前的数字地图形式各异，但可以大致划分成两种形式的数据库或者是这两种形式数据库的组合形式：第一种是只含有道路网络的道路网络数据库(图 6-1)；第二种是只提供地理属性的地图属性数据库 (图 6-2)。这两种形式的数字地图数据库在车辆导航与定位系统中各自完成着不同的任务。如只含道路网络的第一种形式地图数据库可完成以下任务：

(1) 路径规划；

(2) 路径诱导；

(3) 地图匹配 (即把传感器检测的车辆轨迹和已知道路网进行匹配，以便更准确地确定车辆的实际位置)。

图 6-1　一个典型的道路网络图

而对于只提供道路属性的第二种形式的数字地图数据库可完成的功能是：

(1) 显示地图；

(2) 利用街区地址、附近交叉路口确定某一地址或目的地；

(3) 提供旅游信息，如旅游指南、路标、旅馆和饭店等信息。

从图 6-2 可以看出，道路网络数据库所构成的数字地图只包含由道路路心线所表示的道路、道路节点以及道路间的拓扑关系等属性，存储量小、操纵简单、数据操作快，适合于实时数据处理。由道路网络数据库和地图属性数据库联合构成的数字地图，就是车辆定位与导航系统所需要的数字地图。从上面列举的两种形式的数字地图在车辆定位与导航系统中所完成的任务可以看出，车辆定位的精度完全取决于数字地图数据库中道路网络的精度。本章主要针对数字地图中的道路网络数据库，从实际应用出发，对车载导航采用数字地图、面向地图匹配算法数字地图的制作规范进行了较系统的研究。

图 6-2　目前网络上常见的电子地图

6.2　数字地图和导航系统性能分析

6.2.1　失配与误配

地图匹配本身不是一种自主导航算法，它的实现依赖于两大数据源：原始定位数据以及数字地图道路网络 [1−3]。因此任何一种数据出现较大的误差时都可能导致地图匹配算法的失效、失配或者误配。

所谓失配是指原始定位数据无法和任何一条道路对应起来，或者说原始数据和任何一条道路上的任何一点的匹配距离都大于某个阈值。引起失配的原因有 [3]：

(1) 原始定位数据误差太大；

(2) 地图误差太大；

(3) 车辆当前行驶所在道路的信息不存在于数据库中；

(4) 定位数据误差和地图道路误差恰恰体现出一种误差累加的效果。

几乎每一种地图匹配算法都会出现误配，它归根到底是由数据源的原始误差决定的。只要原始数据源存在误差，误配就可能存在。

地图匹配通常存在两大类型的误配：

(1) 道路内误配；

(2) 道路间误配。

在以往的很多研究中，研究者往往只注重在算法本身上提高系统的定位性能，而忽略了对数字地图本身的误差造成系统整体性能下降的研究。事实上数字地图作为一种信息源，其用于辅助定位的道路网络存在误差是不可避免的，因此只有充分考虑了这些因素，才能在分析整个导航系统的性能时找出误差来源：算法缺陷、传感器误差或地图本身不准确，从而找到更好的解决方法。

车辆导航系统实现地图匹配的前提之一是必须配备有模型合理、较为精确的当地的数字地图。因此，数字地图对导航系统整体性能的影响不容忽视。

6.2.2 两种误差对地图匹配算法性能的影响

如上一章所述，数字地图的几何精度指标可以分为绝对误差和相对误差。两者的联系和区别在于 [4]：

(1) 绝对精度很大，不一定相对精度也会大，但是相对精度很大的话，绝对精度必然会大。对于航位推算/地图匹配 (DR/MM) 组合导航系统而言，相对几何精度甚至可能比绝对几何精度更重要。

(2) 拓扑精度和几何精度既相互区别又互有联系，通常存在几何误差不一定存在拓扑误差，地图绝对精度很低但相对精度足够高将不会导致拓扑误差。但当几何误差 (尤其是相对误差) 达到一定程度，通常就会造成拓扑错误。

(3) 拓扑错误和相对误差是造成地图匹配失败的最根本的原因，因此应该尽量减小这种误差或错误。

用于车载导航的地理信息数据库绝对位置精度不应差于 30m，要持续稳定可靠地进行地图匹配和地图辅助定位，则绝对精度不应差于 10m。地理信息数据库的几何误差过大，不仅会增加定位系统的定位误差，甚至会影响系统的正常运行。地理信息数据库的拓扑误差包括街道丢失和路段错位等。和几何误差相比，拓扑误差对车辆导航的影响更大，它常常导致地图匹配算法的失败以及最优路径的错误选择。

一般来说，对城市密集街道道路网络，要想实现地图匹配与路径诱导，其地图比例不宜差于 1:5000。而在郊区或道路开阔地段，地图比例通常可在 1:25 000 到 1:50 000 之间。

6.2.3　道路网络模型对地图匹配精度的影响

数字地图的几何精度对导航精度产生的影响很容易被人接受，然而历年来数字地图模型缺陷导致的定位系统性能下降却很少有学者关注。事实上，研究它对定位系统性能影响的意义是非常巨大的。其原因在于：

(1) 它有助于设计更稳健、更优秀的地图匹配算法，消除地图道路网络模型带来的种种不良影响；

(2) 它有助于设计出更好的、实用的数字地图模型。

目前，能够影响地图匹配算法性能的主要因素如下：

(1) 目前应用于车载导航的数字地图的道路网络多为单路线型 (single line)(图 6-3(a))，而真实道路实际上是一个区域 (图 6-3(b))。因此，在车辆驾驶中，有可能出现车辆偏离中心线，或者车辆的行驶角 (heading) 偏离道路中心线切线方向的情况，而这种情况与传感器本身的误差或者算法缺陷毫无关系。

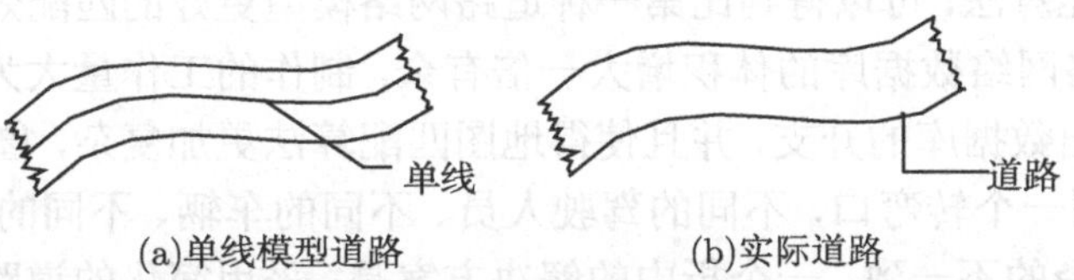

图 6-3　模型误差 (1)

(2) 目前的道路模型中道路多采用折线集 (line sets) 组成的多义线 (图 6-4(b)) 描述，而现实世界中的道路通常是曲线构成的，并且为了保证驾驶安全，所设计的道路曲线至少为二阶连续 (图 6-4(a))。

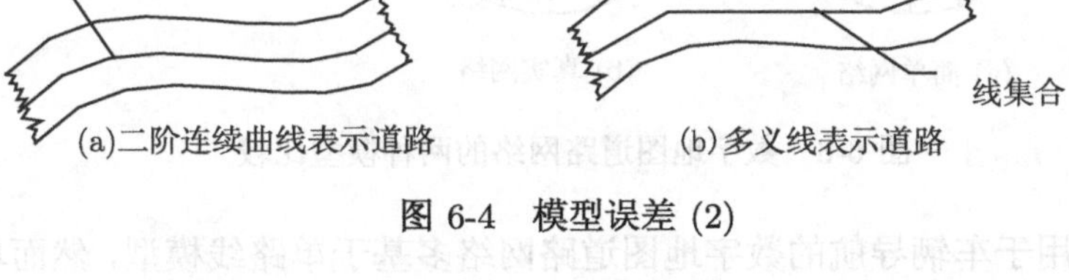

图 6-4　模型误差 (2)

(3) 目前的车载导航用数字地图多为二维 (图 6-5(a)) 而非三维 (图 6-5(b))，道路数据结构中普遍缺乏高程信息，这种数字地图适用于地面比较平坦的地方，在地面不是很平坦且道路很不平整的场合下，将会导致定位精度的下降，随着航位推算时间的增加，地图匹配的误差也会逐渐增大。

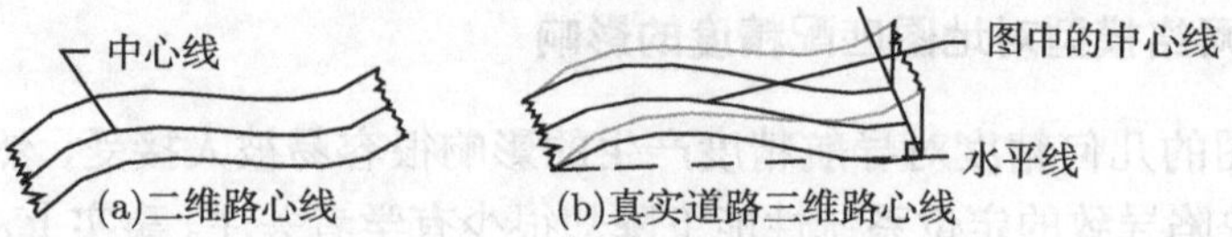

图 6-5　模型误差 (3)

(4) 目前的数字地图道路网络模型都没有很好地表示道路转弯。为了减少道路网络的规模，通常需对道路网络作简化处理。对于十字路口，通常简化成四个相互连接的道路中心线和对应的一个道路节点 (图 6-6(a))。事实上，车辆发生道路穿越往往要一个过程，并且需要一个转弯半径，真正的道路网络应该如图 6-6(b) 所示，可以看到一个十字路口实际上需要十个道路路段和 4 个道路节点构成。在选择何种模型时总存在如下的困境：①简化的模型不精确，事实上车辆运行到十字路口进行拐弯时并不是按照对应的道路行驶，而是采用简单且基本能够表示道路网络的模型；②第二种模型能够真实地反映车辆运行轨迹，在地图准确的前提下，如果采用恰当的地图匹配算法，可以得到比第一种道路网络模型更好的匹配效果。问题在于，由此将使道路网络数据库的体积增大一倍有余，制作的工作量大为增加，且增加了系统调入调出数据库的开支，并且使得地图匹配算法更加复杂，鲁棒性也有所降低。另外，在同一个转弯口，不同的驾驶人员、不同的车辆、不同的驾驶时间都可能造成转弯半径的不一致。一个折中的解决方案是：采用简化的道路网络，但是给相应的穿越对或者道路节点增加转弯半径这个属性，在地图匹配算法和相应程序中修正道路轨迹。

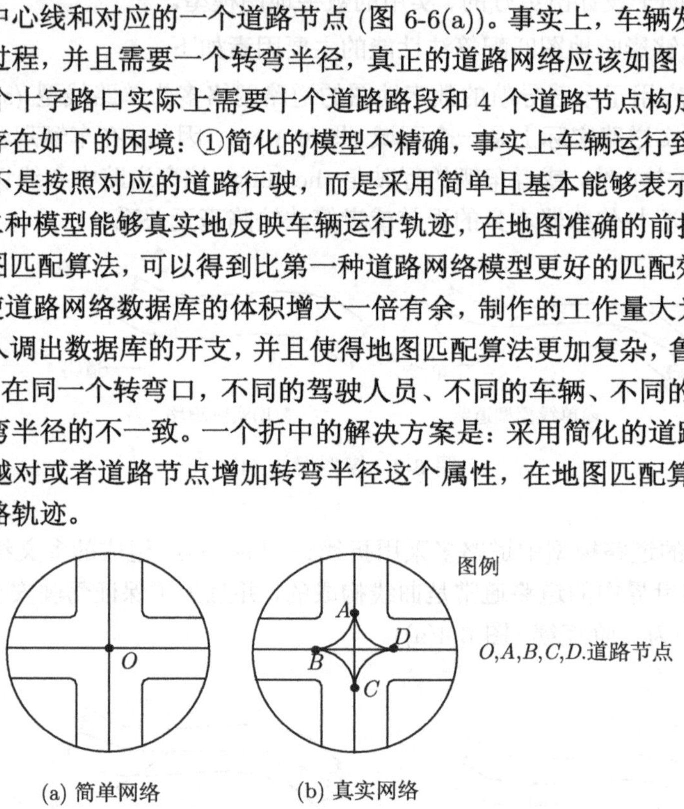

图 6-6　数字地图道路网络的两种模型比较

(5) 目前用于车辆导航的数字地图道路网络多基于单路线模型，然而单路线在表示现实世界的一些道路网络上存在一些困难。一条道路通常有多个车道 (lane)，如果用一个曲线表示整个道路将使精度降低，然而如果每个车道都采用一条相应的车道的路心线表示将使数据大量冗余，并且增加数据处理和地图匹配以及最优路径算法的复杂性。此外，这种单路线模型在表达几乎平行道路的分叉上存在很大的困难。如图 6-7 所示，一条道路行驶到 EF 段时可以有两个行驶路径，其一是上高架桥或立交桥，且两者在水平面上几乎平行而且这两条分叉道路的路边几乎和原道路路边平行 (图 6-7(b))，这种道路情形一般只能表示成图 6-7(c) 情形，然而因为本身车辆由 SP 进入 RU 或 QT 几乎不发生转弯，因此很难把实际情形表示出来。

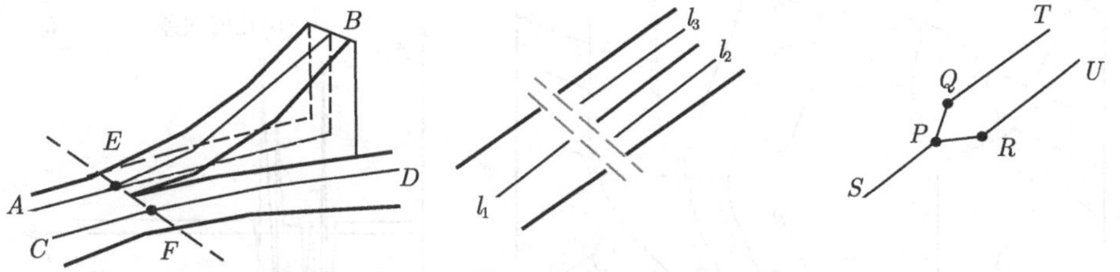

(a)实际道路　(b)分成两段模型空间表示　(c)联合后的路网

图 6-7　路心线模型在表示现实世界道路的缺陷

(6) 在不同形式的道路网络、不同密度分布的道路网络中，相同精度的数字地图对导航系统整体性能的影响是不一样的。道路密度越大地图匹配的精度越低，误配的概率越大。并且在同等的误差度量的前提下，交通模式、道路网络 (致密网络或稀疏网络)、行驶速度不同时，地图误差对导航系统精度的影响会有所不同，因此很多情况下，地图误差对导航系统性能的影响是不可预测的。

6.2.4　数字地图精度和算法敏感性

关于车辆导航的数字地图的精度指标对地图匹配算法精度的研究目前并不多见。然而，不同的精度指标、不同的误差类型对地图匹配算法的影响是不一样的；即使同样的道路网络模型和同等的精度等级，对不同的地图匹配算法的性能影响也存在差别，因此分析地图精度对地图匹配算法的影响，对地图匹配算法适用性分析、选型和参数设置具有重要的应用价值。

如前所述，用于车辆导航的数字地图不应该存在拓扑错误，并且其几何精度不应低于某个固定值。然而，达到这个精度要求的数字地图仍旧可能在原始定位数据精度较高的前提下得到比较差的地图匹配效果。

道路上任何一点可以用坐标和方向角来衡量，在以往的研究中，人们往往忽略方向角误差对地图匹配的影响。如图 6-8 所示，真实道路路段 AB 对应数字地图中的路段 $A'B'$，由于制作过程中存在某些原因，路段 $A'B'$ 上存在高频噪声。高频噪声段对应的几何误差都很小 (对应于图 6-8(b))，因此如果仅仅采用位置作为估计空间，那么地图匹配的精度仍旧可以保证。如果地图匹配的估计子中存在角度变化量，即使任何道路上的任何一点的绝对误差都小于允许的误差限，但因为在角度空间这一段路端存在剧变，地图匹配的结果也将会变恶劣 (图 6-8(c))。

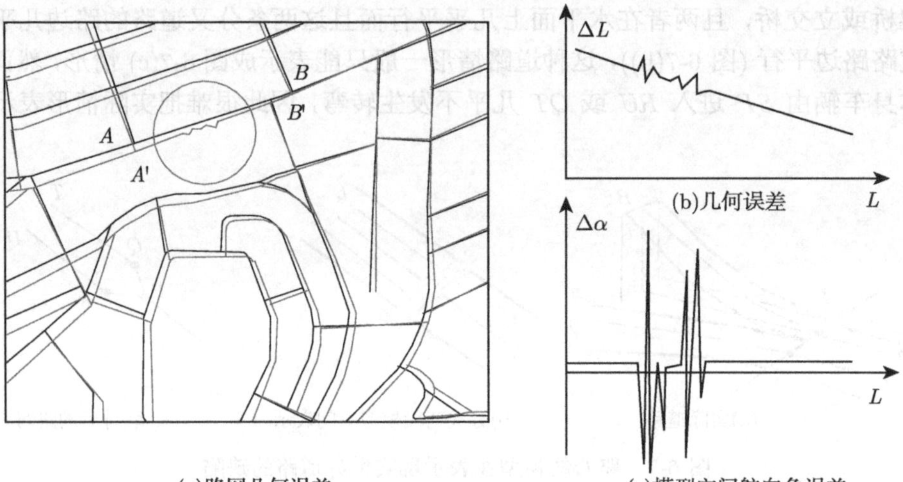

(a)路网几何误差　　(c)模型空间航向角误差

图 6-8　地图匹配的算法敏感性

因此，车辆导航用数字地图的精度衡量指标除了位置误差和拓扑误差外，如果估计子中存在行驶角因子，那么道路的方向角的精度不容忽略，表现在：

(1) 数字地图道路路段中存在高频噪声或者是现实世界对应路段没有的转弯可以极大地降低地图匹配的精度。

(2) 数字地图中的路段没有现实世界中存在的拐弯，而该拐弯附近如果存在另外一个拐弯的话，地图匹配有可能将另外一个拐弯上的点错误地认为是当前行驶位置。

推而广之，如果基于概率估计的地图匹配算法中估计子中存在更多变量的话，那么每个对应的子空间都应存在相应数字地图的衡量指标。一般地说，采用较多的估计子必然导致对数字地图有较高的要求，因此有可能导致算法稳定性的降低。

地图匹配算法敏感性不仅体现在基于概率估计的算法上，几乎每一种地图匹配算法都存在一定的算法敏感性。如基于角度变化的模式匹配的地图匹配算法同样对上述道路高频噪声非常敏感，而这种敏感将导致错误的道路估计，使地图匹配算法得到错误的结果。

6.2.5　其他因素对地图匹配算法的影响

影响地图匹配性能的因素是多方面的，除了前述数字地图的几何精度、拓扑精度、行驶角精度、道路网络密度和道路路口形式外，下面的因素也将对地图匹配产生影响：

(1) 原始定位数据的精度。原始定位精度对地图匹配算法的影响是不言而喻的。

(2) 道路路宽。道路越宽意味着车辆本身的自由度就越大，因此产生误配或者精度降低的可能性也将增大。

(3) 驾驶模式。“良好”的驾驶风格通常会得到较好的地图匹配精度，如车辆在直线道路上行驶，理想状态下车辆的航向角等于直线的方向角，然而实际运行中，角度的差值是必然存在的，如果将之看成符合 Gauss 分布的白噪声过程，那么恶劣的驾驶模式对应的噪声的方差必然大于“良好”驾驶模式的方向角方差。此外，在车辆的拐弯过程中，车辆的行驶速度和车辆拐弯的大小都有可能影响地图匹配的精度。通常而言它往往和地图道路网络模型一起作用于地图匹配算法，如果道路穿越用角度突变表示，那么一般的说车辆拐弯的时间越短，准确“俘获”这种转换过程的可能性就越大。

(4) 道路路况，交通流量。道路路况的不同可以影响车辆的行车速度、定位精度和行驶角噪声等，从而影响地图匹配精度。

(5) 其他因素。

提高地图匹配算法的精度，一方面依赖于原始定位精度，另一方面依赖数字地图以及上述所有因素。因此就提高精度而言，不仅要从原始定位数据精度入手，也要从数字地图道路网络模型和数字地图精度等多个方面改善数据源，改善算法。

6.3 道路网络数据库制作的标准化和规范化问题

6.3.1 规范化的重要性

道路网络数据库是地图匹配技术的核心部件，道路网络数据库的精度将直接影响导航系统的总体效果。市场上现有的数字地图中的道路网络数据库带有各种误差，这些误差大多来源于制作人员进行道路简化时引入的处理误差。由于这些误差引入了人为因素，所以来源于不同 GIS 公司的道路网络数据库包含的误差会具有各自的特色，这些具有各自特色的数据误差必然给数据共享、系统兼容以及地图匹配算法带来困难。

本节主要结合作者实际工程应用探讨道路网络数据库制作的标准化和规范化。

6.3.2 特殊案例

图 6-9～ 图 6-14 为某 GIS 制作公司提供的香港道路网络数据库中的某些特例，其中每个图中的图 (a) 表示道路的轮廓图，图 (b) 表示图 (a) 道路轮廓图的简化道路网络图。造成这些特殊案例的主要原因是由于目前道路网络数据库没有一个统一的制作标准，数据库制作人员没有理论经验，在制作地图过程中，将会凭借个人的主观想象、理论水平以及对交通规则的理解程度来选择参考点，这样就把人为因素引入的误差带入电子地图中。

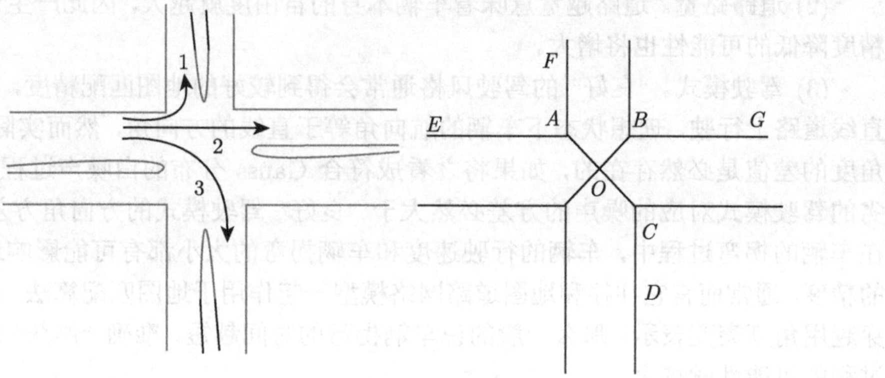

(a) 道路轮廓图 (b) 道路网络图

图 6-9 特殊案例一

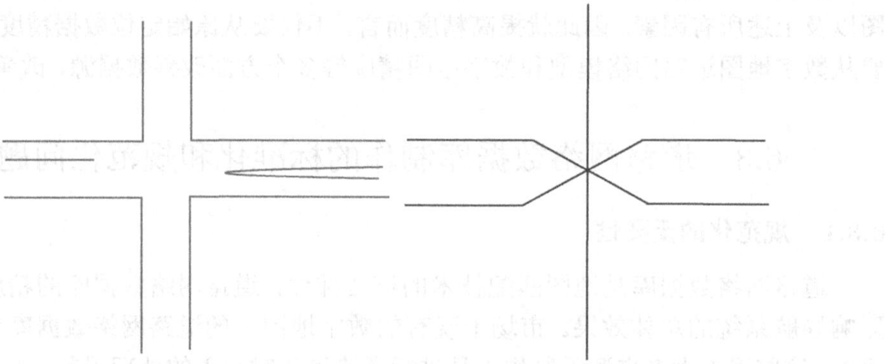

(a) 道路轮廓图 (b) 道路网络图

图 6-10 特殊案例二

下面以图 6-9 为例详细分析图 (b) 中的简化道路网络普遍存在的问题。如图 6-9(a) 所示道路轮廓图表示的道路路口具有 12 股流向的交通流，每条路段在路口都有三股交通流流向不同的道路段。图 6-9(a) 中 1、2 和 3 表示一条道路在路口的三股交通流流向，其中 1 号交通流对应图 6-9(b) 道路网络图所示的路段 $EA \to$ 路段 AF；2 号交通流对应图 6-9(b) 道路网络图所示的路段 $EA \to$ 路段 $AO \to$ 路段 $OB \to$ 路段 BG；3 号交通流对应图 6-9(b) 道路网络图所示的路段 $EA \to$ 路段 $AO \to$ 路段 $OC \to$ 路段 CD。从图中可以看出，图 6-9(b) 所示的道路网络正确地表达了 1 号和 3 号交通流的流向；但是对于作直线行驶的 2 号交通流，图 6-9(b) 所示的道路网络分别在道路穿越 A 、O 和 B 三点处出现三次大的道路转角，这明显与实际交通流不符，必然给地图匹配算法在地图数据库中寻找与车辆行驶轨迹相似的道路带来很大困难。

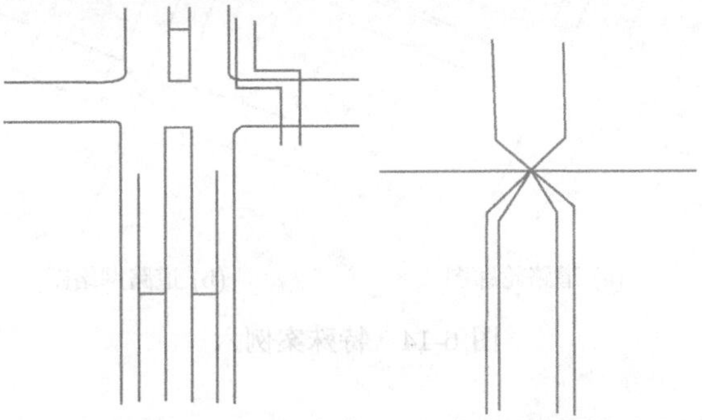

(a)道路轮廓图　(b)道路网络图

图 6-11　特殊案例三

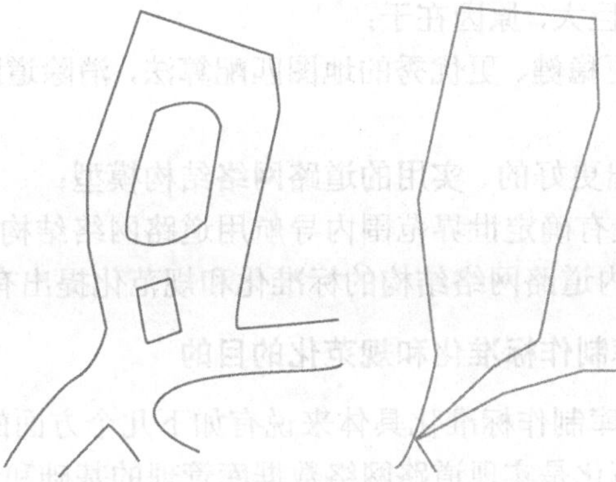

(a)道路轮廓图　(b)道路网络图

图 6-12　特殊案例四

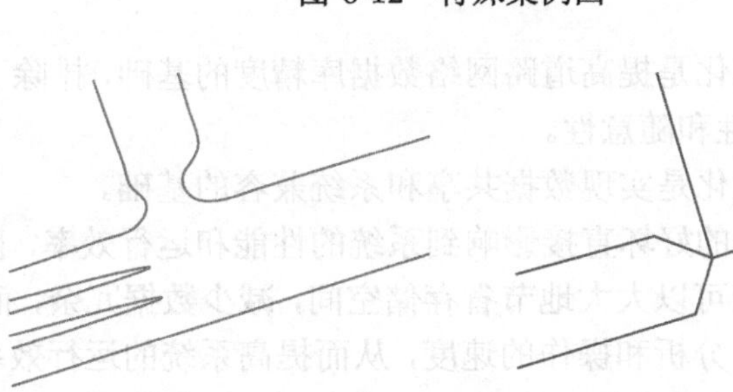

(a)道路轮廓图　(b)道路网络图

图 6-13　特殊案例五

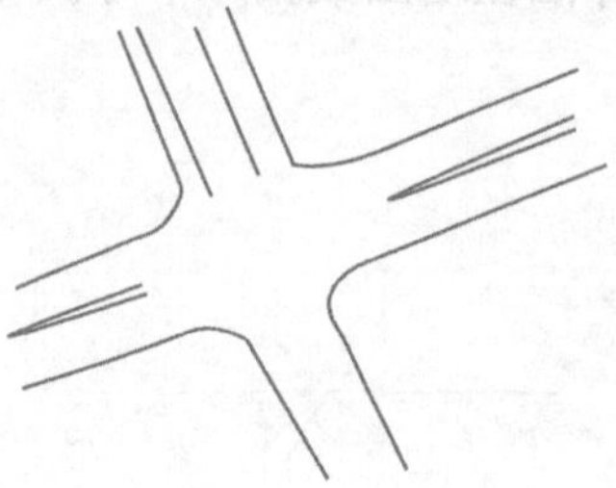

(a) 道路轮廓图

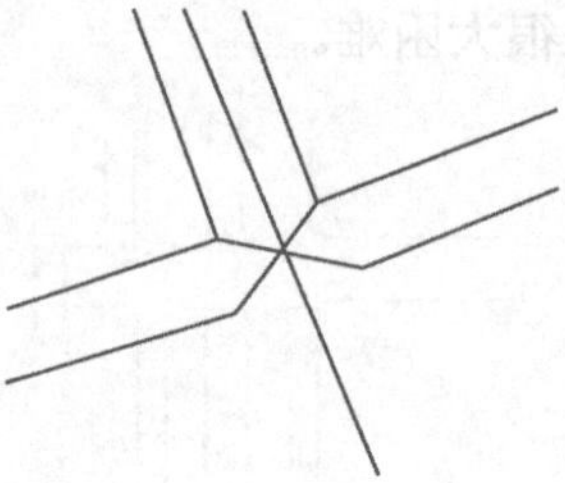

(b) 道路网络图

图 6-14 特殊案例六

6.3.3 道路网络数据库制作标准化和规范化的意义

道路网络的几何精度对导航精度产生的影响很容易被人接受，然而历年来道路网络模型缺陷导致的定位系统性能下降却很少有学者关注。事实上，研究它对定位系统性能影响的意义巨大，原因在于：

(1) 它有助于设计更稳健、更优秀的地图匹配算法，消除道路网络模型带来的种种不良影响；

(2) 它有助于设计出更好的、实用的道路网络结构模型；

(3) 目前，ISO 还没有确定世界范围内导航用道路网络结构的标准，通过这种研究，可以为世界范围内道路网络结构的标准化和规范化提出有益的参考意见。

6.3.4 道路网络数据库制作标准化和规范化的目的

实现道路网络数据库制作标准化具体来说有如下几个方面的目的:

(1) 制作标准的规范化是实现道路网络数据库管理的基础和地图匹配算法的要求。地图匹配算法处理的道路网络必须严格地按照实际交通流网络，只有这样，系统才能在道路网络数据库中找出与车辆行驶轨迹相似的道路，最后才能获得精确的车辆位置。

(2) 制作标准的规范化是提高道路网络数据库精度的基础，排除了地图制作人员在制作地图时的主观性和随意性。

(3) 制作标准的规范化是实现数据共享和系统兼容的基础。

(4) 制作标准规范化的好坏直接影响到系统的性能和运行效率，良好的信息分类体系、简化体系，不仅可以大大地节省存储空间，减少数据冗余，而且大大地提高信息查询检索、统计、分析和操作的速度，从而提高系统的运行效率。

6.3.5 道路网络数据库制作标准化与规范化的原则

目前道路网络数据库中都是在对多路段相交的道路路口 (即道路节点) 进行简

化时存在问题。根据地图匹配技术的要求，道路网络数据库必须具备容量小、操纵简单、数据操作快、能真实地反映现实道路中的交通流等特点。道路网络数据库的制作标准化和规范化主要遵循以下几个原则 [5]：

(1) 对于道路网络中比较普遍的结构，如图 6-6 的十字路口，尽量采用简单的道路网络模型，但是在地图匹配算法中，通过数字地图数据库中给出的道路穿越对和道路节点，在算法中增加转弯半径这个属性，在程序中自动修正车辆行驶轨迹。这样可以大大减少道路网络数据库的体积，从而减少系统调入调出的数据库开支。

(2) 道路网络数据库中的道路要尽量地反映现实道路中的交通流；对于道路网络中比较特殊的道路结构，如图 6-15 所示的大型 “V” 字形路口，车辆实际行车轨迹拐弯点是在 C 点而不是 O 点 (CO 间的距离约有 60m)，由于它们在数据库中的数量较少，可以考虑根据实际行车轨迹添加 CBA 道路。可以按照以下原则添加：“V” 字两边的道路宽度之和大于某个阈值且 “V” 字的顶角小于某个阈值时，必须考虑在道路网络中添加如同 CAB 曲线表示的道路段。

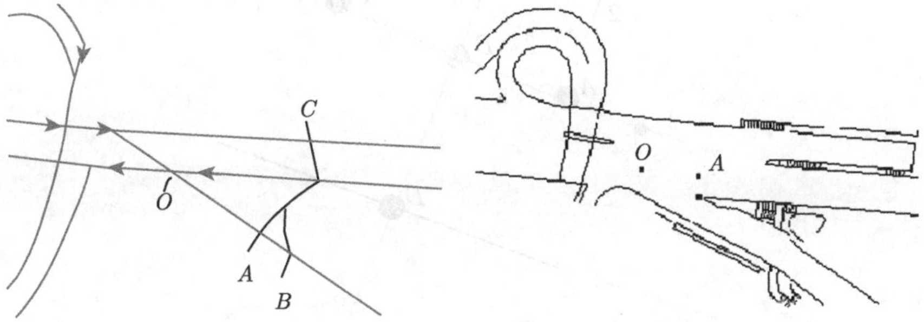

图 6-15　“V” 字形路口引起的模型简化误差

(3) 尽量避免采用较短 (长度小于某个阈值) 的路段，尤其是在道路拐弯处更要避免短路段的出现。

(4) 避免在道路简化过程中出现道路段与道路段间的转向角或者道路段内部相邻两部分间的转向角和实际交通流的角度变化严重不符的现象。

原则 (1) 和原则 (2) 是相互对立的，如果满足原则 (1) 必将失去原则 (2) 中的部分交通流；如果满足原则 (2) 必将使得原则 (1) 中的道路网络数据库的体积急剧增大。如图 6-6 所示，其中图 6-6(a) 是在原则 (1) 指导下制作的，图 6-6(b) 是在原则 (2) 指导下制作的。比较图 6-6(a) 和 (b) 可以看出：图 6-6(a) 所采用的模型简单且基本能够表示道路网络的模型；其特点是：精度低，道路网络数据库体积小。图 6-6(b) 所采用的模型能够真实地反映路口的交通流；其特点是：道路网络数据库的体积大，制作的工作量大为增加，增加了系统调入调出数据库的开支，使得地图匹配算法更加复杂，并且降低鲁棒性。

对于原则 (3) 可以采用图 6-16 来加以解释。图 6-16 为图 6-14(a) 道路轮廓的另外一种道路网络简化模型结构，图中数字编号 1~8 表示道路网络中的道路 ID，字符 A、B、C 和 D 表示道路网络中的道路节点。图中 5 号道路长约为 5.5m，6 号道路长约为 6m。假设目前有一辆车正在 1 号道路上行驶，它的目标是进入 3 号道路。由于 DR 的累积误差，当车辆行驶轨迹到达 P 点 (PA 间的距离约为 3m) 时车辆开始拐弯。这样在地图匹配算法中，系统根据车辆行驶轨迹在误差置信区域 (假定矩形误差置信区域边长为 30m) 范围内从道路网络数据库中搜索到车辆将进入的道路候选道路集为{2，3，4}。由于候选道路集中 3 号和 4 号道路与车辆上一时刻所在的 1 号道路间没有直接拓扑关系，所以系统最后确定的候选道路仅为 2 号道路，从而导致地图匹配出错。

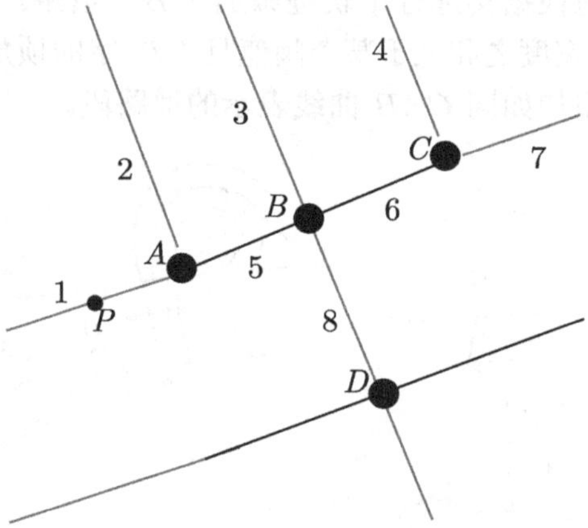

图 6-16　道路网络数据中的短路段案例

对于原则 (4) 可以采用道路网络数据库中比较普遍的简化模式进行说明，如图 6-7(c) 所示的简化模型。从图 6-7(a) 和 (b) 可以明显看出车辆从路段 $SP \rightarrow$ 路段 $PQ \rightarrow$ 路段 QT 是作直线行驶的，但是目前普遍存在的如图 6-7(c) 所示的道路网络模型中，路段 SP 与路段 PQ、路段 PQ 与路段 QT 之间都有一个相对转角，这必然给地图匹配算法带来麻烦。

由于目前使用点、线两个要素来表达现实世界中的道路网络结构存在缺陷 (详见 6.2.3 节)，所以本节中作者在提出标准化和规范化原则时只是要求制作人员尽量避免出现原则中提到的问题，而不能完全杜绝问题的存在。要想在地图匹配算法中能够很好地解决这些问题，还必须要有特殊的计算方法或者其他的道路简化模型，这些将在下一节作详细介绍。

6.4　解决道路网络结构缺陷的方法

6.4.1　间接拓扑关系法

间接拓扑关系的定义：在道路网络数据库中，如果某两条道路 1 和 2 没有共同节点相连，但是它们之间可以通过一条且仅有一条道路相连，且道路 3 的长度小于某个阈值时，定义道路 1 和道路 2 具有间接拓扑关系。

如图 6-16 所示，假定道路 3 的长度阈值定为 10m。从图中看出，1 号道路和 3 号道路没有共同节点且通过 5 号道路相连，5 号道路长度为 5.5m，满足定义要求，所以 1 号道路和 3 号道路具有间接拓扑关系。同样，图中 2 号道路和 3 号道路、3 号道路和 4 号道路、3 号道路和 7 号道路都是间接拓扑关系。

在 6.3.5 节中已经以图 6-16 为例就道路网络数据库中短路段的影响作了详细阐述，为了消除短路段对地图匹配算法的影响，作者在工程应用中采用了间接拓扑关系法，其流程图如图 6-17 所示，其步骤如下 (以下步骤是以图 6-16 为例，车辆目前在 1 号道路上位置点 P 处，目标是进入 3 号道路)：

(1) 在误差置信区域内搜索道路网络数据库，生成车辆所在道路的候选道路集{2、3、4}；

(2) 在候选道路集中判断候选道路与车辆上一时刻所在的道路是否具有拓扑关系，可以发现 2 号道路与 1 号道路具有拓扑关系；

(3) 判断 3 号道路和 4 号道路与 1 号道路是否具有间接关系；

(4) 从候选道路集中删除 4 号道路，重新生成的候选道路集为{2、3}。

间接拓扑关系法主要是针对目前道路网络结构中存在短路段而提出的，它对如同图 6-16 所示的道路网络结构具有很好的计算效果，但是对如图 6-7(c) 所示的道路网络结构还是无能为力的。

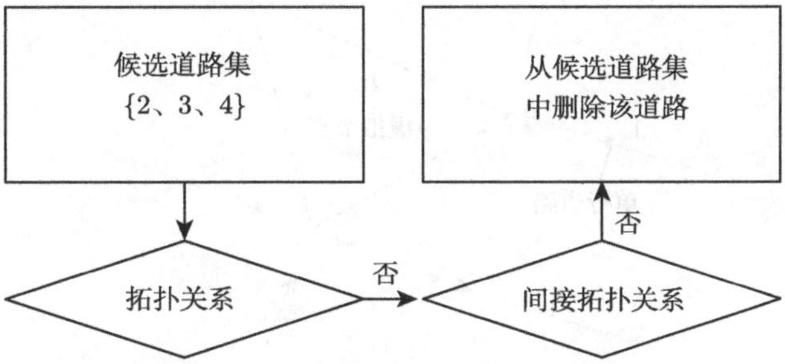

图 6-17　间接拓扑关系判断流程图

6.4.2　虚拟节点法

1. 问题的提出

虽然，上节的间接拓扑关系法能够很好地解决道路网络数据库中存在的短路段问题，但是，随着道路网络数据库中短路段数量的增加会影响系统的操作速度、系统的运行效率以及匹配算法的鲁棒性；另外，目前基于节点的道路网络模型中的其他缺陷 (详见 6.2.3 节) 仍然影响着地图匹配算法的稳健性。为了解决这些问题，本节提出一种新的道路网络模型 —— 基于虚拟节点的道路网络模型。采用虚拟节点和线这两个要素来简化现实世界中的道路网络，其中虚拟节点将是一个具有结构形状的点，所以它能真实地表达现实中的道路网络结构。

2. 虚拟节点的定义和特点

所谓虚拟节点是指由若干个除了坐标不同其他所有属性相同的点所围成的区域；虚拟节点另外一种解释是一个具有面积和形状的道路节点。图 6-18 所示为图 6-16 所示道路轮廓采用虚拟节点的道路网络结构，图中虚线所围成的区域表示虚拟节点。虚拟节点具有以下特点：

(1) 具有节点的所有功能；

(2) 具有唯一的 ID 编号；

(3) 它是由若干个坐标不同的点构成，虚拟节点的形状是现实道路节点的相似形，所以它没有固定的结构形状，它比以前的道路网络模型更能表达现实世界；

(4) 虚拟节点中的每个构成点相当于一个独立的节点，不过这些独立的节点和虚拟节点都具有相同的 ID 编号；

(5) 虚拟节点中的每个构成点都具有相同的道路拓扑关系。

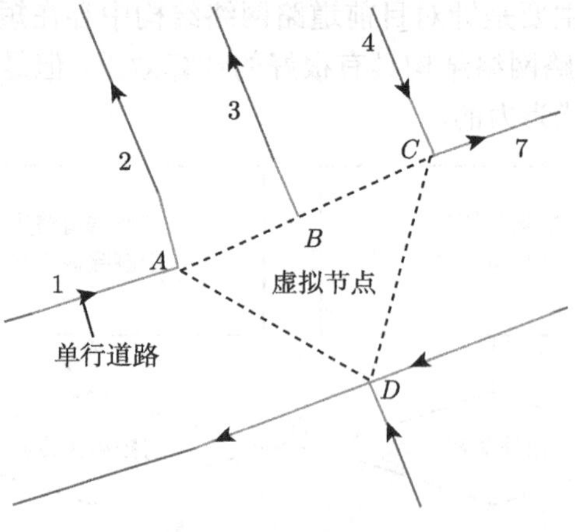

图 6-18　虚拟节点

3. 虚拟节点和节点的联系和区别

在 4.3.1 节中对目前道路网络数据库中的节点做了明确的说明。节点是反映现实世界中道路段与道路段的交点或路段终点，它是点结构具有确定的二维或者三维坐标，采用 C++ 环境下结构定义如下：

```
CCPoint                        //点的位置坐标存储类
{ ......
    float      m_fx;
    float      m_fy;
  ......
}
CNodeLink                      //存储节点的拓扑关系
{ ......
    int        m_IDArray[常数]; //存储连接到本节点的所有道路ID
    int        m_iNum;         //存储本节点连接的道路数
  ......
};
CMapRoadNode                   //存储道路节点类
{ ......
    CCPoint    m_p;            //存储本节点位置坐标
    CNodeLink  m_Link;         //存储本节点的拓扑关系
    ......
};
```

虚拟节点采用 C++ 环境下结构定义如下：

```
CDummyNodeLink                        //存储虚拟节点的拓扑关系
{  ......
    int         m_IDArray[常数];      //存储连接到本虚拟节点的所有道
路ID
    int         m_iNum;               //存储本虚拟节点连接的道路数
    ......
};
CMapRoadDummyNode                     //存储道路虚拟节点类
{  ......
    CCPoint     m_Array[常数];        //存储构成虚拟节点的所有点
坐标
```

```
    int        m_iNum;                  //存储构成虚拟节点的点个数
    CDummyNodeLinkm_Link;               //存储虚拟节点的拓扑关系
    ......
};
```

比较虚拟节点和节点在 VC++ 环境下的结构定义可以发现，节点是虚拟节点的一个特例，即当构成虚拟节点的点个数为一时，此时的虚拟节点就等于节点。所以具有虚拟节点的道路网络模型的几何表示方法仍可沿用图 4-2 所示的方法。

4. *研究虚拟节点的意义*

传统的道路网络结构是以点和线这两个要素来表达现实世界中的道路网络结构，反映了现实世界中道路段与道路段的交点、路段终点线或者路段起点；形状点是指同一条非直线道路上的转弯点，顾名思义，它表征非直道路的形状。现实世界的道路网络中的节点 (路口，点要素) 和道路段 (线要素) 都是具有面积的实体，用没有面积的点和线要素来简化这些实体必然存在许多缺陷 (详见 6.2.3 节)，而这些缺陷的直接或间接原因都来源于对现实世界中道路路口的简化。随着城市规划的日趋完善，城市道路和道路路口日趋庞大和复杂化，更加暴露出目前基于节点的道路网络模型存在的缺陷。所以必须研究一种新的道路网络模型 (基于虚拟节点的道路网络模型) 以彻底解决目前道路网络数据库中模型缺陷引入的误差。

由虚拟节点的定义可知，虚拟节点是具有面积和形状的节点，如图 6-18 和图 6-19(b) 可以看出虚拟节点的形状与简化的道路路口形状相似，所以它比节点法更能真实地反映现实世界中的道路网络结构，从而消除了节点法道路网络结构中的所有缺陷。

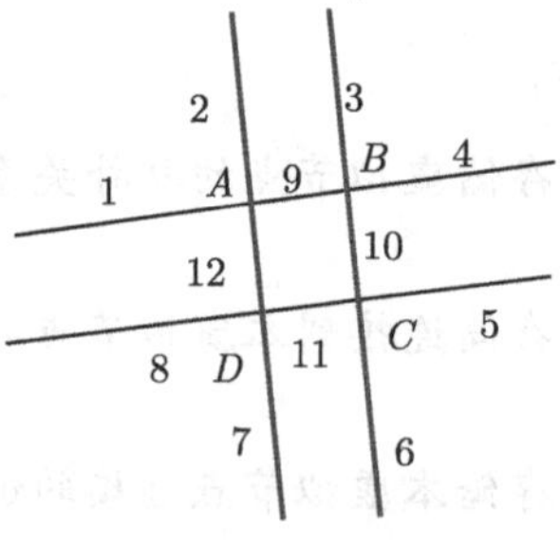

(a)节点法道路简化结构

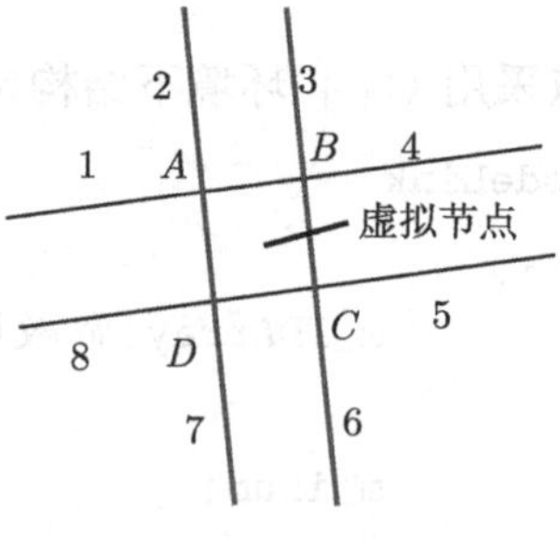

(b)虚拟节点法道路简化结构

图 6-19　节点法和虚拟节点法的网络结构图

图6-19(a)是图6-9(a)道路轮廓的节点法道路简化结构，图6-19(b)是图6-9(a)道路轮廓的虚拟节点法道路简化结构。比较图6-19(a)和(b)，图6-19(a)节点法道路简化结构图中包含有 12 条道路 (道路 ID=1，$\cdots$，12)，4 个节点 (节点 ID=A、B、C、D)，

每个节点都和其中 4 条道路具有拓扑关系；图6-19(b)虚拟节点道路简化结构图中包含有 8 条道路 (道路 ID=1，⋯，8)，1 个虚拟节点，该虚拟节点和所有 8 条道路具有拓扑关系。通过节点法和虚拟节点法两者的比较可得出虚拟节点具有以下优点：

(1) 与基于节点的道路网络模型相比，基于虚拟节点的道路网络模型大大减小了道路网络数据库的体积；

(2) 彻底清除了基于节点的道路网络模型中的短路段结构；

(3) 当车辆在穿越比较复杂的道路节点时，基于虚拟节点的道路网络模型大大地提高系统的道路查询检索、分析和操作的速度，从而提高整个系统的运行效率；

(4) 完全消除了由于对现实世界的线性简化和点简化引入的道路转角误差 (图 6-7(c)，图 6-9～图 6-16)；

(5) 基于虚拟节点的道路网络模型更能真实地反映现实世界中的道路网络结构，减少了制作地图时人为误差的引入，使得地图制作人员更易制作；

(6) 因为虚拟节点在比较大的十字路口具有一定的形状，所以基于虚拟节点的道路网络模型更适合于运动模型定位技术的应用。

5. 基于虚拟节点道路网路模型的地图匹配理论

从虚拟节点的定义和特点可以看出，传统的基于节点的道路网络模型是基于虚拟节点的道路网络模型的一个特例：即当道路网络模型中的所有虚拟节点内所包含的点数都为 1 时，基于虚拟节点道路网络模型就变成传统的节点道路网络模型。另外由于虚拟节点内包含的所有点除了位置坐标不同外其他属性全部相同，地图匹配时系统处理虚拟节点可参照处理传统节点的方法，所以以前提出的所有地图匹配理论 (可参见相关文献) 仍然适合基于虚拟节点的道路网络模型。

由于构成虚拟节点的各点是离散的，它们之间没有道路连接。根据地图匹配理论的前提条件：车辆被约束在道路网络上行驶，当车辆行驶在虚拟节点内时，从进入虚拟节点区域到离开虚拟节点区域地图匹配显示的车辆位置可能有些大的跳跃，跳跃距离的大小和虚拟节点内各点间的距离最大值和最小值有关。这种跳跃还会引入车辆切向位置的误差。

怎样消除车辆经过虚拟节点时跳跃引入的车辆位置误差？以图 6-18 为例，车辆从 1 号道路进入虚拟节点，将从 2 号、3 号或 7 号道路离开虚拟节点。由于 1 号道路和 2 号道路、3 号道路间的道路转角已经满足实时修正 DR 累积误差原则 (2) 中的角度阈值 θ，所以当车辆从 2 号道路或者 3 号道路离开虚拟节点时，系统会通过地图数据库自动消除跳跃引入的误差。当车辆从 7 号道路离开虚拟节点时，系统可以利用虚拟节点内 AC 两点间的距离对跳跃误差进行修正。

对于车辆经过虚拟节点的跳跃现象可以通过以下两种方法来解决：

(1) 在生成虚拟节点时严格控制虚拟节点内部各点间距离的最大值，使得车辆在经过虚拟节点时的跳跃距离能被用户接受；

(2) 当车辆进入虚拟节点后，显示的车辆位置为车辆原始轨迹位置，而不是车辆的地图匹配位置。

使用的是第二种方法的仿真结果如图 6-22 所示。

6. 实验结果分析

在本节中提出一种新的道路网络模型 —— 基于虚拟节点的道路网络模型，该模型很好地解决了基于节点的道路网络模型表达现实世界时存在的各种缺陷。

比较图 6-20、图 6-21 和图 6-22，图 6-21 表示的是实地跑车效果图，在地图匹配时其道路网络数据库采用的是基于节点道路网络模型。图 6-20 和图 6-22 分别为图 6-21 实地跑车数据仿真效果图。其中图 6-20 在地图匹配时的道路网络数据库也是采用基于节点道路网络模型，但是模型中存在图 6-7～图 6-16 所示的简化误差，导致仿真结果出错；图 6-22 在地图匹配时的道路数据库采用的是基于虚拟节点道路网络模型，由图可以看出具有很好的仿真结果。

比较图 6-21 和图 6-22 还可以看出，图 6-22 中的路段一和路段二可以分别由左行道和右行道两条道路表示；而在图 6-21 中该两个路段都是用一条道路表示，如果也采用左行道和右行道来表示，在十字路口就会引入如图 6-19(a) 所示的模型缺陷。

分析和仿真结果显示，基于虚拟节点的道路网络模型明显优于基于节点的道路网络模型，它更接近于现实世界中的道路网络。

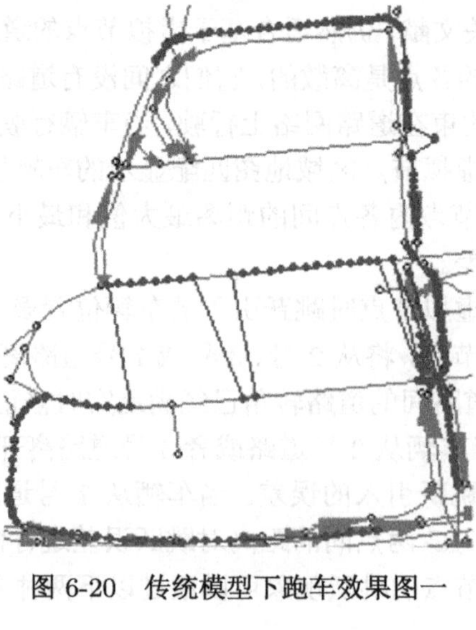

图 6-20　传统模型下跑车效果图一

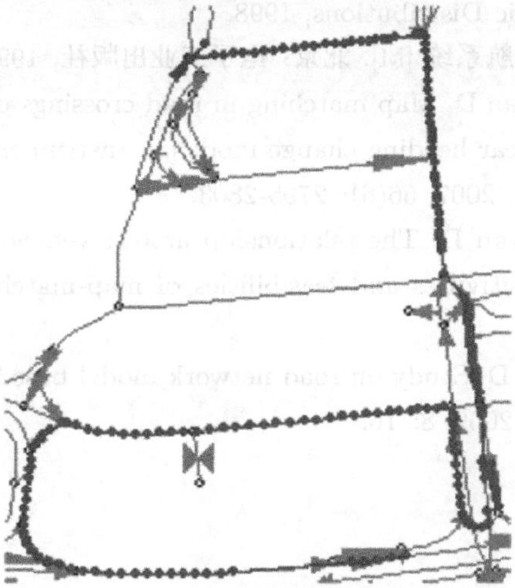

图 6-21　传统模型下跑车效果图二

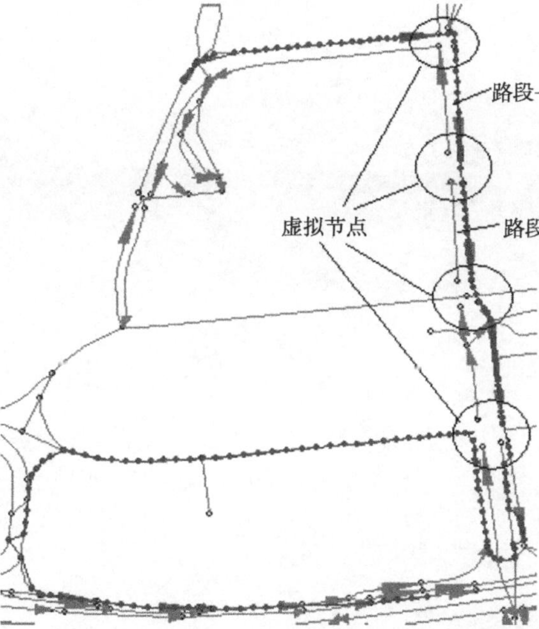

图 6-22　虚拟节点道路网络跑车实验效果图

参 考 文 献

[1] Bernstein D, Kornhauser A. An introduction to map matching for personal navigation

assistants[J]. Geometric Distributions, 1998.
[2] 赵亦林. 车辆定位与导航系统 [M]. 北京：电子工业出版社, 1999.
[3] Zhang X, Wang Q, Wan D. Map matching in road crossings of urban canyons based on road traverses and linear heading-change model[J]. Instrumentation and Measurement, IEEE Transactions on, 2007, 56(6): 2795-2803.
[4] Zhang X, Wang Q, Wan D. The relationship among vehicle positioning performance, map quality, and sensitivities and feasibilities of map-matching algorithms[C]. IEEE, 2003.
[5] Zhu Z, Wang Q, Wan D. Study on road network model based on virtual node joint [J]. Engineering Sciences, 2009, 8: 16.

第7章 GPS/DR/MM 组合定位理论与方法

一个可靠的现代车辆导航系统常常是多传感器集成融合的，本章系统介绍了GPS、DR、MM 三种定位方法相互组合的理论与方法，探讨了多传感器自动校正算法，并且实验验证了前述方法。

7.1 GPS/DR 组合定位

GPS 定位技术和航位推算 (DR) 定位技术在车辆导航定位过程中存在各自的利弊 [1]。航位推算 (DR) 利用陀螺仪 (或磁传感器) 测定车辆的行驶方向和车载里程表测定车辆行驶的距离推算车辆当前的位置，具有自主性好、不受外界控制和抗干扰能力强等一系列优点。但是陀螺仪的漂移所引起航位推算 (DR) 的误差随时间积累，高精度低漂移的陀螺仪的价格过于昂贵，在车辆导航应用中不能被用户所接受；便宜的低精度陀螺仪引起的误差需要实时校正。其次，里程表会由于汽车轮胎压力的变化而引起 DR 误差，在使用中必须对其标度因子进行测量与修正。当车辆在狭窄的街道、隧道和山谷中行驶时，GPS 接收机天线受到遮挡及干扰不能提供连续的定位信息，GPS 是离散的位置/速度传感器。GPS 和 DR 各自的利弊正

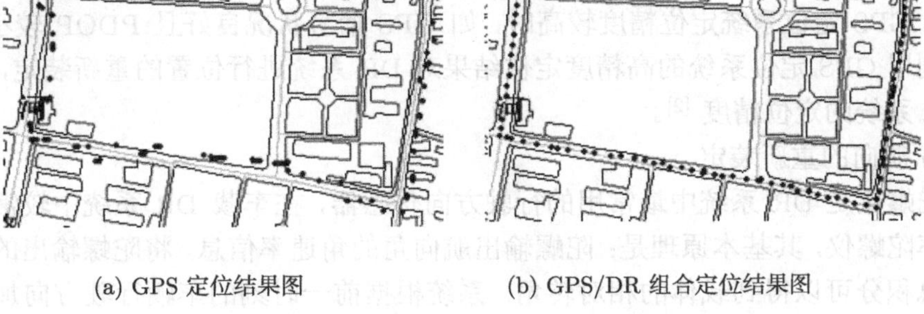

(a) GPS 定位结果图　　(b) GPS/DR 组合定位结果图

图 7-1　GPS 和 GPS/DR 定位结果比较

好互补，因此 GPS/DR 组合定位技术能使行驶在繁华城市和山区的车辆获得精确的定位精度。两种装置给出的定位信息通过切换、Kalman 滤波或信息融合获得连续的、精确的车辆位置，图 7-1 所示为 GPS 导航系统和 GPS/DR 组合导航系统在某城市进行跑车实验时的定位结果，其中图 7-1(a) 为单独的 GPS 定位效果图，图 7-1(b) 为 GPS/DR 组合定位技术定位的效果图，从图 7-1 中的 (a) 和 (b) 两图可以看出，在城市车辆导航系统中 GPS/DR 组合定位技术的定位效果明显优于单独 GPS 定位技术的定位效果。

7.1.1　GPS 对 DR 的校正

对于车载 GPS/DR 组合导航系统，在某些特殊情况下，可利用 GPS 定位系统实现对 DR 系统的特殊校正，例如 GPS 辅助 DR 系统初始化，GPS 定位系统对 DR 系统进行位置或航向的重新装定等。

1. GPS 初始化 DR

应用 DR 系统进行定位的最大问题之一就是系统在正常工作之前需要知道准确的初始位置。在某些情况下，单纯依靠 DR 系统本身确定初始位置需要缓慢的过程，然而大多数时候甚至是不可能的。例如，车辆从一个大的露天停车场开始启动，想要精确地确定起始位置就比较困难。利用 GPS 定位系统就可自动高效地完成这一初始化过程。这时，可用带速度观测量的 GPS 动态滤波法进行静态定位，能够获得较高的定位精度。在 GPS 信号不能使用的情况下，比如车辆停在室内或地下停车场，上次最后的推算位置可以用作车辆的初始位置，若车辆驶离停车点、GPS 信号能够使用之后，可立即用 GPS 重新校正车辆的位置。

2. GPS 对 DR 位置、航向和里程的实时修正

1) 位置的重新装定

DR 系统的位置推算是一个累积的过程，其推算误差会随着时间积累。当 DR 系统工作一段时间后，推算误差可达到难以容忍的程度。在 GPS/DR 组合导航系统的拓展模型中，一方面，GPS 定位系统可以对 DR 系统进行一定的校正，另一方面，当 GPS 定位系统定位精度较高时，如 GPS 信号状况良好且 PDOP 较小，可直接利用 GPS 定位系统的高精度定位结果对 DR 系统进行位置的重新装定，以提高 DR 系统的定位精度 [2]。

2) 航向的重新装定

陀螺仪是 DR 系统中最常用的行驶方向传感器，在车载 DR 系统中较常用的是速率陀螺仪，其基本原理是：陀螺输出航向角的角速率信息，将陀螺输出的角速率信息积分可以得到载体的相对转角。系统根据前一时刻的车辆行驶方向加上速率陀螺仪测得的车辆相对转角得到当前时刻车辆的行驶方向。对于陀螺影响较大

的误差主要为陀螺的常值误差和陀螺的漂移误差。常值误差的产生主要是由于陀螺在静止的情况下存在着输出的常值偏移 (零偏)，因此在实际工作中，应该将陀螺的常值误差补偿掉。但是实际上，陀螺的零偏不易准确地得到补偿，同时陀螺的零偏随着外界的环境变化而改变。因此当陀螺的零偏补偿不好时，在不断的积分过程中，导致陀螺的转角误差不断累积，使得航向推算产生较大的误差。图 7-2 为某一压电陀螺的漂移误差造成的航向推算误差。对于 GPS 系统，当车辆的行驶速度达到 16km/h 以上时，GPS 系统能够提供准确的航向信息，此时可利用 GPS 输出的地面航向值对 DR 系统的航向进行重新装定 (初始化)，从而提高 DR 系统的精度。

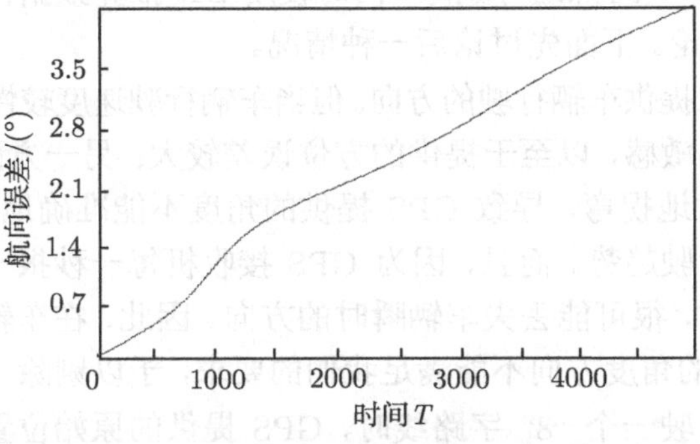

图 7-2 压电陀螺的漂移误差造成的航向推算误差

3) 里程的实时修正

在 DR 系统中，里程计是提供车辆行驶距离的传感器，对于常用的机械里程计，其基本原理是：里程计传感器检测车辆变速箱转动轴的转角，然后将测得的转角乘上标度系数得到车辆行驶的距离。标度系数与车轮的半径成正比，因此车轮半径的变化必然造成车辆行驶路程计算的误差. 车轮半径的变化与以下几个因素有关:①车辆速度，随着速度增加车轮半径增加；② 轮胎压力，随着轮胎内部压力增加轮胎半径增加；③ 轮胎胎面，随着轮胎胎面的磨损车轮半径减小。不论从理论还是实践上，我们绝对不可能保证车辆始终在这三种影响因素不变的条件下行驶，这就导致在推算车辆行驶距离时产生必然误差。同时，车辆在不同状况的路面上行驶时也会导致里程计计数出现误差。而且，这些误差都会随着时间而累积，从而也会导致 DR 系统的定位误差。因此可以在 GPS 信号接收良好的情况下利用其对里程计进行实时修正，从而提高 DR 系统的定位精度。

7.1.2 DR 对 GPS 的校正

1. GPS 野点实时剔除

所谓 GPS 野点是指 GPS 接收机提供的不精确的定位点。数据不准确是多方面的，不仅是指经纬度不准确，而且也包括方向等数据。如果不能准确地剔除野点，不仅会影响该时刻的定位精度，而且会降低以后的 DR 推算精度。严重的时候，甚至会对 DR 的推算带来灾难性的后果，使 DR 在错误的基础上推算位置。因此，GPS 野点的剔除对于 GPS/DR 的组合定位系统数据融合有着重要的意义。野点剔除后必须用 DR 进行拟合，从而实现 GPS/DR 的数据融合。

正如前所述，GPS 的野点值得关注的有两种，一种是经纬度不准，这将直接影响定位精度；另一种是提供的方向角不准，这将对今后的 DR 推算带来严重后果。第一种情况就是 GPS/DR 信息切换，可根据接收到的卫星数目、HDOP 的大小以及信息融合方法对 GPS 野点进行剔除，同时使用 DR 推算数据代替该时刻的野点数据，具体在下节讨论。下面先讨论后一种情况。

GPS 接收机可以提供车辆行驶的方向。但当车辆行驶速度较慢时，一方面，GPS 接收机对慢的速度不敏感，以至于提供的方位误差较大；另一方面，车速慢时，车辆便可以在路中随意地拐弯，导致 GPS 提供的角度不能准确地反映道路的方向，即不能反映车辆的行驶趋势。而且，因为 GPS 接收机每一秒报一次数据，当车辆的随意拐弯频率大时，很可能丢失车辆瞬时的方向。因此，在车辆行驶缓慢时，认为 GPS 接收机提供的角度方向不能满足我们的要求，予以剔除。

图 7-3 为车辆行驶一个 “8” 字路线时，GPS 提供的原始位置示意图。从图中可以看出，在错误区域，GPS 提供的经纬度和方向都不正确，因而作为野点剔除。

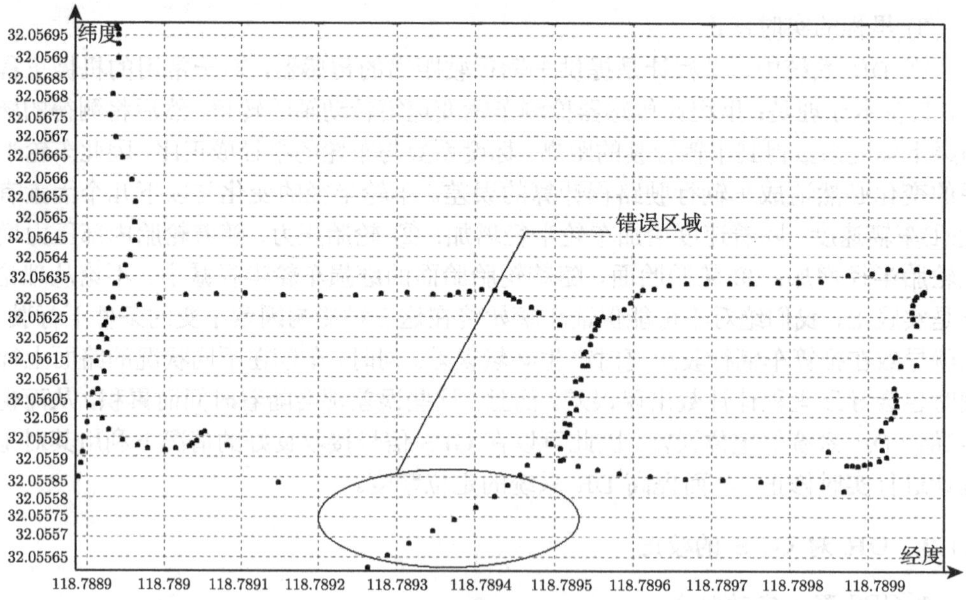

图 7-3　野点剔除后的定位效果

2. 加密 GPS 点

对于 GPS 系统来说，其动态性不高，一般其接收机采样频率为 1Hz(目前有采样频率为 10Hz 的接收机，但价格比较高)，对于运动速度比较高的载体来说，比如速度为 20m/s(72km/h) 车辆，如果对车辆定位要求比较高，1Hz 的采样频率肯定不够，在 GPS 信号良好的情况下误差就会超过 20m，如果还存在外界强信号和遮挡物等对信号的暂时干扰，那 GPS 定位点的密度肯定不能满足定位精度的要求。而对于 DR 系统，其硬件采样频率一般都不受限制 (一般都可以达到 10Hz)，因此，可以利用 DR 系统采用频率高的优点来加密 GPS 点，从而提高整个定位系统的定位精度和动态性能。图 7-1 中 (a) 就是单纯采用 GPS 进行采样定位点的轨迹，(b) 是采用 GPS/DR 定位系统进行采样定位点的轨迹，比较 (a) 和 (b) 不难看出，(b) 的定位点较 (a) 中均匀且稠密，提高了定位精度和动态性。

7.1.3　GPS/DR 信息切换

在 GPS/DR 组合导航系统中，很关键的一个方面就是需要解决 GPS、DR 之间的切换问题，即何时直接使用 GPS 定位数据，何时需要用 DR 进行位置计算。这里提到的切换主要是指定位位置的切换。这便需要判断 GPS 数据是否满足定位精度。

对于 GPS 系统，接收卫星的个数 StarNum 和 HDOP 值是用来判断定位精度高低的两个重要参数。

根据 GPS 定位原理，GPS 的空间卫星星座由 24 颗卫星组成，平均分布在 6 个轨道面内。通过 GPS 接收机我们能够收到卫星信号。但要至少收到 4 颗卫星的信息才可以准确定位，因此一般 StarNum 取为 4，而当接收到的卫星数目少于 4 颗时，GPS 接收机就无法正常定位。但在实际应用中发现，由于受多径效应的影响，卫星数多于 4 颗，定位精度仍然不高。GPS 的精度不仅仅取决于在计算时采用的卫星数，而且还取决于卫星的几何分布 (DOP)。

当进行位置计算时，要解四个未知数：纬度、经度、高度和接收机钟差 (通常称为时间参数)。每次解这四个未知数均与卫星的位置有关。为了描述卫星定位的好坏，通常引入 DOP 指标。

DOP(dilution of precision, 精度衰减因子) 是反映卫星几何分布的精度衰减因子。在跟踪到的卫星数目一定的前提下，当跟踪和使用的卫星在整个天空均匀分布时，DOP 值较小；当跟踪和使用的卫星在整个天空不均匀分布时，DOP 值较大。

DOP 的评价指标有 GDOP(geometric dilution of precision, 几何精度因子)、PDOP(positional dilution of precision, 三维定位几何精度因子)、HDOP(horizontal dilution of precision, 水平位置几何精度因子)、VDOP(vertical dilution of precision, 垂直位置几何精度因子) 和 TDOP(time dilution of precision, 时间偏差几何精度因子)。其中，GDOP 是包含整个三维定位位置和时间偏差的定位精度。PDOP 是三

维定位位置的定位精度，它不包含时间偏差的精度。HDOP 和 VDOP 分别代表水平平面的位置精度和垂直高度的位置精度。TDOP 代表时间偏差的精度。

在前面所提到的纬度、经度、高度和接收机钟差四个未知数中，高度是最难解的。目前的 GIS 电子地图还是以平面的为主，评价指标也一般采用平面位置误差。所以，在实际工程运用中可以使用 HDOP 来判断卫星平面定位精度。

HDOP 值越小，表明定位精度越高。所以我们可以用收到的 HDOP 值与事先选定的阈值进行比较，如果小于这个阈值，则可认为是满足定位精度的；反之，认为该时刻的 GPS 定位精度不能满足要求。

该 HDOP 阈值常量需经过实际测试才能确定。在接收卫星信号条件好的地区，可以把条件适当放宽，这样定位效果更好。

因此加上 HDOP 作为判断条件之一，判断何时取用 GPS，何时取用 DR。如果能同时获得卫星信号强度因子，则还可以将信号强度太弱时的 GPS 定位结果剔除。当接收到的卫星个数满足 4 颗，并且 HDOP 小于阈值时，直接采用 GPS 数据；反之，当条件不满足要求时，则采用 DR 推算。

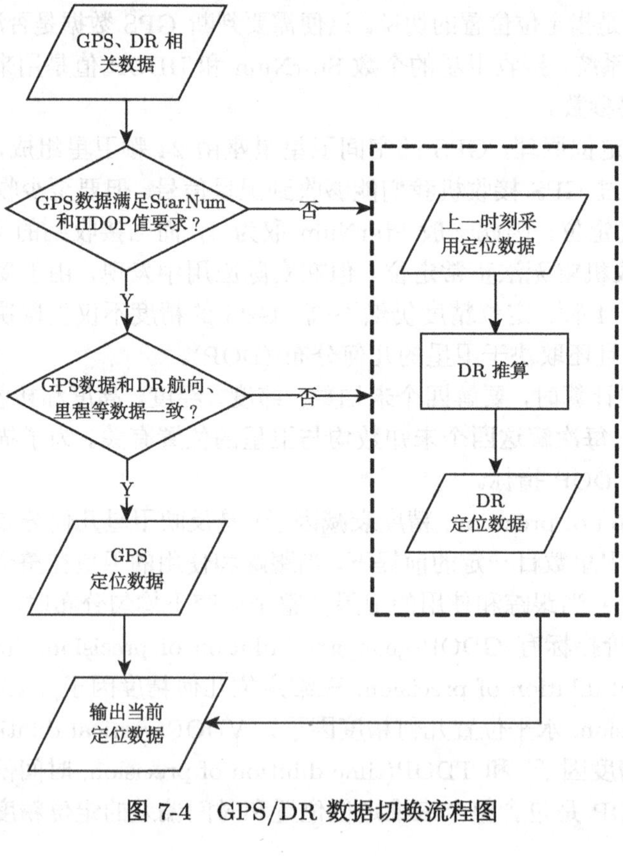

图 7-4　GPS/DR 数据切换流程图

在某些地区 (比如玻璃外墙林立的高楼大厦区)，经常由于多径效应，即使是 GPS 卫星接收数和 HDOP 值都达到设定要求，定位精度和可靠度急剧下降，GPS 定位信息不能采用，如果单纯利用上述 StarNum 和 HDOP 值进行判断肯定会出现上房下海等错误定位现象。此时我们可以利用 DR 系统的速度、航向以及定位数据对 GPS 定位信息进行评估，从而确定是采用 GPS 定位还是采用 DR 定位。整个 GPS/DR 信息切换流程如图 7-4 所示。

7.2　DR/MM 组合定位

地图匹配算法自被提出到现在很多学者对之做了大量的研究。20 世纪 70 年代初两个美国研究小组和一个英国研究小组分别独立发明了半确定性地图匹配算法，半确定性算法虽然提出了在地图匹配时实时修正 DR 累积误差，但是它是基于车辆沿着预先确定的道路上行驶这一前提假设条件下。半确定性地图匹配算法因为其局限性，后来演变为基于概率估计的地图匹配算法。到 1991 年 Huang 年提出了基于模糊逻辑的地图匹配算法，该算法认为车辆行驶的轨迹由于实际运行的原因，不可能完全和真实的位置重合，要精确区分车辆在哪一条街道是困难的，因此地图匹配的结果往往是不确定的，而不确定积累到一定程度才可能转变为确定性事件，该文提出了用模糊逻辑的方法确定匹配结果。Takashi 提出了一种改进自相关的基于 Kalman 滤波的地图匹配算法，该算法假定匹配点和原始点存在某种线性关系，以此建立 Kalman 滤波模型，然而该方法在道路转弯时往往不适合，因此它通常只能得到道路法向的定位误差。2000 年 Wuk Kim 将定位误差分成道路切向和道路法向两个方向进行分别研究，并且建立了相应的观测方程，但是该文没有给出相应误差的状态方程，此外该文对于道路的选择和最终的地图匹配位置判断未作介绍。

本节主要探讨基于概率估计的地图匹配算法中实时修正 DR 累积误差。

7.2.1　航位推算中角度误差和里程误差对车辆位置精度的影响

现代车辆组合导航系统中航位推算子系统采用的传感器主要有：里程表、速率陀螺仪。里程表是提供车辆行驶距离的传感器，它具有以下几种形式：光电式、电磁式、磁传感式、多普勒雷达等。不同的距离传感器检测车辆各自所需的参数，然后将测得的参数乘上标度系数得到车辆行驶的距离。标定参数与车轮的半径成比例，因此车轮半径的变化造成车辆行驶路程计算的误差。车轮半径的变化与以下几个因素有关：①车辆速度；②轮胎压力；③轮胎胎面。这三种因素的实际影响见表 7-1。在实际应用中，里程表造成的误差可控制在行驶路程的 2%(非驱动轮)。

速率陀螺仪通过测量车辆转角的速率，并对时间进行积分得到车辆的角度变化，根据前一时刻的车辆方向来确定当前车辆的行驶方向。速率陀螺仪存在漂移误差，且随时间积累。目前车辆导航系统通常采用的速率陀螺仪为光纤陀螺和压电陀螺两种。光纤陀螺的精度较高 (漂移 10°/h)，但成本较高，每个至少都是几万元甚至于十几万元人民币，无法被用户接受。所以作者选用的是低成本的压电陀螺 (约 300 元人民币)。

表 7-1　影响里程表误差的因素

误差源	尺度/%	备注
轮胎压力	1.65/bar(非刚线) 0.35/bar(刚线)	在正常压力下误差较小
速度	0.016/(km/h)(非刚线) 0.0023/(km/h)(刚线)	线性变化 可以计算机校正
轮胎胎面	3	在车辆维护过程中可以重新标定 计算机校正

图 7-5 是采用日本的 ENV-D 型压电陀螺实地跑车结果图，图中所示的行车道路为连接香港和九龙的一条海底隧道，全长约为 2520m。在车辆进入隧道开始在直线道路上行驶时，选取航位推算的起始方向角 α_{begin} (与北向夹角为 29.4°)，航位推算终止角 α_{end} (与北向夹角为 18.2°)，实际行车道路与北向的夹角为 60°。由图可以看出，车辆在进入直线道路之前的行驶路径为一圆形，进入直线道路后，航位推算的角度与车辆实际行驶方向约有 30° 的误差，当车辆在直线道路上继续行驶约 2052m 到达道路上的位置 A 点时，航位推算的角度 α_{end} 与车辆在 A 点行驶的实际方向约有 42° 误差；航位推算的车辆位置 A_0 点与实际车辆位置 A 点的距离误差约为 1226m。如此大的位置误差，如果采用如图 7-6 所示的常规的概率估计地图匹配算法很难用一个误差置信区域来描绘真实车辆所处的区域界线。

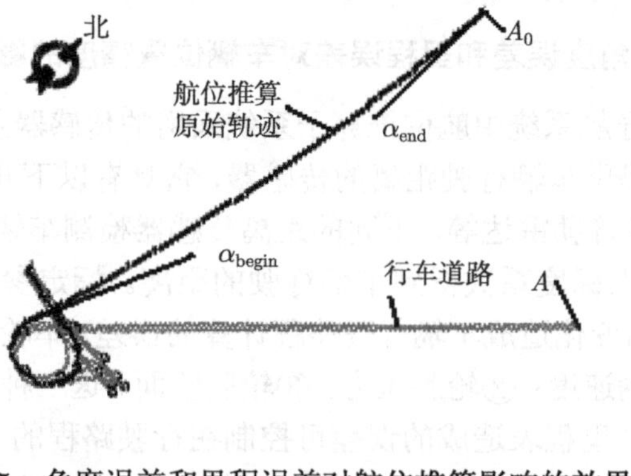

图 7-5　角度误差和里程误差对航位推算影响的效果图

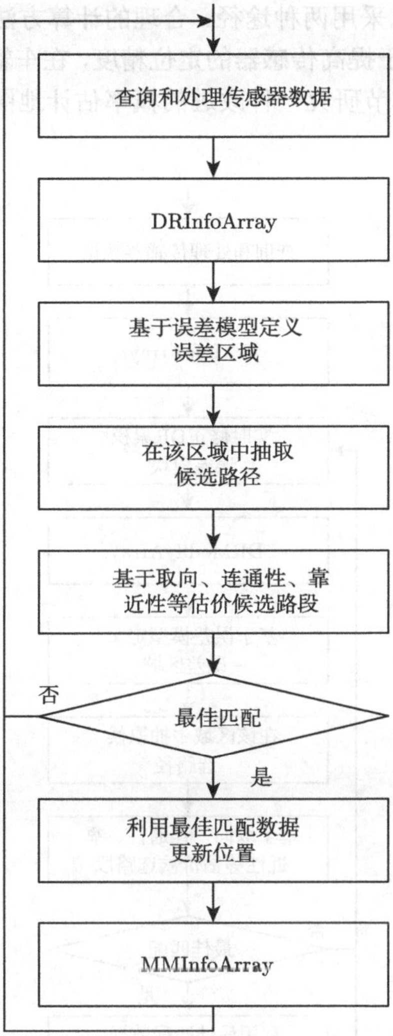

图 7-6　常规的地图匹配算法流程图

7.2.2　基于 DR/MM 的改进的概率估计地图匹配算法

概率估计算法要求推算定位的传感器误差在统计意义上被传播到位置决策中。这些误差和误差模型定义的椭圆形或矩形置信区域用于描绘出真实车辆为之所处的区域界线的轮廓。这种置信区域被叠加到公路网上。如果该区域仅包含一个交叉路口或道路，仅需进行一次匹配，并且把坐标综合或进一步处理作为车辆的位置。如果该区域内不止一个交叉路口或道路，则需要进行道路连通性检查以确定车辆的最可能位置。由此可知减小误差置信区域可以提高匹配计算速度和匹配精度。减小误差置信区域一般可以采用两种途径：合理的计算方法和提高传感器的定位精度。在前面已经提到，对于提高传感器的定位精度，在车辆导航应用中其性价比无法被用户所接受，所以本节研究一种改进的概率估计地图匹配算法，其流程图如图 7-7 所示。

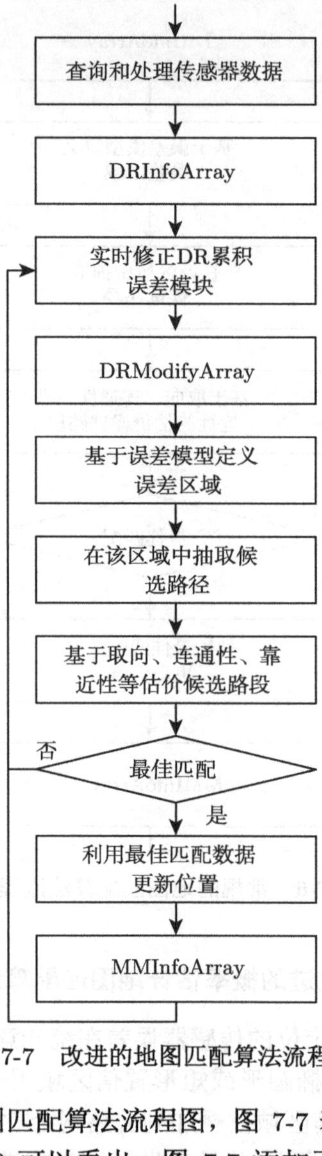

图 7-7　改进的地图匹配算法流程图

图 7-6 表示常规的地图匹配算法流程图，图 7-7 表示改进的地图匹配算法流程图。比较图 7-7 和图 7-6 可以看出，图 7-7 添加了一个 “实时修正 DR 累积误差模块”(具体在 7.2.3 节详细介绍)。图中的 DRInfoArray、DRModiryArray 和 MMInfoArray 代表三个队列，它们分别存储了车辆原始轨迹点 (数据来源于传感器

的采集)、修正误差后的车辆轨迹点和车辆的地图匹配轨迹点。图 7-8 是图 7-5 的实验数据加了“实时修正 DR 累积误差模块”后的仿真效果图，从图中可以明显看出在位置点 B，系统对航位推算的原始轨迹作了一次角度修正。与常规的地图匹配算法相比，改进的地图匹配算法具有如下优点：

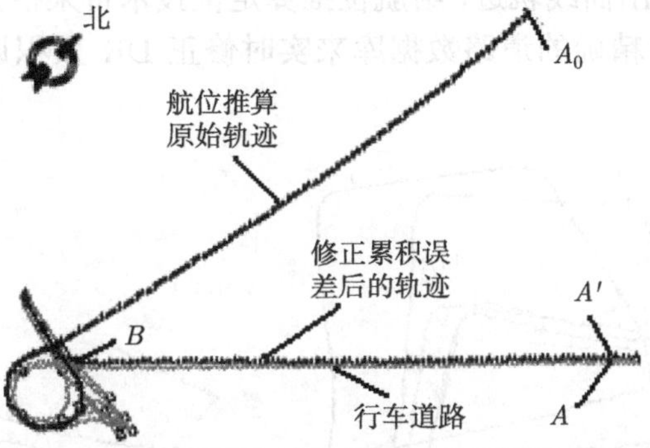

图 7-8　原始轨迹经修正累积误差后的效果图

(1) 地图匹配数据来源于队列 DRModifyArray，使得 DRInfoArray 的数据和 MMInfoArray 的数据相互独立，不对来源于传感器的数据作任何修改，有利于分析航位推算中的传感器误差；

(2) 使得航位推算分离成为一个独立的系统，采用独立的计算方法、试验方法以及里程脉冲系数和陀螺仪系数的标定；

(3) 实时修正了航位推算中的累积误差，缩小误差模型的置信区域，加快了地图匹配算法的速度。

7.2.3　DR 累积误差实时修正算法

1. DR 累积误差实时修正的意义

尽管在过去的几十年内，卫星技术得到飞速发展，尤其是把 GPS 技术引入到车辆导航领域，成为车辆导航系统中的主要定位技术。然而，在密集的都市应用 GPS 进行地面车辆导航时，由于信号受周围环境的阻挡或者干扰，不能获得连续的车辆位置信息，所以单独使用 GPS 定位无法满足地面车辆导航的需要。例如在香港的中心城区，只有 30%的道路可以接收到 GPS 信号，而且在繁荣的城区，常常出现长达 20min 应用 GPS 无法对车辆定位的情况。特别对某些特殊车辆，如警察的巡逻车、银行的运钞车，它们可能会被限制在某一区域内执行任务，如果这一区域不能接收 GPS 信号就意味着车辆在整个执行任务期间无法使用 GPS 对车辆进行定位，在这段时间内就必须依靠航位推算技术来实现对车辆的定位。

对于特种车辆，如摩托车的导航与定位，由于车辆空间的限制，驾驶员的身体遮挡了部分 GPS 信号，从而导致 GPS 接收机很难得到 GPS 信号的定位；如图 7-9 所示为摩托车在香港湾仔的实地跑车 GPS/DR 实验效果图，整个跑车实验时间 5378 s，在整个的跑车时间内 GPS 接收机只收到 94 个正确的 GPS 信号。另外，从图 7-10 所示摩托车行驶轨迹局部放大图可以看出，由于摩托车的灵活性，往往在直线道路上也能跑出曲线轨迹，给航位推算定位技术带来很大困难。所以研究利用数字地图数据库中精确的道路数据库来实时修正 DR 累积误差，对于城市车辆导航有其重要意义。

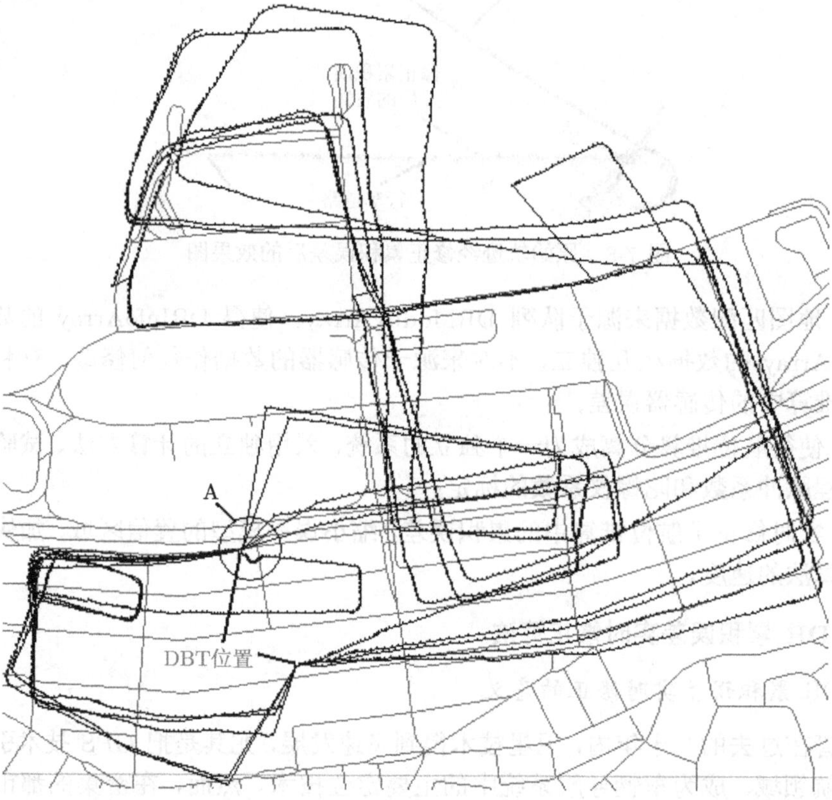

图 7-9　摩托车实时跑车 GPS/DR 原始轨迹实验效果图

2. 实时修正 DR 累积误差的原则

利用地图匹配算法实时修正 DR 累积误差的思想在早期的地图匹配技术 (半确定性算法) 中就已经使用。它是基于车辆沿着预先确定的道路上行驶，每当系统检测到车辆拐弯时，就会修正推算定位距离传感器产生的累积误差；如果车辆的行驶路线在道路的两个拐弯之间驶出了道路，系统会修正航位推算取向的累积误差。

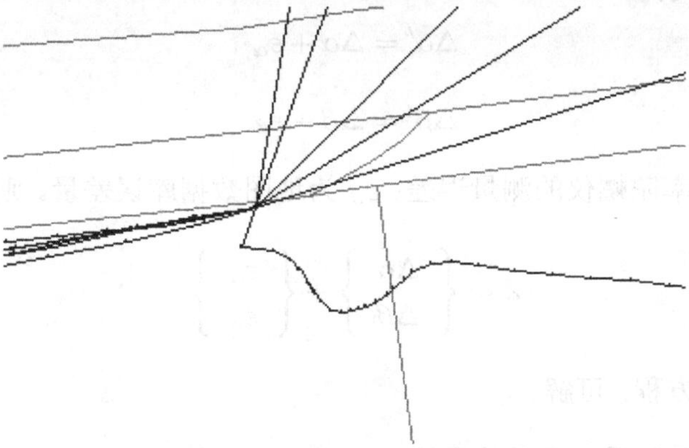

图 7-10 A 区 (图 7-9) 局部放大图

本节主要是研究在车辆行驶路线不确定条件下采用数字地图中的道路数据库实时修正 DR 累积误差。

实时修正 DR 累积误差原则:

(1) 车辆在直线道路上行驶，由于车辆行驶角度为一常数，利用车辆匹配位置和数字地图数据库中的道路对 DR 进行法向位置和行驶角度的修正;

(2) 系统检测到车辆拐弯时，如果车辆拐弯角度大于阈值 θ，利用车辆匹配位置和数字地图数据库中的道路拓扑关系对 DR 进行法向位置、切向位置和角度的修正;

(3) 车辆在曲线道路上行驶，即当系统检测车辆拐弯角度小于阈值 θ，不对 DR 进行任何修正。

所以实时修正 DR 累积误差主要是观测每一时刻速率陀螺仪的输出量，避开了令人头痛的累积误差。

3. 实时修正 DR 累积误差观测方程的建立

DR 系统测量传感器主要包括:

(1) 车辆里程表，输出车辆在采样周期 T 时间内行驶的距离。

(2) 角速率陀螺仪，输出车辆航向的变化 $\Delta\alpha$。

数字地图中的道路网络数据库主要提供的是:

(1) 道路段方向 $\Delta\beta$。

(2) 路段间、道路与道路间的角度变化量 $\Delta\beta$。

所以系统的状态变量为

$$Z = \{\Delta\alpha', \Delta\beta'\} \tag{7-1}$$

观测方程可写为

$$\Delta\alpha' = \Delta\alpha + \varepsilon_\alpha$$

$$\Delta\beta' = \Delta\beta + \varepsilon_\beta \tag{7-2}$$

式中，ε_α 为角速率陀螺仪的测量误差；ε_β 为地图数据库误差量。则 Z 可表示为

$$Z = \begin{Bmatrix} \Delta\alpha \\ \Delta\beta \end{Bmatrix} + \begin{Bmatrix} \varepsilon_\alpha \\ \varepsilon_\beta \end{Bmatrix} \tag{7-3}$$

观测方程为线性方程，可解。

4. 实时修正 DR 累积误差技术流程

实时修正 DR 累积误差的技术流程可以表示为图 7-11 所示。

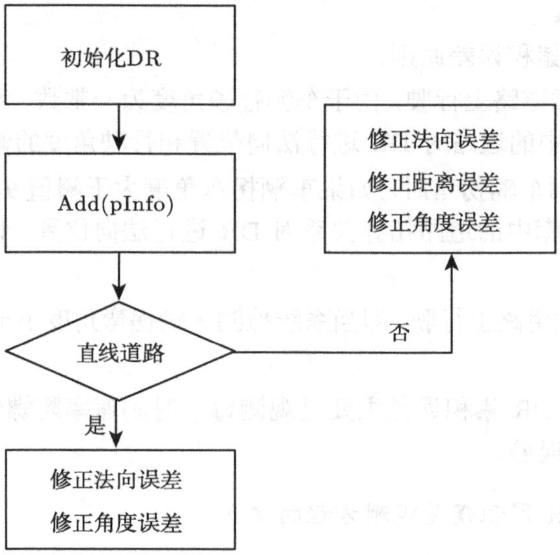

图 7-11　实时修正 DR 累积误差流程图

5. 实验结果分析

图 7-12 是在没有 GPS 信号的环境下采用本节算法进行实地跑车的实验效果图。图中已在导航地图上标出车辆行驶轨迹路线、算法实时修正误差后的车辆行驶轨迹路线、位置实时修正的误差向量。从图中标出的误差向量可以明显看出，航位推算的累积误差随着车辆行驶距离的增加而增加。

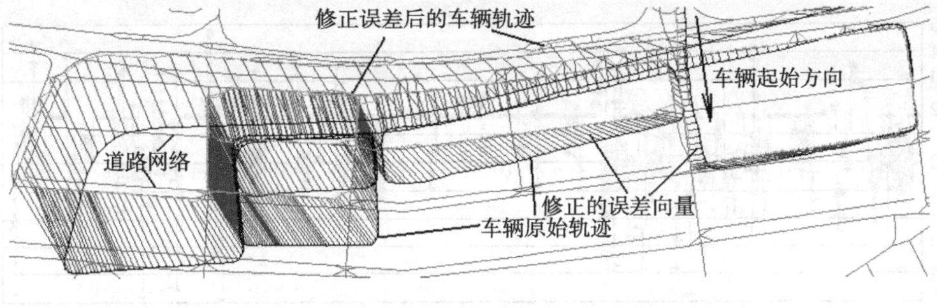

图 7-12　实时修正 DR 累积误差实验结果图

在图 7-13、图 7-14 和图 7-15 中，纵坐标的单位为度 (°)，横坐标的单位为秒 (s)。其中图 7-13 是实验过程中陀螺仪在前后两个相邻时刻角度改变量在时间上的分布图，图 7-14 表示航位推算每一时刻的角度误差在时间上的分布图，图 7-15 表示经修正误差后，每一时刻的车辆角度误差在时间上的分布图，比较图 7-14 和图 7-15 可以看出，修正误差后每一时刻的车辆角度误差明显小于每一时刻的航位推算角度误差。

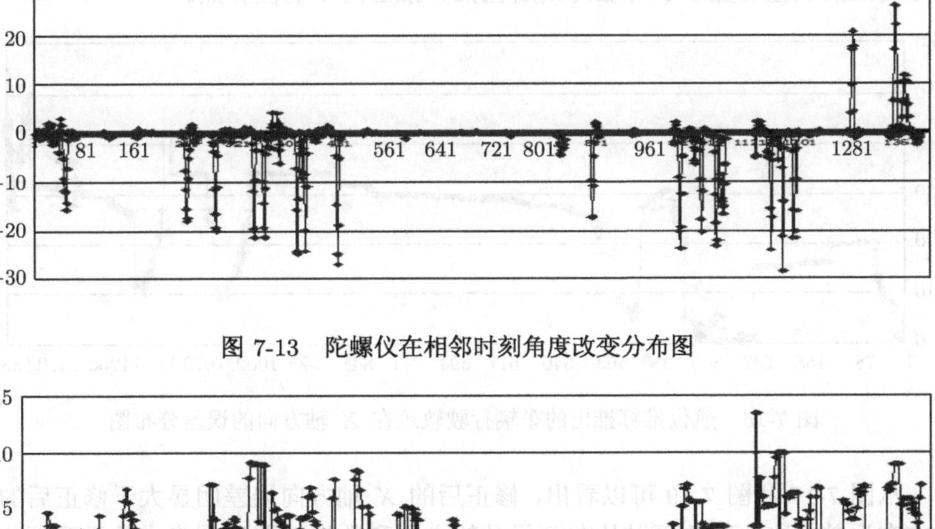

图 7-13　陀螺仪在相邻时刻角度改变分布图

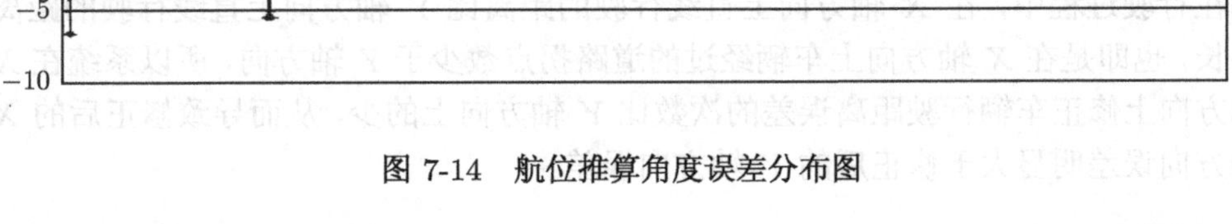

图 7-14　航位推算角度误差分布图

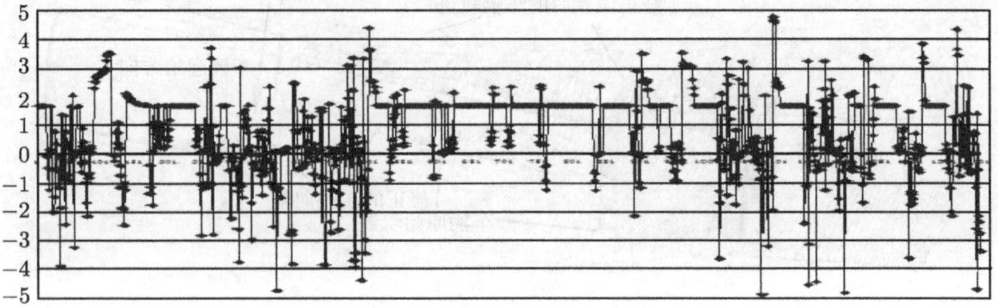

图 7-15　修正误差后的车辆角度误差分布图

图 7-16、图 7-17、图 7-18 和图 7-19 中，纵坐标的单位为米 (m)，横坐标的单位为秒 (s)。其中图 7-17 和图 7-19 表示修正误差前车辆行驶轨迹在 X 轴方向和 Y 轴方向的误差在时间上的分布图；图 7-16 和图 7-18 表示经过修正误差后，车辆行驶轨迹在 X 轴方向和 Y 轴方向的误差在时间上的分布图。分别比较图 7-17 和图 7-18、图 7-19 和图 7-16 可以看出，修正误差后每一时刻的车辆位置点在 X 轴和 Y 轴方向上的误差明显小于对应时刻航位推算推出的车辆位置点。

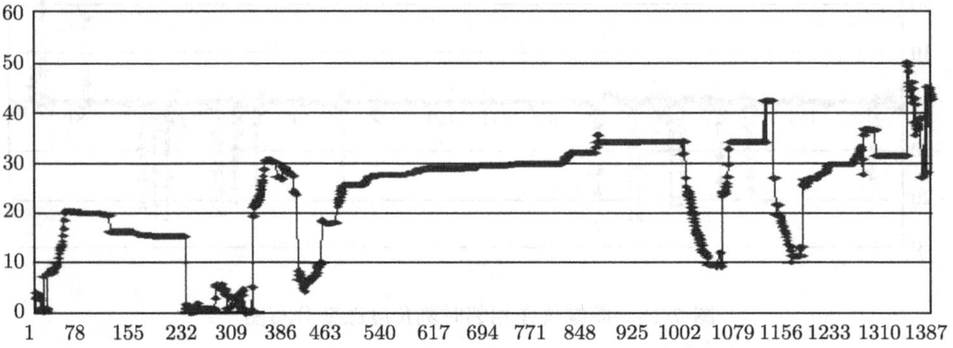

图 7-16　航位推算推出的车辆行驶轨迹在 X 轴方向的误差分布图

从图 7-17 和图 7-19 可以看出，修正后的 X 轴方向误差明显大于修正后的 Y 轴方向误差。这种现象可以从车辆行驶的方向和数据地图数据库中的道路网络结构加以解释。从图 7-12 车辆的行驶轨迹和数字地图的道路网络结构可以看出，车辆在行驶过程中，在 X 轴方向上直线行驶的距离比 Y 轴方向上直线行驶的距离要长，也即是在 X 轴方向上车辆经过的道路拐点数少于 Y 轴方向，所以系统在 X 轴方向上修正车辆行驶距离误差的次数比 Y 轴方向上的少，从而导致修正后的 X 轴方向误差明显大于修正后的 Y 轴方向误差。

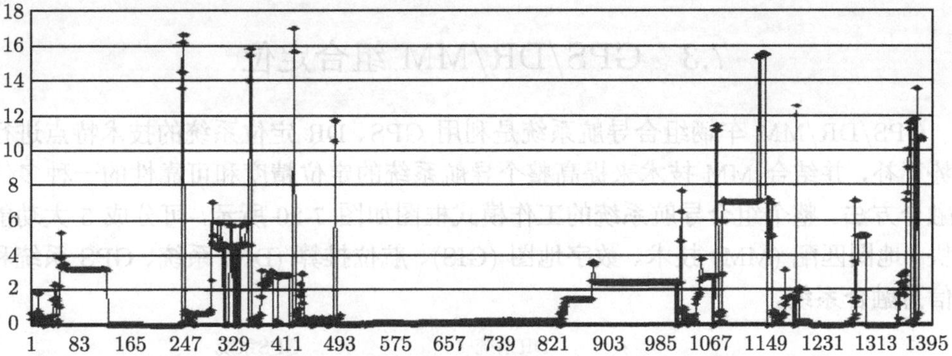

图 7-17　修正误差后的车辆行驶轨迹在 X 轴方向的误差分布图

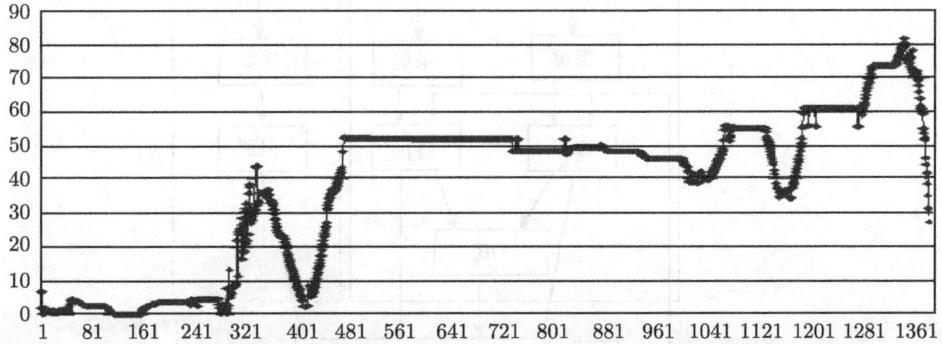

图 7-18　航位推算推出的车辆行驶轨迹在 Y 轴方向的误差分布图

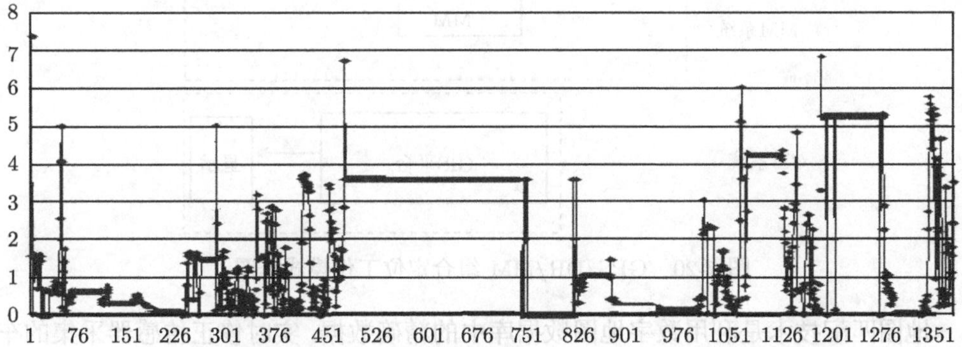

图 7-19　修正误差后的车辆行驶轨迹在 Y 轴方向的误差分布图

从上面的分析可以看出，本研究方法对于比较有规则道路网络 (即道路拐弯比较明显) 其性能更加突出，具有良好的定位效果。但是对于车辆在曲线道路上行驶时，对于 DR 累积误差的实时修正目前还没有一个很好的具体解决方法。

7.3 GPS/DR/MM 组合定位

GPS/DR/MM 车辆组合导航系统是利用 GPS、DR 定位系统的技术特点进行优势互补，并结合 MM 技术来提高整个导航系统的定位精度和可靠性的一种多信息融合方法。整个组合导航系统的工作模式框图如图 7-20 所示，可分成 5 大功能模块：地图匹配 (MM) 技术、数字地图 (GIS)、航位推算 (DR) 系统、GPS 系统和多信息融合系统。

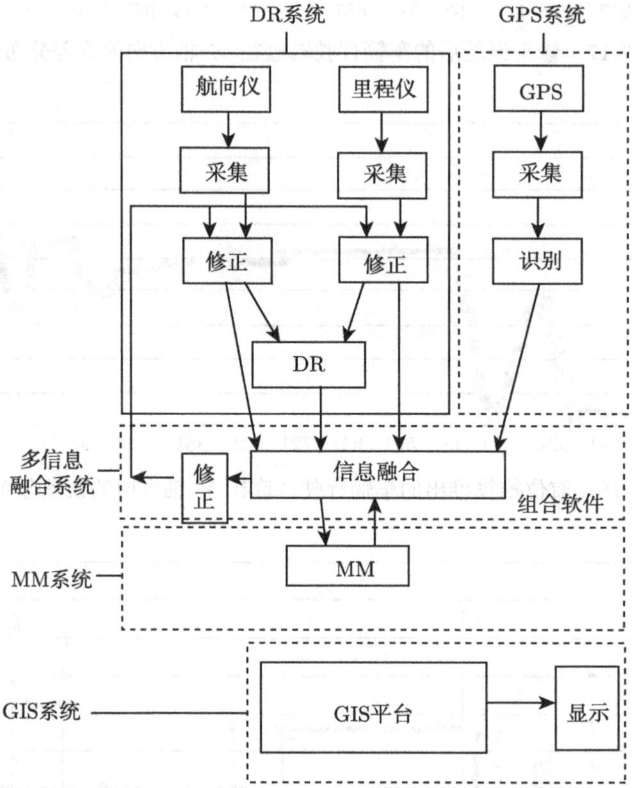

图 7-20 GPS/DR/MM 组合定位工作模式框图

地图匹配技术是利用数字地图数据库中的精确数据，实时修正传感器采集的车辆位置信息中的误差，从而得到精确的车辆位置信息。由此可知，地图匹配 (MM) 技术和数字地图组成一个伪定位模式，它必须在了解车辆行驶轨迹的前提条件下，才能把车辆行驶轨迹和道路网络数据库进行比较，最后获得精确的车辆位置信息。

目前提供车辆行驶轨迹的主要定位模式有航位推算 (DR) 模式、GPS 定位模式、GPS/DR 组合定位模式。以上这三种定位模式在系统精度要求不高的前提条件下可以单独成为一个定位系统。为了进一步提高定位系统的精度，在这三种定位模式中引入了地图匹配技术，从而产生出新的三种定位模式：DR/MM、DR/MM/GPS、GPS/MM。以上这六种定位模式可以归结为一种定位模式，即如图 7-20 所示的 GPS/DR/MM 组合定位模式，通过多信息融合系统自动在六种模式间切换以提高整个导航系统的定位精度和可靠性。

虽然 GPS/DR/MM 组合导航系统能很好地解决城市车辆导航系统中 GPS 信号不连续问题，但是却不能很好地解决城市中容易出现的 GPS 多路径问题。本节主要内容就是讨论 GPS/DR/MM 组合导航系统中多路径误差的消除。

全球卫星导航与定位系统 (GPS) 通过测量接收机到卫星的伪距离来确定接收机的三维位置。伪距离测量受很多误差因素的影响，包括卫星时钟和星历、选择可用性 (SA)、电离层延迟、对流层延迟、多径延迟和热噪声等。除对流层延迟、多径延迟和热噪声外，其他因素引起的误差大都可用差分技术 (DGPS) 消除。对流层延迟也可通过实时测量湿度和温度并利用已知的经验公式进行校正。热噪声幅度比较小，剩下多径误差幅度较大。而且多径效应受测量环境、时间的影响很大而难以预测。特别是对近距差分 GPS，多径干扰误差变成了 GPS 的主要误差源。

目前针对多径误差，世界各地研究人员都尝试了不同的方法，例如：①基于信噪比自适应的抗多径方法；②抗多径天线；③抗多径接收机。以上这些方法都是希望通过硬件来彻底消除 GPS 信号中的多径误差，虽然这些方法在不同程度上消除了一些多径误差，但都不能彻底地清除多径误差。

为了在车辆导航系统中尽量避免多径误差对车辆定位精度的影响，本节主要研究一种新的方法以消除 GPS 多径误差对车辆定位精度的影响。

7.3.1　实时辨识 GPS 多径误差

GPS 多径误差对车辆的定位精度影响主要是两个方面：①车辆位置的影响；②车辆行驶角度的影响。

根据作者多次在香港的跑车实验显示，GPS 多径误差主要出现在 GPS 盲区和 GPS 可见区的交界处往往一边是高楼，另一边是开阔天空 (即 GPS 接收机只能看到半个天空) 的道路。所以当车辆从 GPS 盲区进入 GPS 可见区时，如果受到 GPS 多径误差的干扰，系统会很快地得到正确 GPS 信号的纠正，这种现象一般还能让用户接受；如图 7-21 所示，当车辆从 GPS 可见区进入 GPS 盲区时，在 A 点受到 GPS 多径误差的干扰，受干扰后这段时间内 GPS/DR 组合定位系统一直包含着这个多径误差，直到当车辆行驶到 B 点时，GPS 接收机接收到正确的 GPS 信号，GPS/DR 定位系统才能消除上一次的多径误差，图 7-22 是图 7-21 的地图匹配效果图。所以在城市车辆导航过程中，任何一个 GPS 多径误差都可能会给车辆导航系统的总体性能带来致命的影响，必须要彻底杜绝 GPS 多径误差对车辆导航系统的影响。

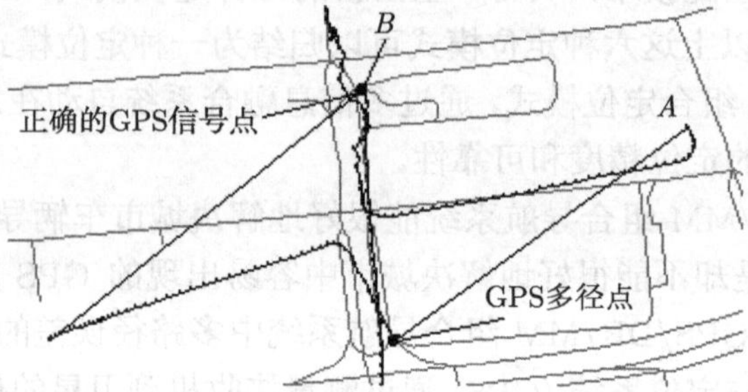

图 7-21　GPS 多路径效应对 GPS/DR 定位精度的影响

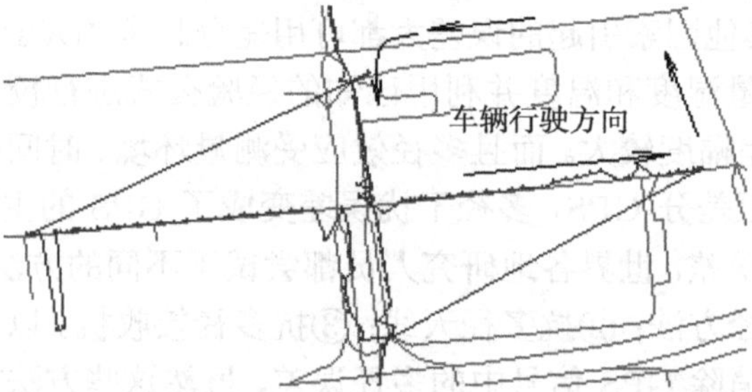

图 7-22　GPS 多路径误差对地图匹配结果的影响

7.3.2　神经元实时辨识 GPS 多径误差

1. 基本原理

神经元实时辨识 GPS 多径误差的基本原理是 [3]：利用车辆当前时刻 (t 时刻) 的状态向量式 (7-4)，采用 DR/MM 组合定位技术估计下一时刻 (t+1 时刻) 的车辆状态向量式 (7-5)。如式 (7-7) 所示，由 t+1 时刻车辆状态向量的 GPS 量测量式 (7-6) 和估计量式 (7-5) 计算出 1 号神经元输入模式向量 P_1(图 7-24)，最后系统根据式 (7-8) 计算向量 P_1 的范数 ρ，1 号神经元将根据 ρ 的大小来实时辨识 GPS 量测量内是否含有多径误差。2 号神经元 (图 7-25) 主要是辨识车辆当前时刻的状态向量是否满足定位精度要求，其输入值可由匹配点获得。

神经元实时辨识 GPS 多径误差的基本原理框图如图 7-23 所示，图中的 1 号神经元结构如图 7-24 所示，2 号神经元结构如图 7-25 所示。

$$\boldsymbol{X}(t/t) = \{x(t), y(t), v(t), \alpha(t), d(t)\} \tag{7-4}$$

$$\boldsymbol{X}(t+1/t) = \{x'(t+1), y'(t+1), v'(t+1), \alpha'(t+1), d'(t+1)\} \tag{7-5}$$

$$\boldsymbol{Y}=\{x(t+1),y(t+1),v(t+1),\alpha(t+1),d(t+1)\} \tag{7-6}$$

$$\boldsymbol{P_1}=\boldsymbol{X}-W\boldsymbol{X}(t+1/t) \tag{7-7}$$

$$\rho||\boldsymbol{P}_1|| \tag{7-8}$$

式中，t 表示时间；W 为权值，$\{x、y、v、\alpha、d\}$ 表示车辆状态向量，其中 x, y 为车辆的平面位置坐标，v 为车辆的速度，α 为车辆的加速度，d 为车辆的行驶方向(与地理坐标北向的夹角)，$\{x'、y'、v'、\alpha'、d'\}$ 表示车辆的估计状态向量。$X(t/t)$ 表示在 t 时刻地图匹配模块输出的车辆状态向量；$X(t+1/t)$ 表示利用车辆状态向量 $X(t/t)$ 预测估计的车辆在下一时刻 $(t+1)$ 的状态向量；Y 表示在 $t+1$ 时刻由 GPS 测得的车辆状态向量；P_1 表示 $t+1$ 时刻车辆状态向量的 GPS 量测量和估计量构成的残差向量。

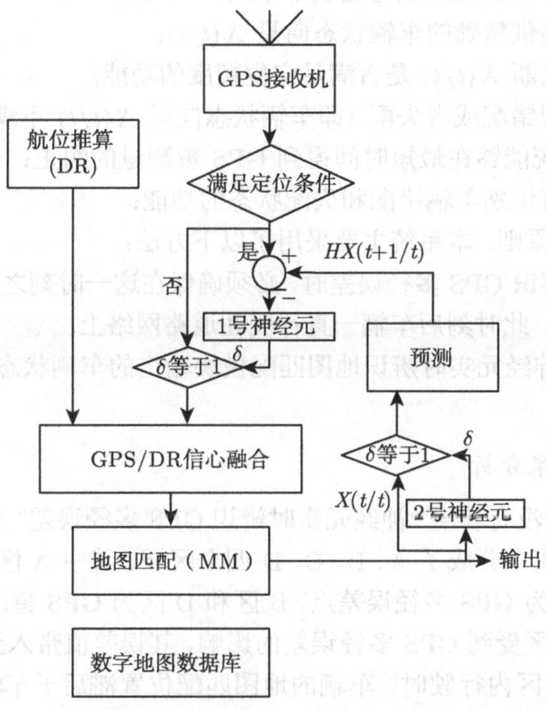

图 7-23　神经元实时辨识 GPS 多径误差原理框图

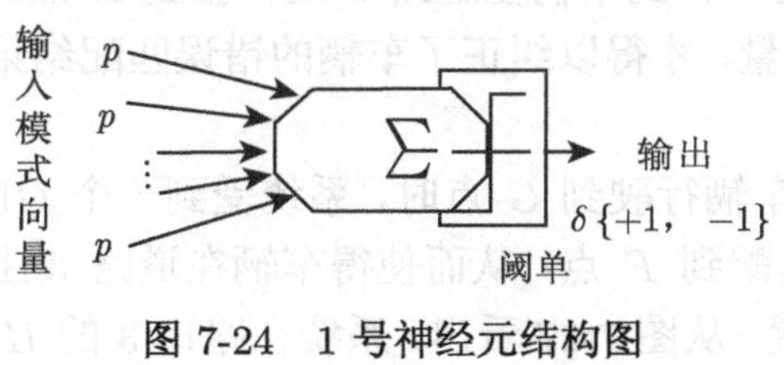

图 7-24　1 号神经元结构图

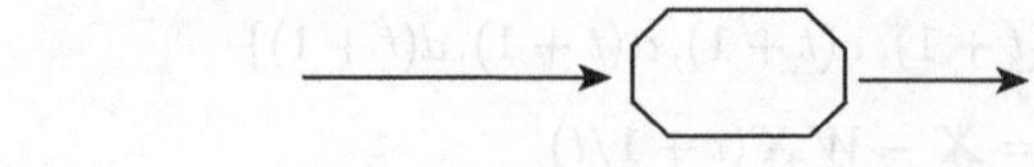

图 7-25　2 号神经元结构图

2. 辨识时要遵循的原则及其方法

从图 7-23 可以看出，向量 $X(t/t)$ 的精度直接影响 1 号神经元的输入模式向量。如果向量 $X(t/t)$ 不满足定位精度要求，将导致 1 号神经元可能会剔除精确的 GPS 量测量，从而最终使得整个系统无法使用 GPS 定位。

另外，由于车辆在错配或失配状态下，此时系统不能采用神经元实时辨识 GPS 多径误差，所以系统要具有辨识车辆错配或失配状态的功能。综上所述，利用神经元实时辨识 GPS 多径误差必须遵循以下原则：

(1) 系统必须提供精确的车辆状态向量 $X(t/t)$；

(2) 系统具有判断 $X(t/t)$ 是否满足定位精度的功能；

(3) 在系统出现错配或者失配 (即车辆状态向量 $X(t/t)$ 不满足定位精度要求) 条件下，要使得系统能够在最短时间得到 GPS 量测量的纠正；

(4) 系统应具有识别车辆错配和失配状态的功能；

针对上面几点原则，本系统主要采用了以下方法：

(1) 系统开始辨识 GPS 多径误差时，必须确保在这一时刻之前的某一时刻 DR 得到精确的初始化，此时刻后车辆一直行驶在道路网络上；

(2) 利用 2 号神经元实时辨识地图匹配模块输出的车辆状态向量 $X(t/t)$ 的精度。

3. 实地跑车结果分析

图 7-26 所示为没有利用 “神经元实时辨识 GPS 多径误差” 的系统在香港实地跑车的实验结果，图中分成了 A、B、C、D 四个区域。其中 A 区为 GPS 多径误差区，C 区内的 G 点为 GPS 多径误差点，B 区和 D 区为 GPS 盲区。从图 7-26 中可以看出，车辆在 A 区受到 GPS 多径误差的影响，其误差值带入到后期的航位推算中，导致车辆在 D 区内行驶时，车辆的地图匹配位置滞后于车辆的实际位置，所以当车辆在路口 2 拐弯时，系统的匹配结果显示车辆在路口 1 拐弯，从而把车辆错误地匹配到道路 1 上。直到车辆在道路 2 上行驶到 E 点时，系统重新收到不带多径误差的 GPS 量测量，才得以纠正了车辆的错误匹配结果，使得车辆匹配结果回到正确的道路 2 上。

对于 D 区，由于车辆行驶到 G 点时，系统受到一个 GPS 多径误差量测量的影响，把车辆错误地匹配到 F 点，从而使得车辆在道路 3 上行驶时，其车辆匹配位置超前车辆实际位置。从图 7-27 看出，系统在路口 3 的 H 点处纠正了地图匹配错误，在 H 点并不是系统接收到 GPS 信号，而是由于地图数据库中的道路网络在路口 3 处比较稀疏，系统利用地图数据库修正了错误的匹配结果。当地图数据库中的道路网络在路口 3 处比较密集时 (如路口 1 和路口 2 间的距离)，系统可能会匹配到错误的道路上。

图 7-27 是利用图 7-26 的试验数据仿真的结果，在仿真的系统中采用了 “神经元实时辨识 GPS 多径误差”，从图中可以看出，系统很好地剔除了 GPS 多径误差对车辆定位精度的影响。

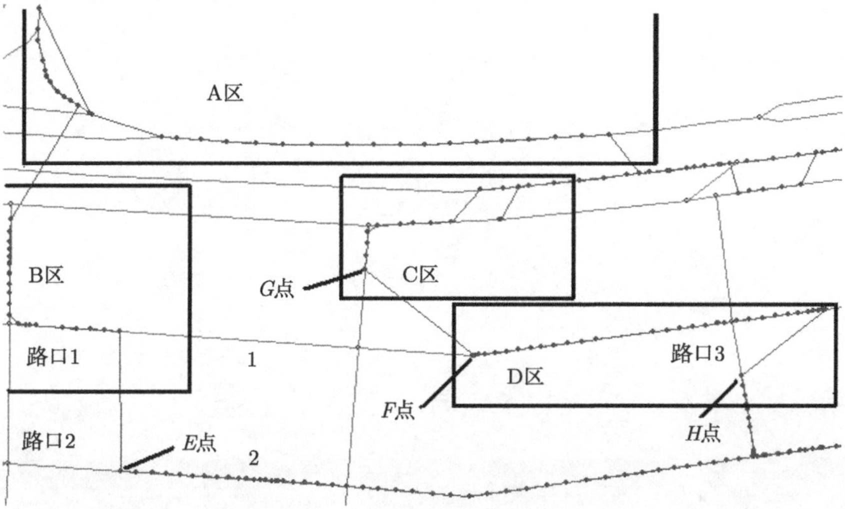

图 7-26　香港实地跑车实验效果图

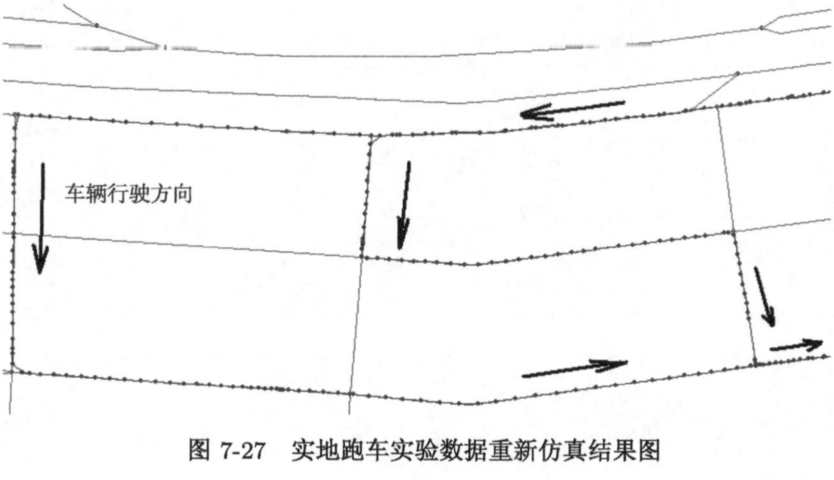

图 7-27　实地跑车实验数据重新仿真结果图

参 考 文 献

[1] 张小国. 面向车辆导航的 GIS 及其地图匹配技术的理论与应用 [D]. 南京: 东南大学, 2001.

[2] 王文珊，王庆. GPS/DR 组合定位系统中几个问题的处理 [J]. 导航，2000, 36(1): 45-52.

[3] 朱庄生，王庆，万德钧. 神经元实时辨识车辆导航系统中的 GPS 多径误差 [J]. 公路交通科技，2006, 23(1): 135-138.

第 8 章　GPS/DR/MM 车载组合导航系统在香港的应用

本章以香港消防处第三代车辆调派系统中核心模块 ——GPS/DR/MM 车辆组合定位系统为例，系统介绍了面向现代大都市复杂自然环境下持久稳健定位的一个现代车辆定位系统的设计、开发、调试及应用.

8.1 城市车辆定位的特点

提升交通系统的整体效率，确保车辆的顺利出行、有效监控和通畅调度，准确可靠的车辆位置信息是实现前述目标的重要前提和保证。

现实情况一是，随着社会转型和经济高速发展，我国城市现代化建设已初具雏形，目前已拥有全世界最多的大城市及特大城市群。以香港、北京、上海等特大城市为例，其显著特点是人多车多、林荫密布、摩天大楼林立、高架和隧道犬牙交互，被玻璃幕墙和钢筋水泥森林包围的城市立体交通网络虽然四通八达但交通日益拥挤，这种情况在城市核心 CBD 地区尤为明显。

现实情况二是，以香港为例，我们前期大量的实地车辆定位实验表明，在城区道路上由于卫星信号受遮挡等原因，能依赖于 GPS 实现单独定位的区域少于 20%，而我国上海、北京等地以 CBD 为典型的城区已体现出和香港城市道路极其类似的特点，卫星定位同样因为遮挡等原因变得越来越困难。

现实情况三是，我国因为新中国成立后长期的“城乡二元结构”设计、独特的土地所有制、事实上的土地财政政策等原因，农村日益空心化，而城市在向四周膨胀的同时也不断向天空发展，摩天大楼已经成为城市的主旋律。可以预测，在不久的将来，我国城市道路车辆定位将变得越来越困难，且这种情况将随着我国城镇化过程变得日益恶化。

鉴于此，我国的车辆导航定位技术在未来将面临越来越严峻的考验，实现车辆在城市，尤其在城市遮挡区域的准确可靠定位对我国社会经济发展与国家安全至关重要。

如前所述，主流的车辆定位技术主要有：①卫星导航定位技术；②惯性导航；③航位推算；④基于计算机视觉的定位；⑤无线定位技术，如蓝牙、WIFI 等；⑥RFID 等辅助定位技术；⑦其他方法。

上述这些方法各有优缺点。以北斗 (Beidou navigation satellite system，BDS) 和 GPS(global positioning system) 为典型的全球导航卫星系统 (global navigation satellite system，GNSS) 技术可以实现全天候定位、授时，在开阔地带一般非差分就能实现车辆定位，载波相位差分可达厘米级定位精度，但在卫星信号被遮挡的情况下可能丧失定位能力；惯导 (inertial navigation system，INS) 在采用 GNSS 初始化后可以实现较长时间高精度自主定位，但价格昂贵不具有推广价值；航位推算 (dead reckoning, DR) 多用低成本陀螺组合里程计实现，可以在 GNSS 无法定位时利用离散积分实现位置推算，但由于惯性器件参数漂移和算法本身的缺陷，需要及时校正，难以长时间自主定位；视觉定位技术可以实现无 GNSS、无地图导航，还可用于车道识别、路口判断、速度测算，但其缺陷是对环境变化高度敏感；无线定位技术中蓝牙/WIFI 多用于室内定位，而基于运营商网络类似于 TOA/TDOA/Cell-ID 定位技术的定位精度和蜂窝密度高度相关，误差一般在几十到几百米，较难以用于车辆定位；RFID 多用于隧道等 GPS 完全被遮挡区域的定位，隧道内必须设置 RFID，移动端必须有接收器，因成本原因不具有全面推广价值；此外，运营商网络支持的 AGNSS(assisted GNSS) 技术可以实现接收机的快速初始化，有利于车辆定位，但如果 GNSS 被遮挡无法单独定位，即便依赖于无线定位技术继续提供定位服务，精度也难以满足车辆定位要求；此外，量子导航定位技术尚处于理论研究阶段，实际应用言之尚早。

综上所述，单一定位技术均难以解决城市遮挡区域的车辆定位难题，必须依赖组合定位技术。比较而言，由于 DR 系统的低成本、可自主定位特性，联合 GNSS 和导航用数字地图构成的 GNSS/DR/MM 组合导航系统具有经济、实用、高效、高精度、高可靠性等优点，比较适合应用在城市车辆导航中。

在香港，采用 GPS/DR/MM 组合模式要实现稳健的车辆定位，其核心难题是:

(1) GPS 被遮挡严重，多路径效应严重，如何评价 GPS 定位结果的可靠性；

(2) DR 系统由于先天误差，很难长时间定位，必须周期性校正，但一旦发生错误的校正，对定位系统的影响是毁灭性的；

(3) 地图匹配可以辅助 DR 系统，但香港特别行政区致密的道路网络让地图匹配很容易出现匹配歧义，如何有效消除定位过程中的歧义性是必须要解决的难题，如何评价 GPS/DR/MM 定位结果对 DR 系统参数校正也是必须要解决的难题。

2000 年，基于在 GPS/DR/MM 车辆组合导航系统上多年的研究，作者所在单位在国际招标中一举拿下我国香港消防处第三代消防车调派系统中的车辆导航定位子系统的标书，经过近四年的开发建设，研发的 GPS/DR/MM 车辆组合导航系统已被安装在香港消防处 800 辆消防车上投入商用。本章根据作者的开发经历，对该组合导航系统进行了详细的介绍。

8.2　GPS/DR/MM 车载组合定位系统简介

8.2.1　主要功能

鉴于香港特别行政区依赖卫星难以持续、稳健定位的现实困难，我们制定了 GPS/DR/MM 组合定位的总体技术方案。

其中，航位推算 (DR) 是一个累加的过程。由于这种累加会把不同时刻的测量误差和计算误差都累积起来，所以随着时间的推移，航位推算系统的误差是一个发散的过程。

GPS 导航定位系统是一种全天候、以无线电通信为基础的卫星导航系统。它可以为用户精确地定出三维坐标、三维速度和时间。现在单点 GPS 提供的精度已经可达到 10m(在开发香港消防处的车载组合导航系统时，GPS 单点定位精度只能达到 15m，考虑到系统精度问题，采用的是差分 GPS(DGPS)，其定位精度是 3~5m)，完全满足车辆导航的精度。但是，由于在城市高建筑群中或穿过立交桥，树阴下时，常常会出现 GPS 信号遮挡的问题，导致 GPS 不能正常定位，这种情况下，就需要采取一定的措施。考虑 GPS 系统和 DR 系统的各自特点，同时考虑用户对象的要求，把 DR 轨迹推算系统、GPS、GIS 系统进行综合。考虑到成本问题，该组合系统 DR 部分采用的传感器为低成本压电陀螺和机械脉冲里程计。同时，根据香港城区的特点，在适当的地区加装信标以强制修正车辆定位，由于其在整个组合导航系统中地位，在本书中对其的相关介绍从略。该组合导航系统主要拥有以下功能：

(1) 利用 GPS 系统提供的位置和速度信息对 DR 系统的误差进行实时的校正和补偿；

(2) 当 GPS 系统不能正常定位时，利用 DR 系统的完全自主性对 GPS 系统进行补充；

(3) 利用 GIS 地图匹配技术进一步提高定位精度并提供友好直观的用户环境；

(4) 利用地图匹配 (MM) 技术修正 DR 系统；

(5) 在极特殊的情况下 (即当 GPS/DR/MM 三者都失效时)，用适当分布的地区信标 (DBT) 强行修订定位信息；

(6) 系统自动在各组合模式间切换；

(7) 自动识别停车、倒车状态；

(8) 自动显示相关导航信息，比如经纬度、导航模式等；

(9) 初始位置及初始方向的装定。

8.2.2　工作原理

整个 GPS/DR/MM 组合定位系统工作模式见图 8-1。图中主要分成 5 大块，地图匹配技术、数字地图、航位推算 (DR) 系统、GPS 系统和 GPS/DR 信息切换器。

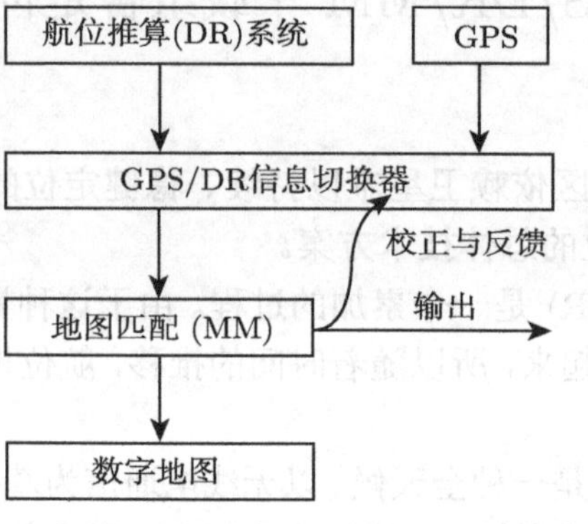

图 8-1 GPS/DR/MM 组合定位工作模式框图

地图匹配技术是利用数字地图数据库中的精确数据，实时修正传感器采集的车辆位置信息中的误差，从而得到精确的车辆位置信息。由此可知，地图匹配技术和数字地图组成一个伪定位模式，它必须在了解车辆行驶轨迹的前提条件下，才能把车辆行驶轨迹和道路网络数据库进行比较，最后获得精确的车辆位置信息。

目前提供车辆行驶轨迹的主要定位模式有航位推算 (DR) 模式、GPS 定位模式、GPS/DR 组合定位模式。以上这三种定位模式在系统精度要求不高的前提条件下可以单独成为一个定位系统。为了进一步提高定位系统的精度和可靠性，在这三种定位模式中引入了地图匹配技术，从而产生出新的三种定位模式：DR/MM、DR/MM/GPS、GPS/MM。以上这六种定位模式可以归结为一种定位模式，即如图 8-1 所示的 GPS/DR/MM 组合定位模式。根据定位信息的融合，框图中的 DR/GPS 信息切换器使系统的定位工作模式自动成为 DR/MM 定位模式、GPS/MM 定位模式或者 GPS/DR/MM 定位模式；当目前车辆所在的位置在数字地图所包括的区域之外或者用户关闭地图匹配技术时系统的定位工作模式就成为 GPS 定位模式、航位推算 (DR) 定位模式或者 GPS/DR 定位模式。

1. *系统初始装定*

考虑到消防车辆的实际应用情况，车辆接到指令就必须启动组合导航系统，系统工作准备时间大约 1 分钟，但对于整个组合导航系统来说，必须进行初始装定才能正常工作。若车辆移动前 GPS 系统可用，则系统使用 GPS 系统自动装定；若 GPS 系统不可用，如果有人工输入初始装定信息就采用人工输入信息进行初始装定，如果没有人工初始装定，系统默认上次停车时的位置信息为初始值 (精度可能不高)。因此对于组合导航系统的初始值装定一般采用如下原则：

(1) 如果在 GPS 可用的条件下，由系统自动装定初始位置；

(2) 由相关人员通过显控器输入初始位置；

(3) 如果没有手工输入，系统默认调用上次停车时的定位数据。

2. 系统在各定位模式间的自动切换

该系统通过组合可以拥有 GPS、DR、DR/MM、GPS/DR、GPS/DR/MM 等六种导航模式。模式间的转换主要根据系统提供的相关定位信息的可靠性来判断，能从一种模式自动切换到任一种模式，如图 8-2 所示。对于各模式间的切换流程，可以参考图 8-3。

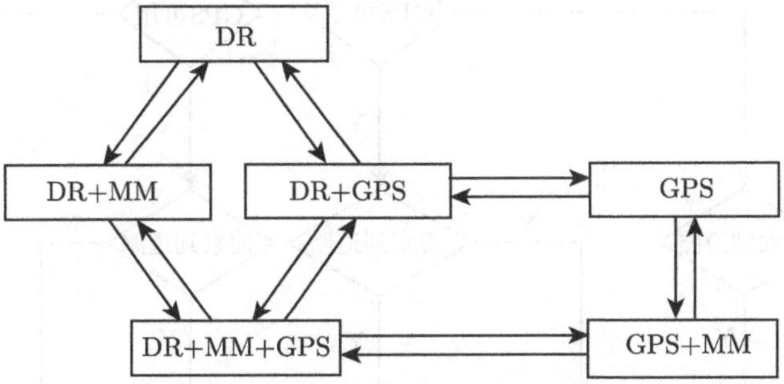

图 8-2　各组合模式间的自动切换

(1) 当有卫星定位信号时，自动切换到 DR/MM/卫星定位组合定位模式；

(2) 当卫星定位信号正常，没有 GIS 信息 (车辆跑出 GIS 内的道路信息时) 自动切换到 DR/卫星定位模式；

(3) 当既没有卫星定位信息，也没有 GIS 道路信息，自动切换到 DR 模式；

(4) 当没有 DR 定位信息 (陀螺仪、里程计出现故障) 时，卫星定位信号正常，自动切换到卫星定位/MM 组合定位；

(5) 同时没有 DR 和 GIS 道路信息时，切换到卫星定位系统。

3. 导航信息的修正

在导航过程中，系统通过对采集的定位数据进行信息融合处理对车辆定位数据及 DR 系统进行实时修正。

(1) 利用 DR/MM/GPS 修正累积位置误差、航向偏差和里程计刻度；

(2) 利用 DR/MM 修正累积位置误差、航向偏差和里程计刻度；

(3) 利用 DR/GPS 修正累积位置误差、航向偏差和里程计刻度。

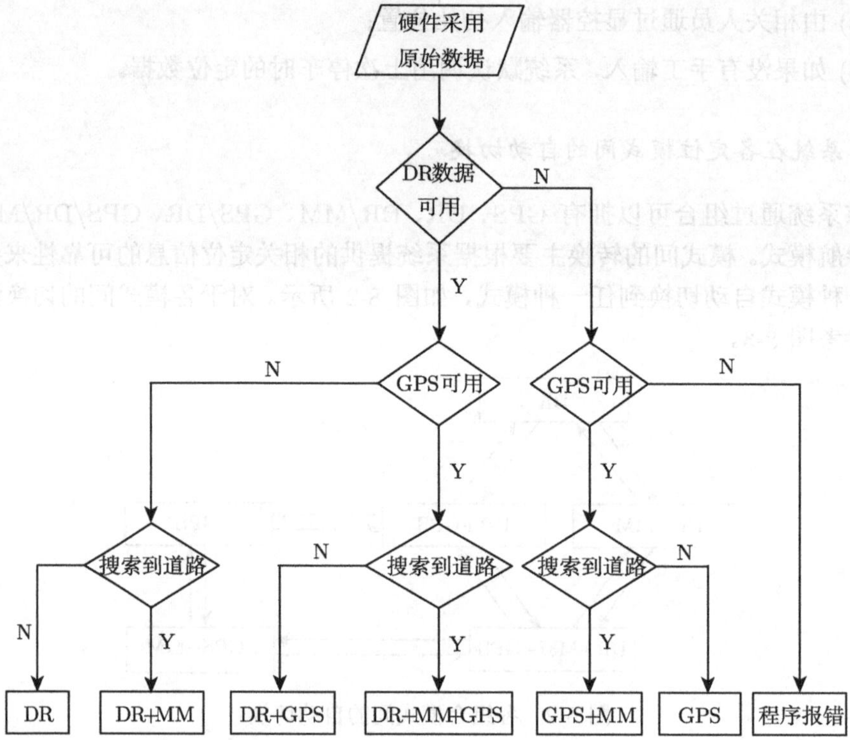

图 8-3　各组合模式切换流程

8.2.3　系统设计

整个车载组合定位系统包括移动定位单元 (MPU)、天线及馈线和运行于车载计算机 (MDT) 上的软件, 如图 8-4 所示。

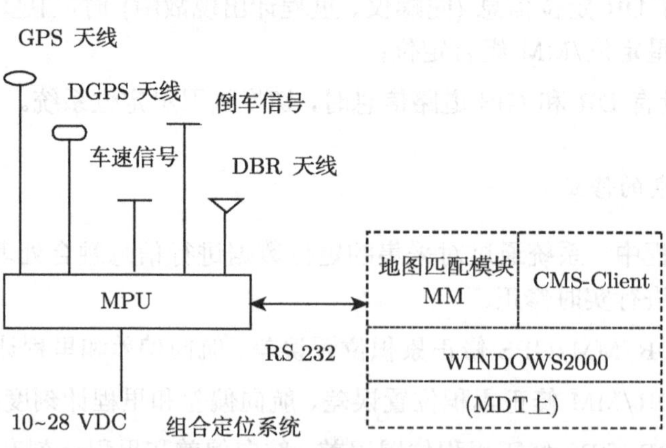

图 8-4　各组合模式间的自动切换

整个综合导航系统可以分为四大功能模块：导航定位模块；地图和各种查询信息数据库模块；通信和信息处理模块；控制与显示模块。这四部分之间的关系如图 8-5 所示。

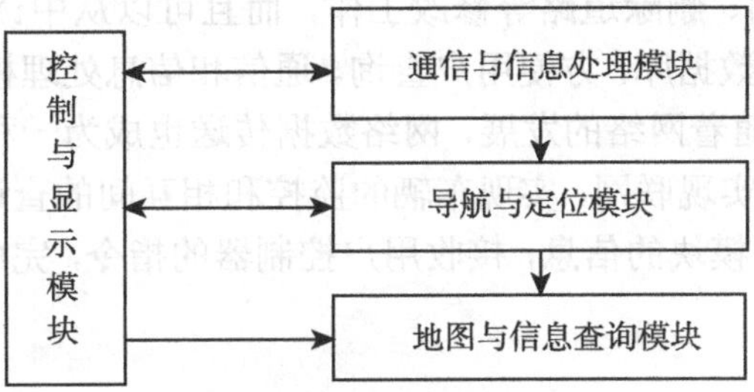

图 8-5　模块联系框图

这四部分中，定位和导航模块主要通过 DGPS/DR 综合信号实时定位出当前的位置，它的精度和可靠性决定整个系统的精度和可靠性。图 8-6 是该部分的组成原理框图。

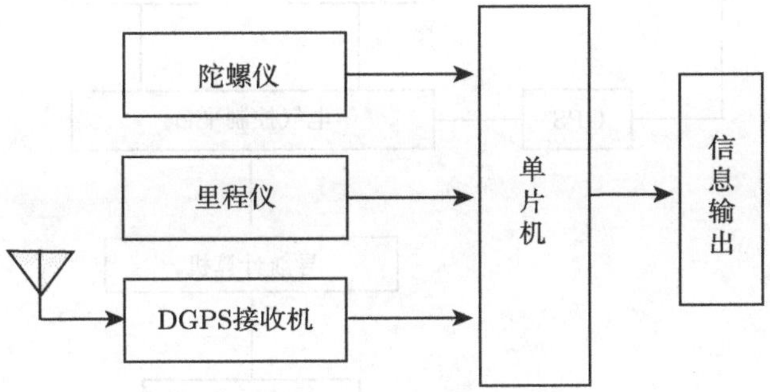

图 8-6　导航定位模块

其中传统的单片机系统现在已经被微机系统所代替。微机系统要完成对陀螺仪、里程仪和 GPS 三路数据采集和融合处理，以经、纬度数据输出，数据融合过程见图 8-7。

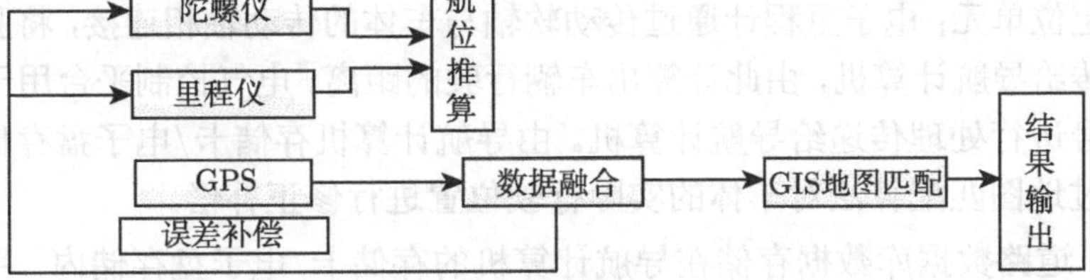

图 8-7　综合导航系统数据融合示意图

地图和信息查询系统主要是显示地图，把定位数据以某种标记标注在地图上，以平滑的曲线连接各点，形成运动轨迹。地图的绘制可用 MapInfo、Arc/Info、AutoCAD 等多种系统作图，最后形成 dxf 格式的文件名。通过对这种文件的读写，可以对地图进行增加、删除道路等修改工作，而且可以从中读出地图中的道路信息。该部分还要建立数据库，方便用户查询。通信和信息处理模块主要处理通信体制传送 GPS 数据。随着网络的发展，网络数据传送也成为一种通信传输手段。通过网络的实现，就可实现联网，实现车辆的监控和相互间的查询功能。控制和显示模块综合处理前三个模块的信息，接收用户控制器的指令，完成各项操作，是整个系统的核心部分。

8.2.4 硬件设计

组合定位导航系统硬件包括陀螺仪、里程计、GPS 接收机、电气控制平台、导航计算机和显控器等六部分组成。详见图 8-8。

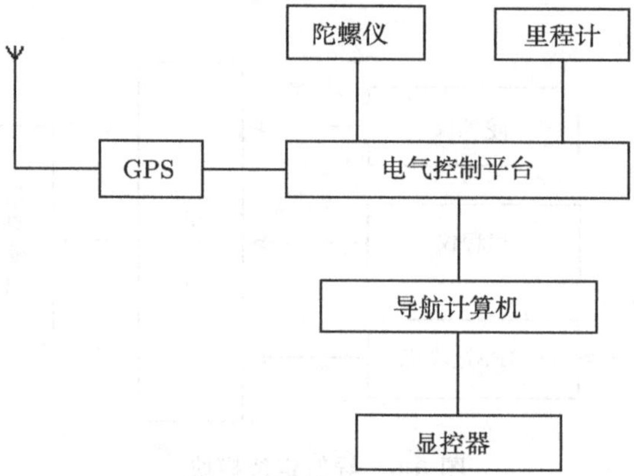

图 8-8 硬件系统组成图

在该组合导航系统中，由陀螺仪和里程计组成航位推算 (DR) 单元。其中，陀螺仪采用低成本压电陀螺，单轴陀螺仪在导航状态时不断输出载体的网格航向，将测量的角度信号转换成电脉冲信号，输入给导航计算机。采用差分 GPS 定位模块构成卫星定位单元；电子里程计通过传动软轴与车体的传动轴相连接，将脉冲信号经积分后传给导航计算机，由此计算出车辆行驶的距离。电气控制平台用于将各种采集的信号进行处理传递给导航计算机。由导航计算机存储卡/电子盘存储的地图数据库通过地图匹配算法对车体的实际行驶位置进行修正补偿。

此外，道路数据库数据存储在导航计算机的存储卡/电子盘存储内，用于实时显示车辆当前所在的位置，同时，为地图匹配提供道路的方向和位置信息，从而实现 MM 功能。

导航计算机是组合定位的核心单元。它通过串口完成与各设备的通信功能，通过 CAN 接口，将组合定位导航信息传送给发射车信息化平台，通过组合导航软件完成各个功能。

显控器由宽温 TFT 显示屏和控制键盘组成，经过密封加固处理。显示屏能够实时给监视员显示各种定位导航信息。控制键盘备份系统的手控操作功能，完成初始值的输入等。

8.2.5 软件设计

从功能的角度划分，组合定位导航系统软件组成模块包括：串行接口通信模块、数据格式转化处理模块、信息处理模块、联合 Kalman 滤波模块、DR 航位推算模块、地图匹配模块和显示输出模块、惯性定位信息修正等。

从信息的流程处理角度划分，组合定位导航系统软件包括信息采集、信息融合与计算、信息显示及上传等几个部分。

所有的定位功能均是通过软件来实现的。

软件信息流程见图 8-9。

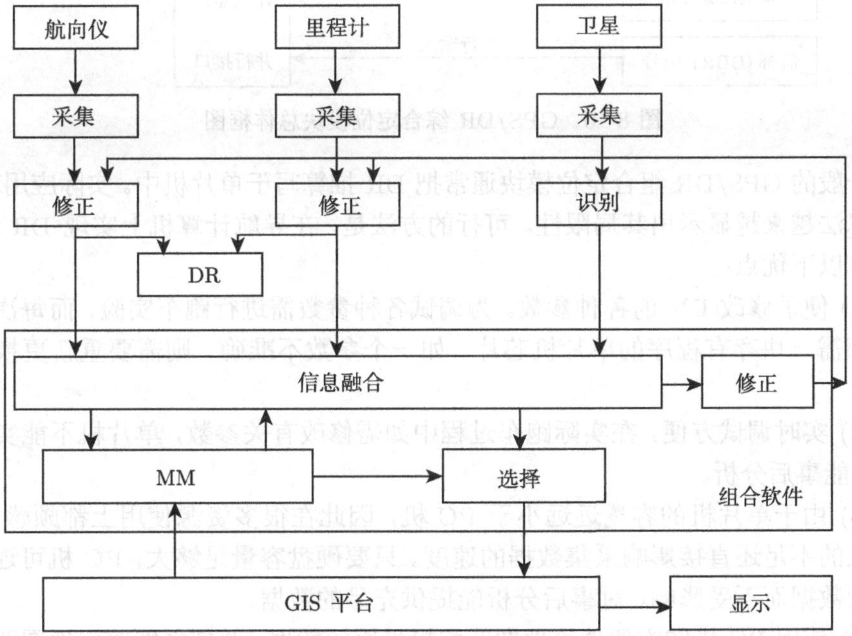

图 8-9 软件信息流程图

8.3 参数标定与数字地图制作

8.3.1 DR 系统参数标定与校正

GPS/DR 组合定位模块负责导航信息的采集，这些信息有 1Hz 的 GPS 位置信息、用于辅助导航的单轴压电陀螺信号、汽车里程脉冲信号、DBR 信号以及倒车信号。其组成原理框图如图 8-10 所示。

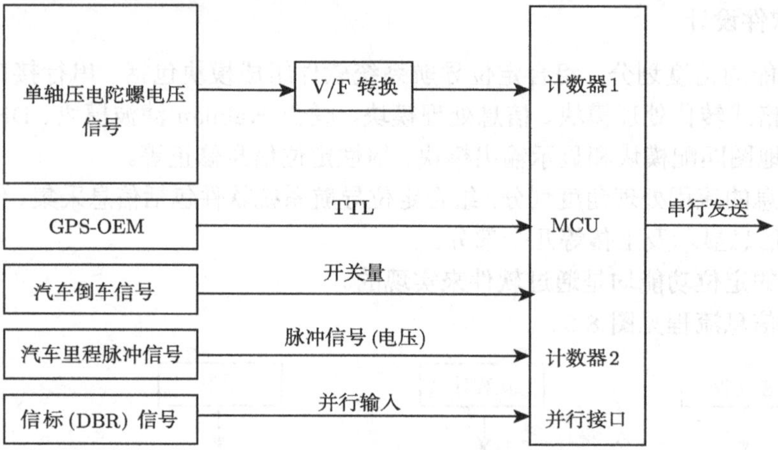

图 8-10　GPS/DR 综合定位模块总体框图

一般的 GPS/DR 组合定位模块通常把 DR 推算写于单片机中。实际应用表明，这种算法越来越显示出其局限性。可行的方法是，在导航计算机上实现 DR 算法，这样有以下优点：

(1) 便于修改 DR 的各种参数。为调试各种参数需进行跑车实验，而每次跑车实验都需一块存有程序的单片机芯片，如一个参数不准确，则需要重新更换一块芯片。

(2) 实时调试方便。在实际跑车过程中如需修改有关参数，单片机不能实时跟踪，只能事后分析。

(3) 由于单片机的容量远远小于 PC 机，因此在很多资源使用上都颇感局促。容量上的不足还直接影响采集数据的速度。只要硬盘容量足够大，PC 机可连续采集几周数据而不受影响，对事后分析能提供充足的数据。

(4) 使用 PC 机能方便地给地图匹配提供原始数据，并使之能够用地图匹配纠正 DR 的累积误差。

(5) GPS/DR 数据融合是在 GPS 不能满足定位精度的情况下，使用 DR 推算拟合轨迹，提供更精确的匹配。

本节将详细论述应用在香港组合导航系统中 GPS 与 DR 之间信息融合的具体方法。

1. 系数标定

GPS/DR 的算法有一系列参数 (主要是 DR 的参数)，参数的准确与否将直接影响算法的精度。如何给用户提供方便的标定方法，也是工程化、规范化的需要。

在前面已经讨论了 GPS、DR 间的信息切换以及 GPS 野点剔除的内容，在本小节主要讨论 DR 参数的标定问题。

DR 的位置拟合涉及几个重要的参数，这些参数的选取和分析对 DR 的精度有着决定性的影响。

DR 是通过角度和距离进行推算得到当前的位置的方法，式 (8-1) ～式 (8-4) 为 DR 推算的基本算法：

$$X(n) = X_0 + \sum_{i=0}^{n-1} S_i \cos \alpha_i \tag{8-1}$$

$$Y(n) = Y_0 + \sum_{i=0}^{n-1} S_i \sin \alpha_i \tag{8-2}$$

$$\begin{cases} \alpha_i = \alpha_{i-1} + f(K_G, P, P_0), & i \geqslant 1 \\ \alpha_i = \alpha_0, & i = 0 \end{cases} \tag{8-3}$$

$$\text{Distance} = K_0 \cdot \text{Odopulse} \tag{8-4}$$

式中，$X(n)$、$Y(n)$ 为当前推算位置坐标；X_0、Y_0 为 DR 推算起始点坐标；S_i 为时刻 $i-1$ 到时刻 i 的航行距离；α_i 为时刻 $i-1$ 到时刻 i 的航向角；α_0 为起始时刻的航向角，也称初始角；Distancc 为车辆行驶距离；Odopulse 为里程计脉冲；K_G, P, P_0, K_0 为传感器系数。

由式 (8-3) 知，航向角跟 K_G、P_0 和初始角 α_0 有关。由式 (8-4) 可见，距离与参数 K_0 有关。下面分别介绍这些参数标定方法。

1) 静态陀螺仪脉冲 P_0 确定方法

陀螺仪输出的信号是陀螺仪脉冲。通过把各个时刻的陀螺仪脉冲和静态的陀螺仪脉冲 P_0 进行比较，我们可以得到各个时刻车辆的转动角度。

图 8-11 为某个陀螺仪在 30s 内的静态脉冲值变化曲线。

P_0 的大小将直接影响 DR 推算的角度误差，是一个很重要的性能指标。实际测量过程中，一般使用多个数值求平均值的办法进行测量。由图 8-11，我们可以用求平均值的方法得出该陀螺仪的静态陀螺仪脉冲为 7728。由图中我们还可以看出，在静态时，陀螺仪输出的脉冲变化不大，都只在两三个脉冲之间跳动。这也是评价一个陀螺仪好坏的标志之一。图 8-11 是工程中实际使用陀螺仪的静态脉冲值随时间变化曲线，该陀螺仪性价比较高，能满足工程的定位需要。

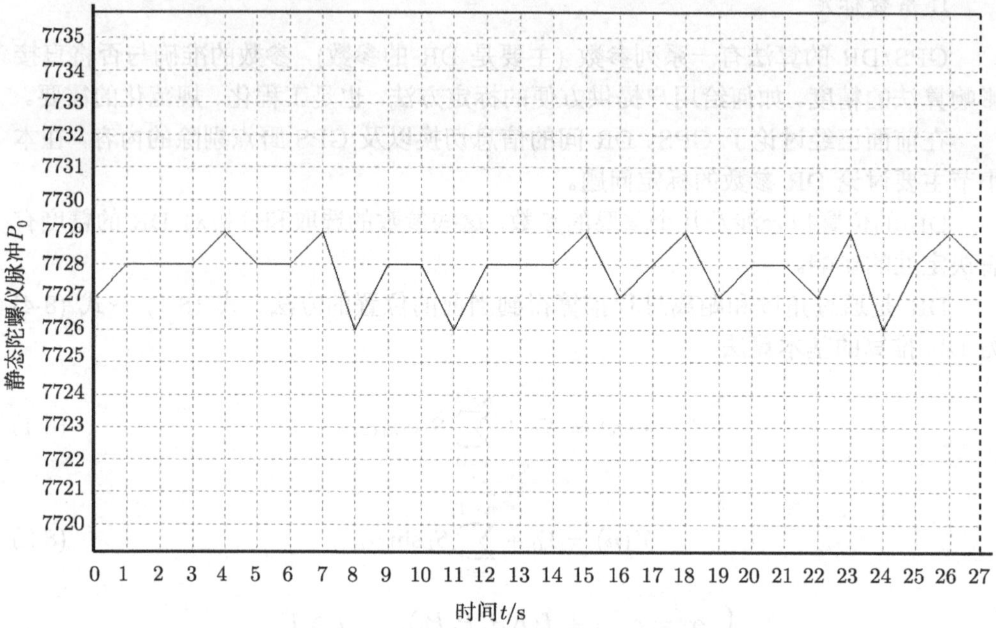

图 8-11　陀螺仪的静态陀螺仪脉冲值

表 8-1 为任意取出的 4 个陀螺仪在不同温度下的静态脉冲值。

表 8-1　不同温度下的静态陀螺仪脉冲值

陀螺仪编号	温度值/℃	静态脉冲值
1000	21.25	8582
1001	20.75	8722
	20.75	8620
1002	19.75	8847
	22.00	9523
	28.75	9551
1003	28.75	8615
	30.75	8622

通过表 8-1，我们可以知道 P_0 的值会随着温度的变化而有所变化。而在开车过程中难免温度会上升，这样将导致 DR 精度的降低。图 8-12 是陀螺仪从 -5℃升至 10℃的过程中每隔 5min 的 P_0 随温度变化的曲线图。

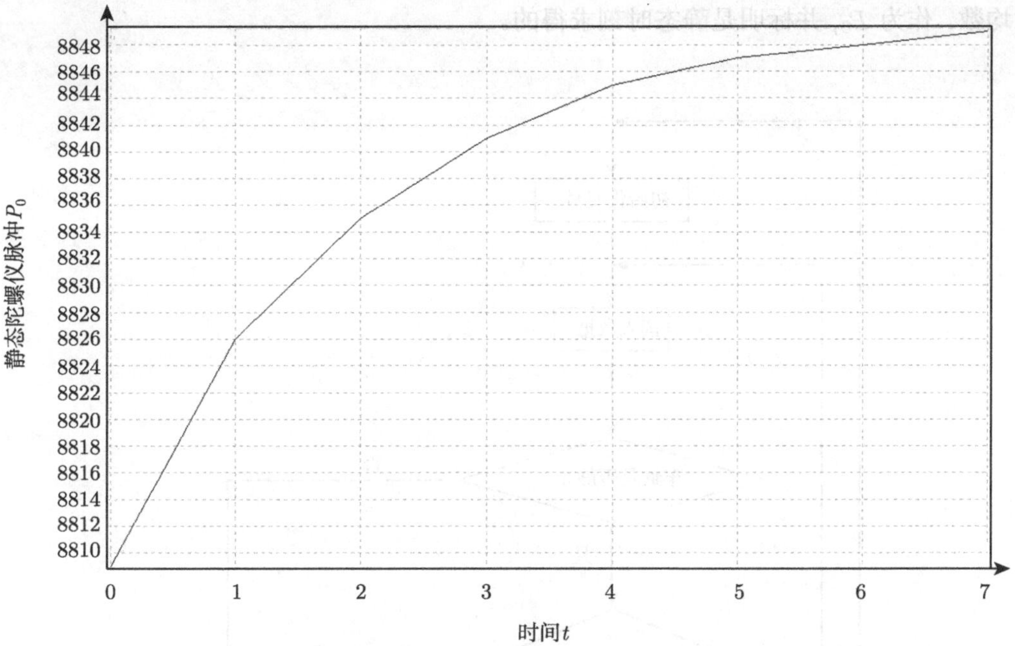

图 8-12 P_0 受温度变化影响图

从图 8-12 中我们可以看出，P_0 受温度的影响还是很大的。温度仅仅变化了 10℃，P_0 便从 8810 变化到 8848。因此需在跑车过程中经常更新 P_0 的值，作为温度补偿。对于 P_0，一般有以下三种求法。

(1) 静态法求 P_0。

为了弥补这种误差，我们在跑车过程中加入了对 P_0 的校正。在实际应用中，我们使用了两种方法求 P_0。第一种是如上文所说的静态求 P_0 的方法。在车辆导航中，每次开车时，车辆中的陀螺仪温度不一定相同。所以在车辆发动预热的时期，利用这段时间进行静态的陀螺仪脉冲标定。具体方法为，在车辆静止的过程中，当时间达到一定的长度 STATIC_LENGTH 时，求这些时刻的陀螺仪脉冲的平均值作为静态陀螺仪脉冲 P_0。

求取 P_0 的程序流程如图 8-13 所示。

整个程序有两个重要变量，一个为累计的陀螺仪脉冲数，一个为累计的次数。程序开始时，先把这两个变量都初始化为零。每当读入一个数，先判断车辆是否静止，如果静止，再采用静态求 P_0 的方法，否则用后面所说的动态法求 P_0。然后判断上个时刻车辆是否也静止，如果上个时刻车辆是动态的，那么需要重新初始化这两个变量，即重新置为零。然后累加陀螺仪脉冲数，记录下累加的次数。当累加的次数达到我们所设定的 STATIC_LENGTH 时，我们求这些陀螺仪脉冲的总数的平均数，作为 P_0，并标明是静态时刻求得的。

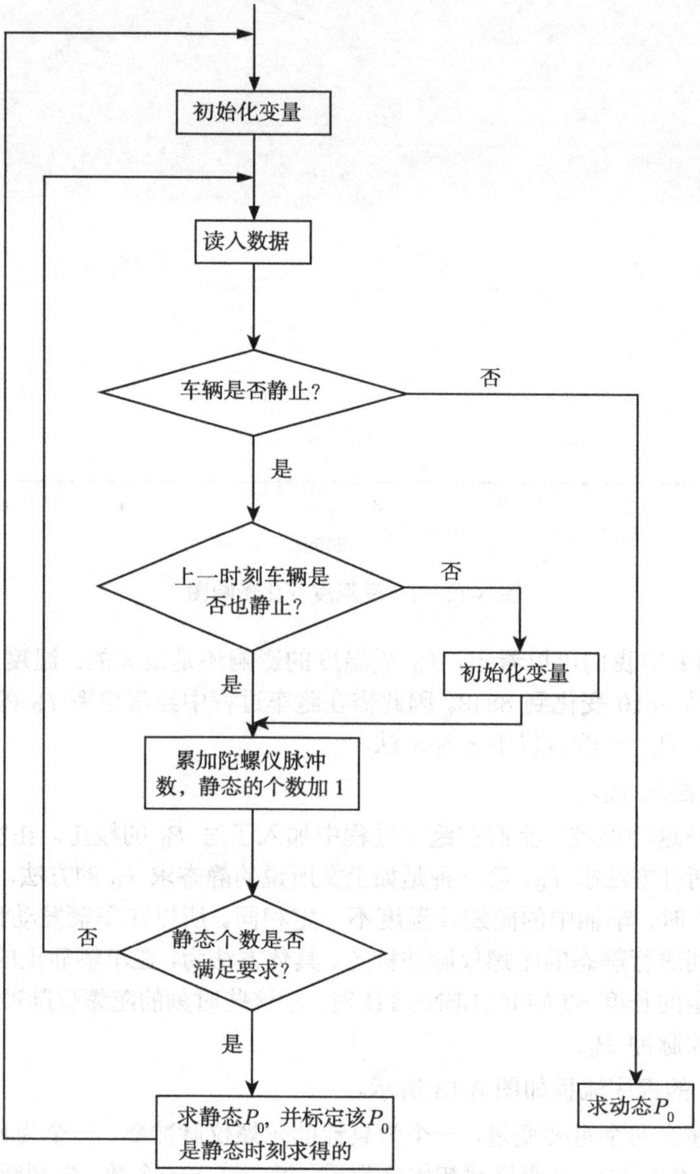

图 8-13 静态求 P_0

如表 8-2 中所列的数据为实测数据，该组数据可以用于求静态 P_0。

表 8-2 静态求 P_0 数据

卫星数	年	月	日	时	分	秒	纬度/(°)	经度/(°)	高度/m	角度/(°)	HDOP	陀螺仪脉冲	里程脉冲	温度/℃
5	2002	9	28	3	41	2	22.28325	114.1719	0.43	251.0128	1.41	7728	0	29.5
5	2002	9	28	3	41	3	22.28325	114.1719	0.42	251.5858	1.4	7728	0	29.75
5	2002	9	28	3	41	4	22.28325	114.1719	0.27	222.193	1.4	7728	0	29.75
5	2002	9	28	3	41	5	22.28325	114.1719	0.21	255.2527	1.4	7729	0	29.5
5	2002	9	28	3	41	6	22.28325	114.1719	0.15	233.996	1.39	7728	0	29.75
5	2002	9	28	3	41	7	22.28325	114.1719	0.09	282.8693	1.39	7728	0	29.75
5	2002	9	28	3	41	8	22.28325	114.1719	0.11	284.6454	1.39	7729	0	29.75
5	2002	9	28	3	41	9	22.28325	114.1719	0.12	220.1877	1.39	7726	0	29.75
5	2002	9	28	3	41	10	22.28325	114.1719	0.06	240.986	1.38	7728	0	30
5	2002	9	28	3	41	11	22.28325	114.1719	0.1	183.3465	1.38	7728	0	30
5	2002	9	28	3	41	12	22.28325	114.1719	0.19	63.99939	1.38	7726	0	29.75
5	2002	9	28	3	41	13	22.28325	114.1719	0.45	73.10942	1.38	7728	0	29.75
5	2002	9	28	3	41	14	22.28325	114.1719	0.58	73.68237	1.38	7728	0	29.75
5	2002	9	28	3	41	15	22.28327	114.1719	0.64	68.35386	1.37	7728	0	30
5	2002	9	28	3	41	16	22.28327	114.1719	0.56	66.4631	1.37	7729	0	29.5
5	2002	9	28	3	41	17	22.28327	114.1719	0.44	63.71291	1.37	7727	0	29.75
5	2002	9	28	3	41	18	22.28327	114.1719	0.35	60.38975	1.37	7728	0	29.5
5	2002	9	28	3	41	19	22.28335	114.172	0.32	65.94744	1.37	7729	0	30.25
5	2002	9	28	3	41	20	22.28335	114.172	0.22	33.17426	1.37	7727	0	30.25
5	2002	9	28	3	41	21	22.28335	114.172	0.15	350.8221	1.37	7728	0	29.75
5	2002	9	28	3	41	22	22.28335	114.172	0.46	261.4407	1.37	7728	0	30.25
5	2002	9	28	3	41	23	22.28335	114.172	0.54	248.7783	1.37	7727	0	30.25
5	2002	9	28	3	41	24	22.28335	114.172	0.72	249.8669	1.37	7729	0	29.5
5	2002	9	28	3	41	25	22.28335	114.172	0.67	245.9135	1.37	7726	0	30
5	2002	9	28	3	41	26	22.28335	114.172	0.63	248.6637	1.37	7728	0	30
5	2002	9	28	3	41	27	22.28335	114.172	0.59	245.1113	1.37	7729	0	29.75

从表中可以看出，在这段时间里，里程脉冲一直为 0，而且卫星数和 HDOP 都满足我们的要求，故可以把这段时间的陀螺仪脉冲求平均值，结果即为 P_0。

(2) 动态法求 P_0。

车辆在行驶过程中除了遇到红灯，不可能专门停下来进行陀螺仪的 P_0 求取，而随着车辆的行驶，静态陀螺仪脉冲 P_0 会发生变化。此时可以使用动态法求 P_0。

如果不考虑车辆的扭动，在直路行驶的过程，可以认为车辆的行驶方向是不会变化的。所以，在这段时间里陀螺仪脉冲应该是不变的。因此，在直路的行驶过程中，我们可以通过 n 个值求平均值的办法来抵消车辆扭动所造成的误差，这样就能在车辆行驶过程中随时纠正静态陀螺仪脉冲 P_0 了。但随之而来带来一个新的问题，如何判断是否是直路。

实际上，判断直路可以通过所接收的 GPS 角度来得到。可以把每两个时刻的

GPS 的角度求差，如果均方根和平均值均在一定的条件允许的范围以内，则可近似认为这条路是直路，即可以求静态陀螺仪脉冲 P_0 值。因为用这种方法求 P_0，需要用 GPS 的角度信息，所以必须至少需要这段时间都满足 GPS 定位条件。用这种动态求 P_0 的方法，还需要指明连续有多少个点满足条件允许时认为是直路，这些点的数目个数称为 DYNAMIC_LENGTH。如图 8-14 中的路 1，可以连续接收到 GPS 信号，而且为直路，可用来动态求 P_0。

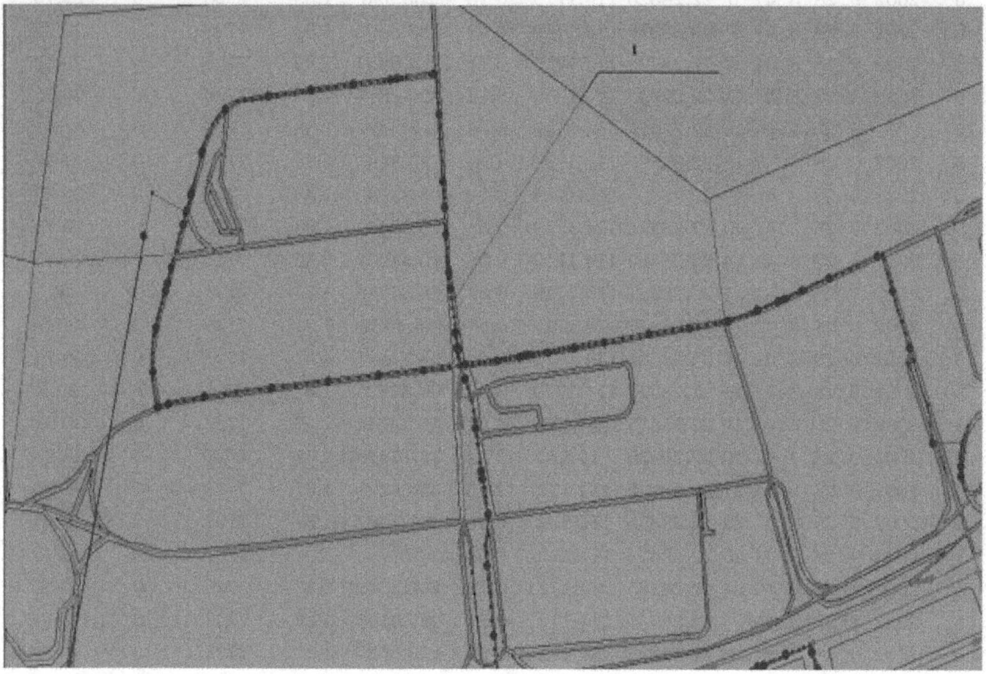

图 8-14 动态求 P_0 路线示意图

动态求 P_0 的程序流程如图 8-15 所示。

该程序相对于静态求 P_0 要复杂一些。它除了需要静态时的累加陀螺脉冲数和累计次数两个变量外，还需要一个数组来存储角度，并通过这个数组，计算出这组数是否满足角度差的均方根和平均值的条件。读一组动态的数据时，首先需要判断该数据是否为 GPS 数据。因为，我们需要通过 GPS 提供的角度来进行角度辨别，从而实现对直路的判断。

所以即使该数据为动态的，如果不是在 GPS 定位的情况下，也不能满足动态求 P_0 的条件。当该时刻的数据满足 GPS 定位后，再把它和存储在数组中的进行计算，求出这组数的平均值和均方根，如果满足要求的话，可进行累加。当累加的数的个数满足我们要求的 DYNAMIC_LENGTH 时，就可以求出动态 P_0 了。

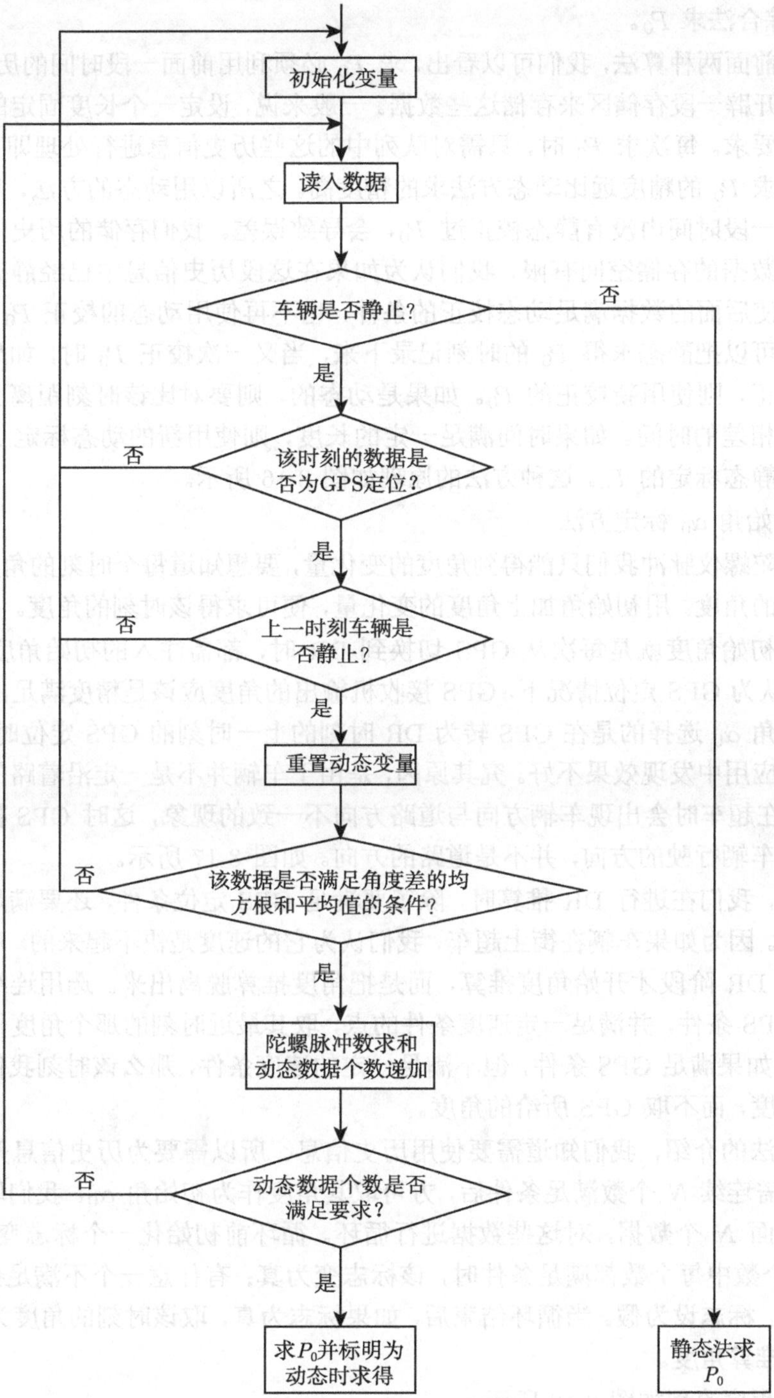
初始化变量
读入数据
车辆是否静止?
否
是
该时刻的数据是否为GPS定位?
否
是
上一时刻车辆是否静止?
否
是
重置动态变量
该数据是否满足角度差的均方根和平均值的条件?
否
是
陀螺脉冲数求和
动态数据个数递加
动态数据个数是否满足要求?
否
是
求P_0并标明为动态时求得
静态法求P_0

图 8-15　动态法求 P_0

(3) 综合法求 P_0。

通过前面两种算法，我们可以看出，求 P_0 必须利用前面一段时间的历史信息。所以必须开辟一段存储区来存储这些数据。一般来说，设定一个长度固定的队列就可以满足要求。每次求 P_0 时，只需对队列中的这些历史信息进行处理即可。我们知道静态求 P_0 的精度远比动态方法求的精度高。之所以用动态的方法，是为了避免在很长一段时间内没有静态校正过 P_0，会导致误差。我们存储的历史信息这段时间由于数据的存储空间有限，我们认为如果在这段历史信息中已经静态校正过 P_0，则即使后面的数据满足动态校正的条件，也不再使用动态的校正 P_0 方法了。我们甚至可以把静态求得 P_0 的时刻记录下来，当又一次校正 P_0 时，如果此时刻为静态校正，则使用新校正的 P_0。如果是动态的，则要对比该时刻距离上时刻的静态标定相差的时间。如果时间满足一定的长度，则使用新的动态标定 P_0，否则继续使用静态标定的 P_0。这种方法的原理如图 8-16 所示。

2) 初始角 α_0 标定方法

通过陀螺仪脉冲我们只能得到角度的变化量，要想知道每个时刻的角度，还需知道初始的角度。用初始角加上角度的变化量，便可求得该时刻的角度。

这个初始角度就是每次从 GPS 切换到 DR 时，都需注入的初始角度 α_0。一般来说，认为 GPS 定位情况下，GPS 接收机输出的角度应该是精度满足的。所以，一般初始角 α_0 选择的是在 GPS 转为 DR 时刻的上一时刻的 GPS 定位时的角度。但在实际应用中发现效果不好。究其原因，是由于车辆并不是一定沿着路的方向行驶，比如在超车时会出现车辆方向与道路方向不一致的现象，这时 GPS 提供的只是该时刻车辆行驶的方向，并不是道路的方向。如图 8-17 所示。

为此，我们在进行 DR 推算时，除了要满足 GPS 定位条件，还要满足一定的速度条件。因为如果车辆在街上超车，我们认为它的速度是快不起来的。所以我们并不是到 DR 阶段才开始角度推算，而是把角度推算脱离出来。选用连续几个除了满足 GPS 条件，并满足一定速度条件的点，取其最近时刻的那个角度作为初始角度 α_0。如果满足 GPS 条件，但不满足一定的速度条件，那么该时刻我们仍然需要推算角度，而不取 GPS 所给的角度。

由算法的介绍，我们知道需要使用历史信息。所以需要为历史信息开辟存储区。假定需连续 N 个数满足条件后，方可取其角度作为初始角 α_0。我们取包括该时刻的前面 N 个数据，对这些数据进行循环。循环前初始化一个标志变量为假。当这 N 个数中每个数都满足条件时，该标志变为真；有任意一个不满足条件，都跳出循环，标志设为假。当循环结束后，如果标志为真，取该时刻的角度为 α_0；反之，继续推算角度。

整个程序流程如图 8-18 所示。

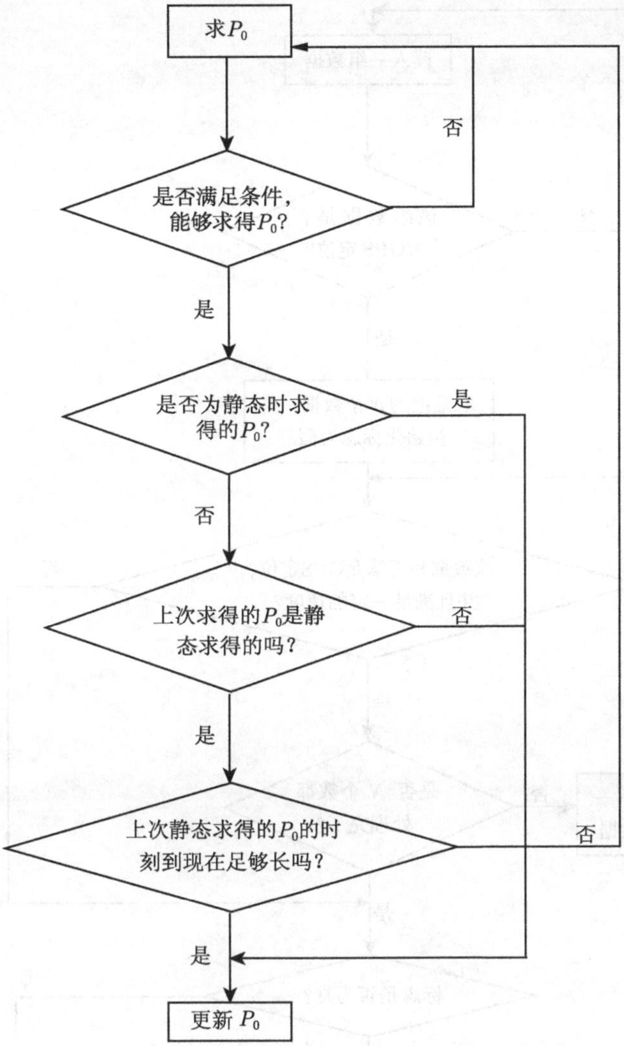

图 8-16　静态和动态综合求 P_0

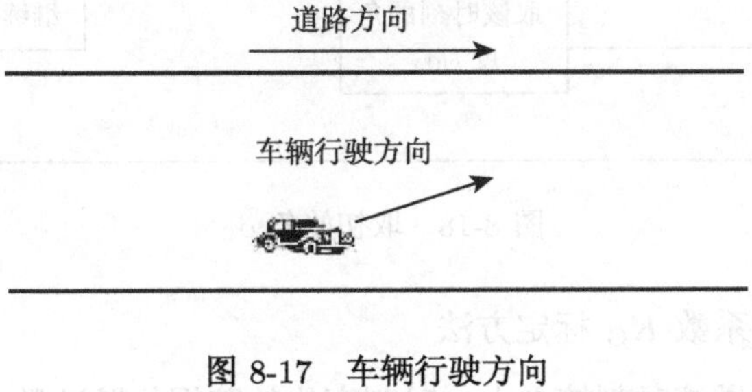

图 8-17　车辆行驶方向

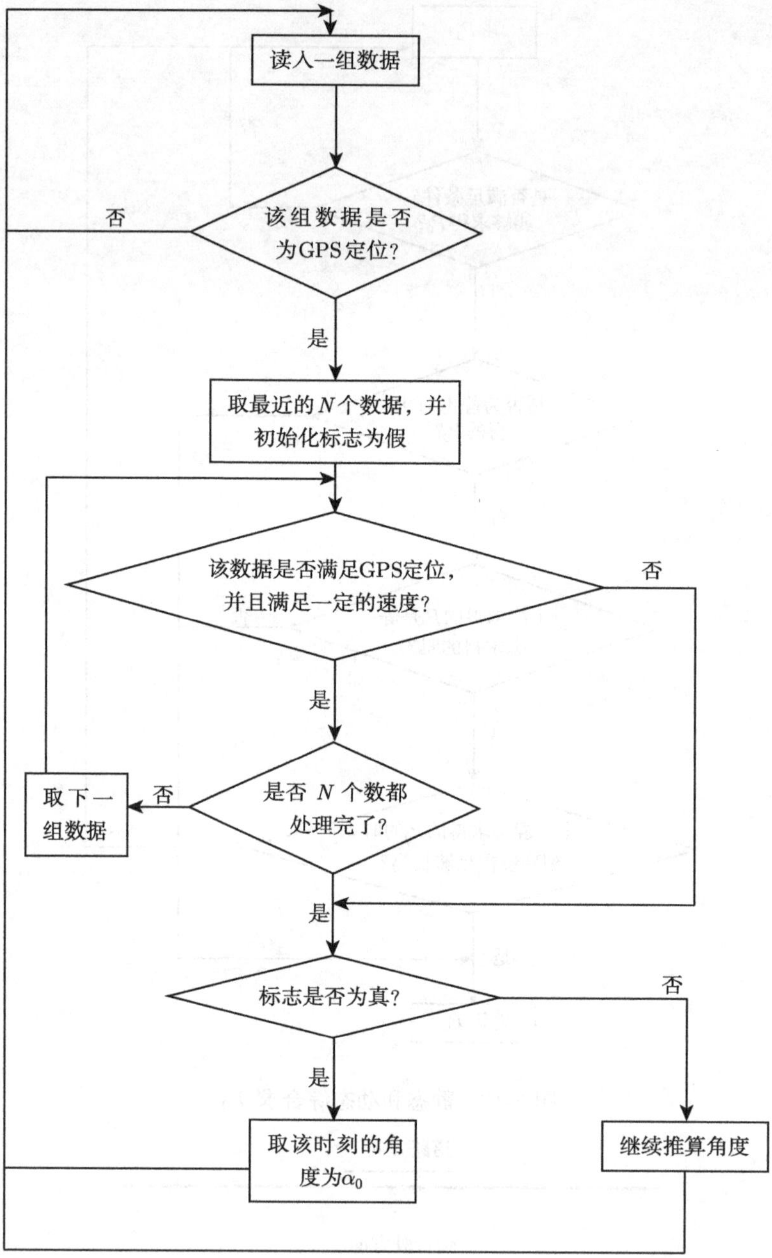

图 8-18　取初始角 α_0

3) 陀螺仪脉冲系数 K_G 标定方法

由 P_0，只能知道该时刻较之上一时刻变化的陀螺仪脉冲数，即 $P-P_0$。要想把陀螺仪脉冲数转化为真正的角度，需要系数 K_G。K_G 表征的便是陀螺仪脉冲和实际角度之间关系的参数。

同 P_0 一样，每个陀螺仪的 K_G 也是不同的。K_G 也是会受温度等外部条件的影响。性能好的陀螺仪 (如光纤陀螺)K_G 参数受温度影响很小。把陀螺仪放在 0℃的条件下，等冷却后，再置于大约 10℃的环境下，每隔 5min 测一次 K_G，试验结果如图 8-19 所示。

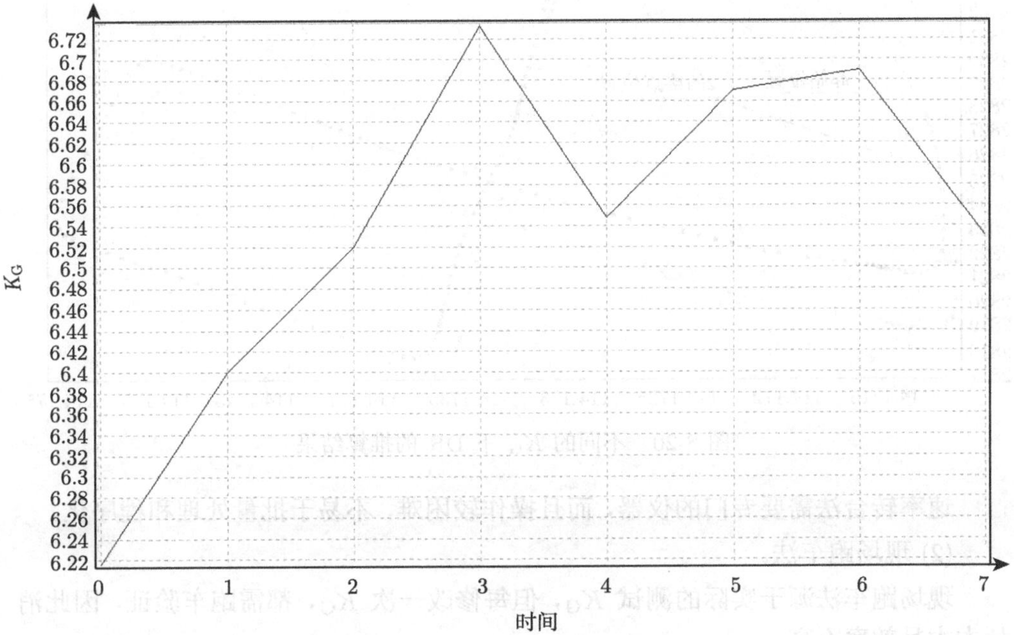

图 8-19　K_G 随温度变化曲线图

由于受试验环境、试验设备的影响，以上结果 (图 8-19) 并不能完全说明 K_G 跟温度之间的关系。

测试 K_G 可选用一闭合方块图形，调整 K_G，直到达到和已知图形吻合为止。

如图 8-20 所示，2 的 K_G 明显比 1 的准确，更能重合这个封闭图形。

但在实际的工程中，不可能每一个陀螺都使用人工的方法对其进行测试 K_G，也不可能每次都通过自己改动 K_G 一次次地画图拟合。这样既耗费时间，也浪费人力物力。因此需要一种智能化、机械化的方法。下面介绍几种求 K_G 的方法。

(1) 速率转台法。

由式 (8-3)，可知角度的变化量为 $K_G(P-P_0)$，那么我们转动一个固定的角度 (如 90°)，然后根据这段时间内累计的陀螺仪脉冲变化值 $P-P_0$ 即可求出 K_G。转台法就是利用这个原理，通过已标明刻度的转台可以得到转动的固定角度，而

$P-P_0$ 的累加和可通过程序得到。这样就可以求出 K_G 值。

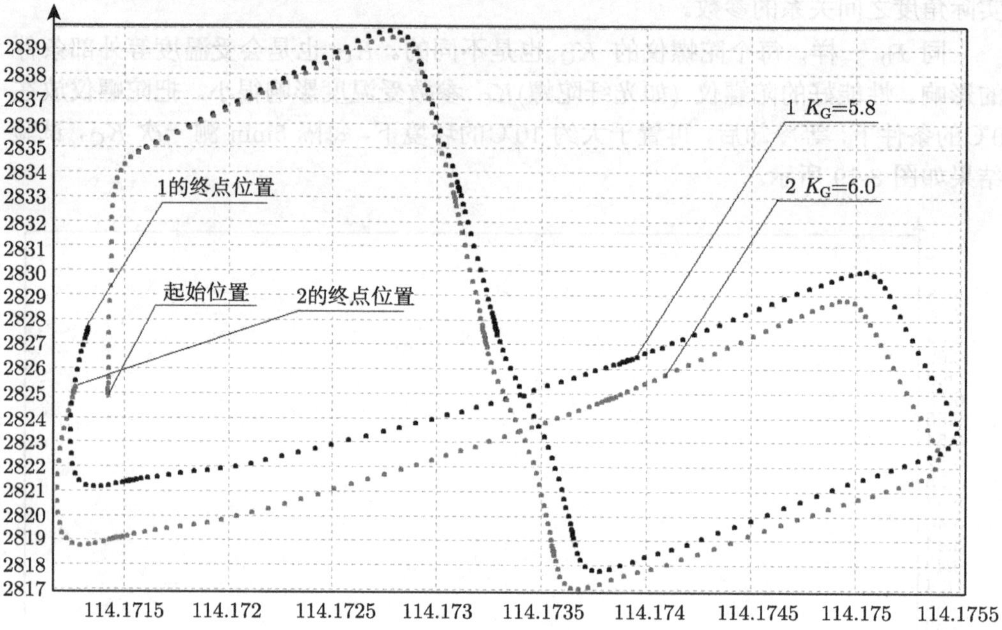

图 8-20　不同的 K_G 下 DR 的推算结果

速率转台法需要专门的仪器，而且操作较困难，不易于批量处理和程序化。

(2) 现场跑车法。

现场跑车法源于实际的测试 K_G，但每修改一次 K_G，都需跑车验证，因此消耗太大且效率不高。

因此我们改进算法，使得不需要每次都通过自己反复作图，通过看图来比较 K_G 选择的优劣。方法如下：

第一步：仍然使车辆行驶一个封闭曲线，记录下这段时间的数据。

要求在开车前和停车后都需要静止一段时间，并且在整个过程中，拔除 GPS 信号线，使其不能收到 GPS 信号，完全处于 DR 状态。

第二步：读文件。

通过读文件，可以记录下开车前的位置和停车后的位置。然后用默认的 K_G，从开车前一直推算到停车后推算结束后，根据判断方法的不同，又可细分为距离逼近法和角度逼近法。如用推算结束的最终位置和初始的位置进行比较，则为距离逼近法；如用推算结束的最终角度和初始的角度进行比较，则为角度逼近法。如果两者之间的误差满足我们的要求，则接受这个 K_G。否则，转第三步。

第三步：调整 K_G。

如果这是第一次调整 K_G，那么记录下这个时刻的误差，给 K_G 增大一个步长。如果不是第一次，那么把这一次的误差和上一次的误差进行比较。如果小于上一次的误差，那么记录下这个时刻的 K_G，并且继续这个方向 (即原来增大了 K_G，现在继续增大 K_G，如原来减小，则仍减小) 进行 K_G 的变化。否则，转变一个方向对原来的 K_G 进行变化。把转变后的 K_G 重复第二步。

直到最终结果满足我们的要求。用这种方法只要步长足够小，便能得到满意的结果。步长太大，可能无解。正因为步长十分的小，所以这种算法的效率并不是很高。

在实际的工程中，不能仅凭一次的结果就确定 K_G 的值，需要多次取平均值。因此算法也需作相应的改变。首先，车辆不能只行驶一圈，需要行驶多圈。而且为了进行推算的时候能够辨别每一圈，停车的时间需足够长，以便能够和遇到红灯等待区分开来。其次，跑车结束后，处理数据时，需把数据按每圈进行分离。再把每圈的数据按照前面所述的方法求出每一圈的 K_G。再次，求这些 K_G 的均方根，如果均方根满足一定的要求，则把这些 K_G 的平均值作为最终的结果。如果不满足要求，则弹出对话框，提示用户再一次进行跑车标定。最后，把每一圈的 K_G 形成一个文件，作为资料。

这个算法能够充分满足用户的要求。但也有其本身的缺陷，首先，如果在使用中停车时间没有足够长，则停车和遇红灯区分很困难，容易出错。其次，如果任意一组数据求 K_G 无解，程序将进入死循环。

(3) 模拟法。

模拟法即来源于角度逼近法，因为角度逼近法不需要距离的推算，故可不接里程脉冲。再经过改变后，便可在实验室内完成。

4) 里程脉冲系数 K_0 标定方法及误差分析

(1) K_0 标定方法。

K_0 表征里程表脉冲和实际距离之间关系的参数。里程计输出里程脉冲，车轮每滚动一定的距离，里程计输出一个里程脉冲。通过对里程脉冲的累加可以计算车辆在这段时间里行驶过的距离，当然也可以计算出车辆行驶的速度。里程脉冲和实际行驶距离间的关系一般表达为线性关系。

K_0 的标定方法有两种：百米法和 DGPS 自动标定法。

①百米法。具体测试可以事先测量好一段路径的实际长度，然后让车辆在这段路径上行驶。把车辆行驶这段路径的里程表脉冲求和，实际距离除以该和便可算出 K_0(表 8-3)。

② DGPS 自动标定法。如前文所述，影响 K_0 的因素很多。尤其在车辆行驶过程中，随着车辆的行驶，车轮温度会升高，气压也会发生变化，这些都会影响 K_0。因此，有必要加入实时标定 K_0 的功能，这样能够很好地在系统实际运行过程中校

正 K_0。

表 8-3 百米法求 K_0 数据

次数	脉冲数	K_0
1	977	0.092118
2	969	0.092879
3	973	0.092497

实时标定 K_0 需要满足以下几个条件，在一段长距离的直路上，并且这段路上能够收到 GPS 信号。那么我们需要判断这条路是否是直路，我们使用一个简单的办法，即每次去一个路段的第一个 GPS 点提供的角度作为初始角度，其后每个时刻的角度都跟这个初始角度进行比较，如果两者之差在满足我们要求的很小的一个空间中，我们就认为这一段路为直路。

整个算法如下：

① 选取第一个 GPS 定位点的角度作为初始角度，初始化两个变量为 0，一个存储走过的实际路程的累加，另一个存储里程脉冲的累加。

② 当收到的数据为 GPS 定位并且该时刻的角度与初始角度的差值满足我们的要求，累加实际路程和里程脉冲。否则，转③。

③ 判断此时的实际路程累加值是不是已经足够的长。如果是，改变 K_0 的值；反之，重新初始化两个变量和初始角度。

我们用 DGPS/DR 定位系统在香港特别行政区进行了大量的实地实验。跑车路线应选择在位于海边的一段直路上，满足收星状况良好，并且路的长度大于 1500m。其中，一组自动标定 K_0 的路的轨迹如图 8-21 所示。自动标定法求得的 K_0 和百米法求得的 K_0 比较如表 8-4 所示。由表 8-4 可以看出，在符合要求的地段，自动标定法求 K_0 的精度还是很高的。

(2) K_0 误差分析。

用里程计输出信息计算车辆行驶的距离，其距离误差主要取决于里程表脉冲系数 K_0，影响 K_0 的因素是多方面的。轮胎的充气程度、轮胎的磨损情况、车辆载荷的大小、行驶中轮胎的滑动情况、路面条件、温度高低等都会对其产生影响。这些误差源通过 K_0 反映到里程仪的测量上表现为里程仪的速度测量附加有一个随机噪声。因此为了得到较高的速度测量精度，需要经常对 K_0 进行标定和校正，或者使用其他的测量手段对里程仪的距离测量进行实时的误差补偿。里程仪输出的在一段时间内行驶的距离测量值可以准确地表示为

$$S = K_0 \cdot \text{Odopulse} = S' + \delta_s \tag{8-5}$$

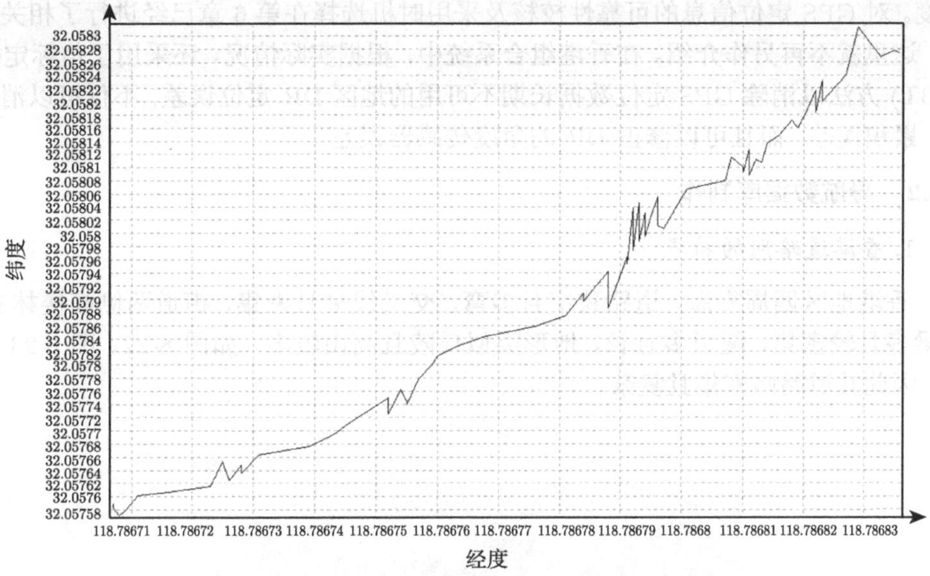

图 8-21 求 K_0 的实际跑车路线

表 8-4 自动标定法和百米法求得 K_0 值比较

K_0 值	自动标定 K_0 法	百米求得 K_0 法
第一次	0.095319	0.092118
第二次	0.089730	0.092879
第三次	0.091642	0.092497
平均值	0.092230	0.092498

式中, S 为距离的真值；Odopulse 为里程仪输出的车辆在一段时间 T 内累积的里程脉冲数；δ_s 为随机误差项，可采用一阶马尔可夫过程来描述 δ_s，即

$$\dot{\delta_s} = -\tau_{\delta_s}.\delta_s + \omega_{\delta_s} \tag{8-6}$$

式中，ω_{δ_s} 为均值为零、方差为 q_0^2 的 Gauss 白噪声；$i\tau_{\delta_s}$ 是相关时间常数的倒数。

因此每辆车的 K_0 是不同的，就是同一辆车在跑车过程中，上述因素的改变也会对 K_0 有影响。实际应用过程中这种影响在和 GPS 和 MM 综合后就可以忽略不计。

2. DR 累积误差的修正

DR 系统的位置推算是一个累积的过程，由于 DR 系统的角度传感器和里程传感器不可避免地存在误差，故其推算误差会随着时间而积累。当 DR 系统工作一段时间后，推算误差可达到难以容忍的程度。在 GPS/DR 组合导航系统中，当 GPS 能接收到较好的信号，通过校核方法确定 GPS 位置信息是可靠的时候，就可以直接利用 GPS 定位信息对 DR 系统的累积误差进行消除修正，提高整个系统的定位精度。对 GPS 定位信息的可靠性校核及采用时机选择在第 6 章已经进行了相关讨论，这里就不再另作介绍。在香港组合系统中，根据实际情况，还采用了信标定位 (DBT) 方法以消除 GPS 定位数据长期不可用的地区 DR 定位误差，不仅可以消除 DR 累积误差，而且可以修正 DR 的角度传感器误差。

8.3.2 导航数据库制作

1. 香港道路网的特点

香港地区四周靠海，道路狭窄且多弯，交叉线多且密集，街道两侧高楼林立，桥梁多且较密集，隧道多且长，地形类似丘陵且高山较多，如图 8-22、图 8-23 所示，因此其道路网密集且复杂。

图 8-22 香港车辆导航试验地 —— 湾仔俯视图

图 8-23 香港车辆导航试验地 —— 湾仔现场图

2. 香港地区导航数据库的制作

考虑到成本性和工程性，香港道路 GIS 的数据源由专业 GIS 公司提供，由于其提供的道路 GIS 数据不能满足面对地图匹配的导航 GIS 数据库的要求，需采用专用工具转换成 dxf 格式文件后进行道路网络的简化编辑，最后通过东南大学自行研制的导航数据库生成专用软件 DDCS 来生成面对地图匹配的导航 GIS 数据库。

DDCS 还有地图矢量化、道路跟踪、道路网络自动生成和校正、属性添加修改、地图匹配、最优路径规划等诸多功能，其主界面如图 8-24 所示。

图 8-24　制作导航电子地图软件的主界面

在制作导航数据库时，需要注意的是：

(1) 如果没有道路路心线信息，可以在 AutoCAD 等软件中人工添加，也可以采用 DDCS 本身具备的路心线提取功能提取；

(2) 对已经具备路心线的数字地图，可以输出为 dxf 格式，DDCS 具备第 4 章的路网拓扑自动生成算法，可以自动生成路段和节点的编号，并自动生成拓扑关系数据；

(3)DDCS 可以输出支持 R 树或者网格索引的路网及兴趣点数据库，为了加快空间地物的检索速度，系统同时支持基于 Hash 索引的地物快速检索。

对单行线和拐弯限制的区域，DDCS 支持自动批处理：

(1) 将双向路段变成单行线；

(2) 将单行线自动修正为双向线段；

(3) 设置行驶方向。

8.4 GPS/DR/MM 组合定位技术在香港的测试与应用

8.4.1 概述

香港消防处第三代车辆调派系统对 GPS/DR/MM 组合定位模块性能要求如下：在香港特别行政区全地域道路上，在连续 15min 无 GPS 信号 (或不准确的 GPS 信号) 时，车辆定位的误差 <20m，车辆行驶 1km 后回到原点的位置误差< 5m。

实现上述功能，东南大学研制的 GPS/DR/MM 组合定位系统的基本功能系统、原型系统开发、实地及仿真验证、工程化生产及系统在香港消防处第三代车辆调派系统 (3rd AVLS) 中正式部署，大致经过了基本功能系统开发、原型系统开发实地及 “虚拟跑车” 测试、工程化生产部署与日常应用等阶段。

1) 基本功能系统开发

该系统在香港特别行政区实验验证之前，将基本功能系统开发的工作放在南京、常熟和成都等城市。

第一阶段：利用自主软件在 dxf 格式地图基础上，自动得到了道路路心线及其道路网络拓扑数据，并采用自定义格式生成了道路网络数据库及其 R 树索引、道路及节点的 Hash 索引，从而确保了可以快速检索任意位置周围的道路、节点等信息，确保可以依据道路 ID、节点 ID 快速检索出相应的路网信息。

第二阶段：依据前述地图数据格式开发地图引擎，逐个开发 GPD/DR，GPS/MM，DR/MM，GPS/DR/MM 等不同组合形式定位算法。

第三阶段：派专人在南京、常熟、成都等地实地考察寻找和香港地区比较接近的道路网络密集、具有不同地理特征的区域作为测试区域，采用实地跑车的方法对上述算法进行验证。

第四阶段：不断迭代前述过程，直至算法稳定。

第五阶段：验证地图匹配算法对陀螺仪及里程计标定及实时修正算法，通过实验寻找到影响系统的因素，改进。

第六阶段：不断迭代前述过程，直至基本算法稳定。

图 8-25 为作者开发的第一代 GPS/DR 车辆组合定位系统，在系统中 GPS 和陀螺仪尚处于物理分离阶段，系统运行在单片机上。图 8-26 是配备了 GPS/DR 组合定位系统的测试三轮车，其中陀螺仪为定位提供角速率信息，和后车轮转轴焊接在一起的软轴和感光模块连接一起 (图 8-27)，后者通过将转动导致的光通变化转化为脉冲信号从而实现移动距离的车辆，也就说陀螺仪和软轴/光通变化检测系统共同构成复制推算的 DR 系统。

上述 GPS/DR 组合系统及三轮车测试车辆使我们实现了 GPS/DR 的初次组合定位，并能在校园内低速运行载体上进行算法研究和验证。

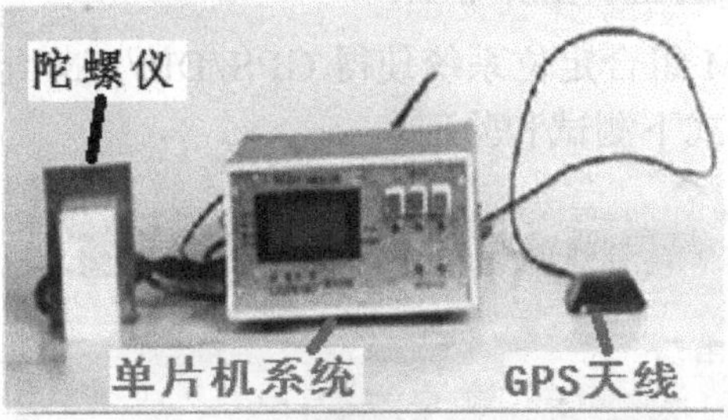

图 8-25 东南大学第一代车辆组合定位系统 (GPS/DR 组合)

图 8-26 配备了东南大学第一代车辆组合定位系统的三轮车

图 8-27 东南大学开发的第一代车辆组合定位系统中的里程计模块

图 8-28 为作者开发的第二代 GPS/DR 车辆组合定位系统。图 8-29 是第二代 GPS/DR 车辆组合定位系统的拆解图。可以看到，在本系统中 GPS 和 DR 模块已经被集成到一个硬件内部，系统运行在单片机上。系统工作时，低成本陀螺仪提供角速率信息，而历程信息的计算直接利用了车辆提供的脉冲信号，GPS/DR/MM 组合定位算法运行在 PC 端，系统和 GPS/DR 模块之间通过串口交互。图 8-30 是

本研究团队研究车辆组合定位技术专门配备的 GPS/DR/MM 测试车，图 8-31 是测试车的内部布局图，其中 GPS/DR/MM 组合位置计算在笔记本电脑上执行，其定位结果最终通过投影仪显示在屏幕上。

上述 GPS/DR/MM 组合定位系统使得 GPS/DR/MM 组合定位算法能够在真实路况下、真实驾驶模式下测试和验证。

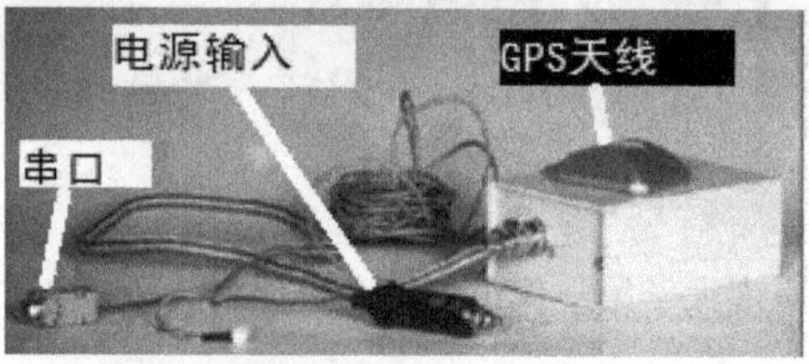

图 8-28　东南大学开发的第二代车辆组合定位系统

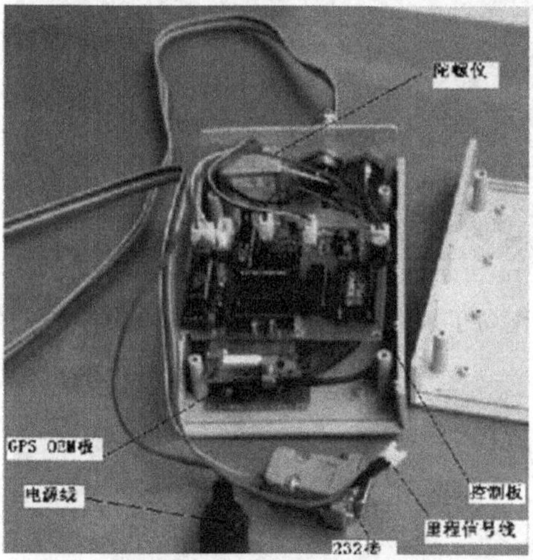

图 8-29　东南大学开发的第二代车辆组合定位系统拆解图

图 8-30　配备了东南大学第二代车辆组合定位系统的测试车

图 8-31　配备了东南大学第二代车辆组合定位系统的测试车内部图

2) 原型系统开发实地及“虚拟跑车”测试

由于历史原因、经济发展水平及地理自然条件的差别，香港特别行政区的很多交通路况在其他城市很难找到，可以说很多情形的测试在别的城市是无法实现的，因此原型系统的开发过程和其他系统开发差异明显：

第一阶段：将利用国内城市道路网络开发和验证的 GPS/DR/MM 组合定位基本系统在香港特别行政区进行大量的跑车实验，采集传感器原始数据，存储成自定义原始定位数据文件。

第二阶段：修改前述 GPS/DR/MM 组合定位基本系统，增加“组合定位结果实时存储模块”、“轨迹回放模块”、“虚拟跑车模块”，利用历史原始定位数据和虚拟跑车模块实现了在香港市内甚至是南京市内“足不出户”的香港路网“虚拟跑车”验证，通过在市内对比原始定位轨迹和虚拟跑车轨迹，极大降低了算法验证的代价和复杂性。

第三阶段：在第二阶段实地和虚拟跑车验证的基础上优化算法，采用虚拟和实地跑车相结合的方法继续验证及优化算法，探索不同道路形式、不同卫星星况、不同时间、不同道路周围地物、不同温度、不同车辆驾驶模式等多种因素对 GPS/DR/MM 组合定位结果的影响，修正和完善组合定位及传感器及系统参数实时修正算法。

第四阶段：对于单纯依赖 GPS/DR/MM 组合定位算法难以实现理想定位效果的情况，考虑在路网模型上做一定的修正，如提出的道路路口线性角变模型和虚拟节点模型，较好地解决了路口匹配混淆及多车道路网支持多假设地图匹配过于复杂的问题。

第五阶段：迭代上述过程，完善改进系统。

图 8-32 是我们为香港消防处第三代车辆调派系统研制的 GPS/DR 组合定位模块，系统工业级设计、满足 IP65 工业三防标准，支持输出：① GPS 原始观测值；② GPS 定位结果；③ DR 对应陀螺仪和里程计原始观测值；④ GPS/DR 组合定

位结果。GPS/DR/MM 组合定位算法运行于笔记本电脑端 (图 8-33)，为了提高系统的鲁棒性，所有对 DR 系统传感器参数的标定和校正、DR 系统参数的校正均只存储在 PC 端，而并不直接修改 GPS/DR 组合模块。

图 8-32　香港消防处定制的 GPS/DR 组合定位模块

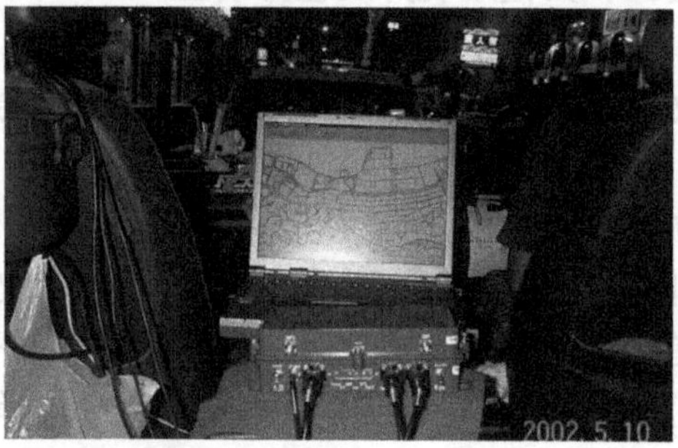

图 8-33　Wanchai 地区的小规模 GPS/DR/MM 定位实验车内情况

8.4.2　小规模 GPS/DR/MM 定位实验

图 8-34 是一个在城市致密路段进行车辆导航定位测试的现场环境图。该次测试的实验时间：2001 年 1 月 30 日下午 14:23:42 到 14:49:44，共计约 26min；实验地点：香港湾仔区核心地段。实验区街道南北两条相邻街道约 35~40 m 宽；主要测试街道：告示大道，杜老志道，轩尼诗道，分域街，谢斐道，军械厂路等。由于 GPS 很难在该区域定位，所以采用了手工输入 (鼠标选取或者键盘输入) 大致初始位置和车辆行驶方向的方法。

图 8-35 是定位实验结果对比图，其中三角形点是原始定位结果，而圆点轨迹是 GPS/DR/MM 组合定位结果。从实验结果可以看出，尽管 DR 系统存在累积误差，并且这种误差因时间增加而增加，但是地图匹配可以不断修正这种偏差，从而实现持续稳定的导航。此外，由于算法考虑了可能存在的误配和失配 (数字地图少

路或者误差太大)，只有当匹配的置信系数达到某个数值时才启用校正算法，基于 DR 系统在短时间的误差很小，因此系统可以实现持续稳定的导航，并且允许失配的发生。

图 8-34　Wanchai 地区的小规模 GPS/DR/MM 定位实验现场环境图

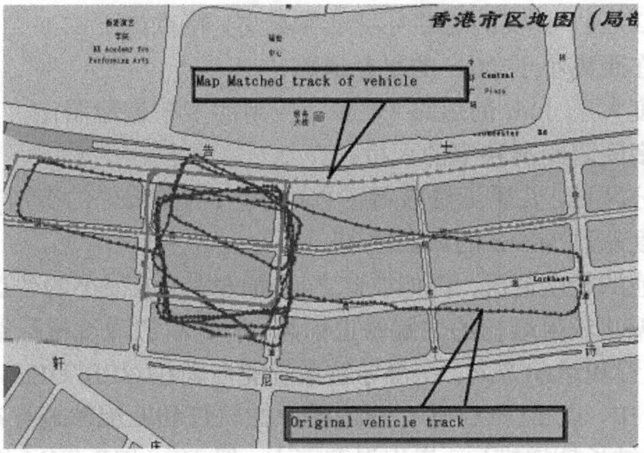

图 8-35　Wanchai 核心区小范围 GPS/DR/MM 定位实验对比图

实验结果表明，在街道距离接近 30m 的情况下，即使原始定位信息位置误差大于 60m、方向角误差大于 25°，本 GPS/DR/MM 系统仍旧保持着可靠稳健的定位能力，在基本无 GPS 定位信号、实验时间长达 25min 的情况下，匹配后的定位误差始终小于 15m。

8.4.3　较大规模 GPS/DR/MM 定位实验

为了评估、改进 GPS/DR/MM 组合定位算法，我们在香港做了大量的车辆测试，确保其适应各种不同地理环境、不同工作温度、不同工作时间、不同驾驶风格等多种情况。

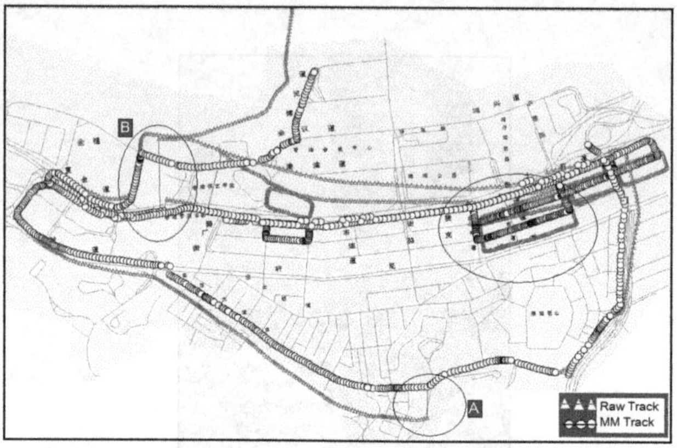

图 8-36　香港岛较大范围车辆组合定位实验结果图

图 8-36 展示了我们在香港岛做的某次较大范围的车辆导航测试实验图。此次测试的时间为 14:14 ~14:47，共计约 33min。在该测试区域，东西距离约为 2500m，南北距离约为 1200m。真实的道路环境非常典型，特点如下：

(1) 普遍存在距离小于 30m 的平行道路；

(2) 一条宽度大于 40m 的道路 (地图中应用的多车道地图)；

(3) 存在较多间隔距离狭窄的天桥；

(4) 在大部分区域，几乎无法获得 GPS 校正 (例如湾仔的街道)；

(5) 存在长度超过 800m 的弯曲路段；

(6) 存在其他的极端情况，例如彼此之间航向角差值很小的备选道路，等等。

同样 GPS 无法获得最初的位置修正信息，所以我们通过鼠标输入人工地设置了最初的车辆位置和运动方向，使得导航系统能自动在 GPS/DR/MM 的综合模型中工作。图 8-36 中，点 A 和点 B 上对应的原始轨迹和匹配轨迹存在较大误差，原因是 DR 系统经过长期递推后，累积误差较大，但 GPS/DR/MM 组合定位技术仍旧能提供比较可靠的定位结果。

图 8-37 和图 8-38 是该次测试过程中车辆路过致密路段执行 U-turn 时的 GPS/DR/MM 组合定位结果的放大图，图中每个街区宽度约为 30m 或者更小，大部分情况下由于 GPS 无法定位，系统实际工作在 DR/MM 组合定位模式，由于累积误差等因素，可以看到原始定位结果的累积误差有时超过了 60m，但系统仍旧提供了稳健的定位结果。图中，车辆执行了两个 U-turn，第一个被测量的 U-turn 是从 B 行走到 V，然后到 F‴，其实际定位结果应该在 B′，V′，和 F′；第二个被测量的 U-turn 穿越了点 F‴，V″ 以及 F，其对应实际点为：F′，V′ 及 F′。由图可以看出，

车辆执行 U-turn 原始轨迹和道路网络形状存在很大的差异，但 GPS/DR/MM 组合定位算法可以很好地将原始轨迹匹配到数字地图道路网络上。

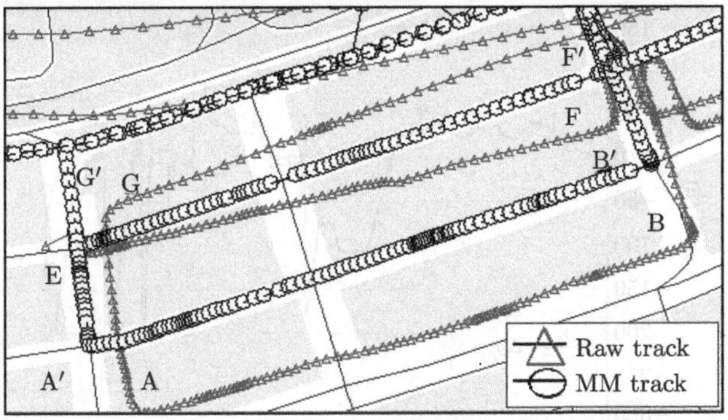

图 8-37　GPS/DR/MM 在致密路网中的定位性能

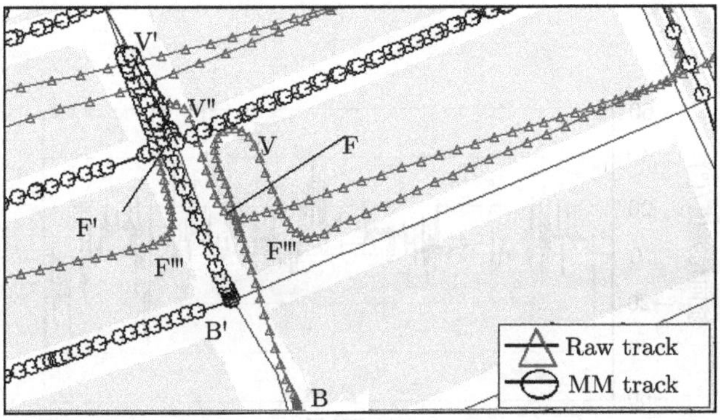

图 8-38　U-turn 时的 GPS/DR/MM 组合定位结果 (放大图)

图 8-39 是 GPS/DR 组合定位原始轨迹和 GPS/DR/MM 组合定位轨迹对比图。在整个定位测试过程中，由于 GPS 遮挡以及 DR 系统参数误差和累积误差等原因，原始定位结果最大误差有时甚至超过 200m，即使在这种情况下，系统在致密道路网络中仍旧能准确匹配。图 8-39 中，可以发现原始轨迹和组合定位结果存在误差的跳变，在 x 或者 y 空间，其主要原因包括：① GPS 突然恢复了定位能力；②地图匹配不确定性很小，所以 DR 系统被直接修正了；③其余可能的原因还包括历史信息误配得到修正。

图 8-40 反映了车辆原始测量航向角和 GPS/DR/MM 组合定位后计算出航向角的差值与时间的变化曲线。图中同样存在误差值的跳变，经过仔细分析，我们发现这种跳变可能是如下因素造成的：①GPS 恢复测速定位能力；②地图匹配不确定性非常小的情况下直接修正 DR 系统；③地图匹配从误配中恢复出来。实际上，还

有一个很重要的因素是道路网络模型不能很好地表达车辆的实际航向角信息，具体参考第 6 章。

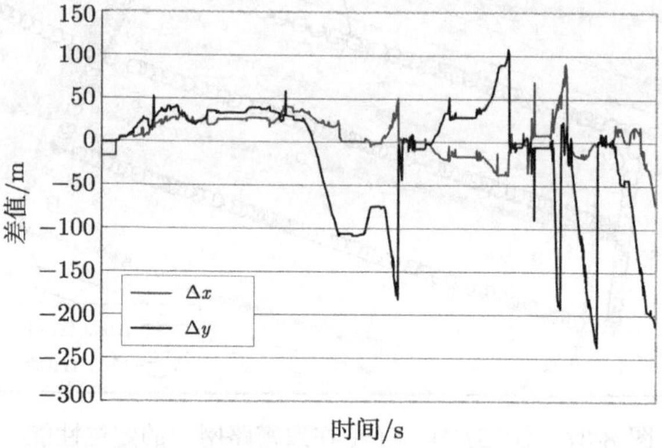

图 8-39　原始轨迹和 GPS/DR/MM 组合定位轨迹的位置差值

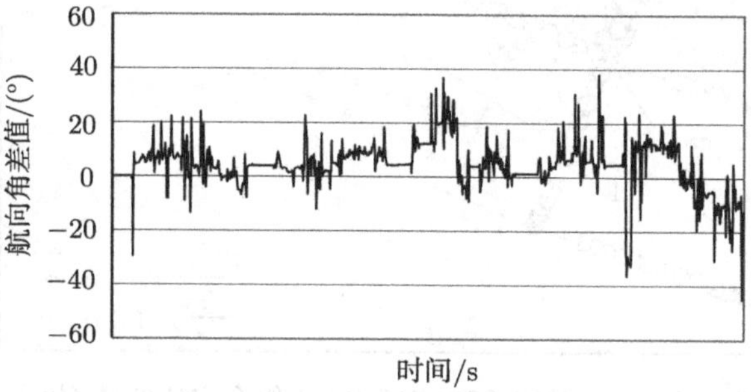

图 8-40　原始航向角和 GPS/DR/MM 组合定位后航向角的差值

图 8-41 是实验中车辆路过曲线路段的实验结果放大图，由第 5 章地图匹配基本理论分析我们知道，车辆如果长时间行驶在直线道路或者变化平缓的曲线道路上，由于无法修正切线方向的误差，可能导致定位系统因为误差过大而丧失定位能力。而实际实验可以看到，图 8-41 中，原始定位曲线轨迹 H-I-J-K-M-N-O 被成功匹配到实际轨迹 H′-I-J′-K′-M′-N′-O′，其中原始定位轨迹在 K′ 点发生跳变，那是因为 GPS 恢复了定位能力直接修正 GPS/DR 系统造成的。同样，原始定位曲线 H-L-M-Q-R 被成功匹配到实际轨迹 H′-L′-M′-Q′-R′，原始定位轨迹在 L 处存在跳变的原因同前。

从实验结果可以看出，尽管 DR 误差因时间增加而增加，但是地图匹配可以不断修正这种偏差。整个实验过程中，车辆行驶在多种形式的道路情形下（稠密路段，立交, 曲线路段)，本系统始终保持稳健的定位功能。

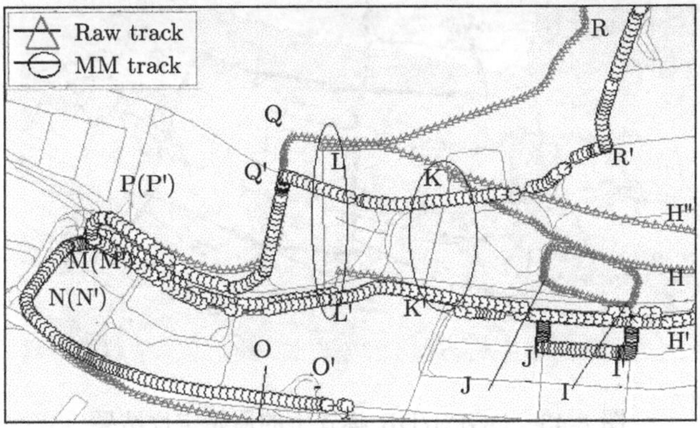

图 8-41 曲线路段的 GPS/DR/MM 组合定位性能

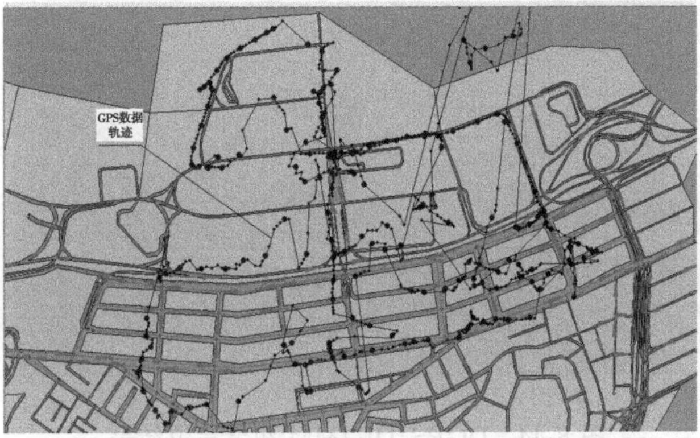

图 8-42 在致密路段的 DGPS 原始定位结果

在系统开发和测试中，我们做了大量中等范围各种路况下的定位实验。图 8-42, 图 8-43 和图 8-44 是另外一次典型的中等范围定位结果，在本次实验中，首次采用更高精度的 DGPS 技术。其中图 8-42 是单纯 DGPS 模式的定位结果，由于 DGPS 能够定位的前提是 GPS 本身能够单独定位，因此在 GPS 无法定位的区域，DGPS 无法提供定位结果，图中的面目全非的原始定位结果让我们看到，DGPS 是无法解决城市定位难题的。图 8-43 是 DGPS/DR 模式下的定位结果，可以看到 DGPS/DR 技术能让我看出车辆的大致行驶模式，但由于 DR 系统先天算法缺陷和参数误差，它不能保持长时间定位，可以看到系统误差到后来已经接近 2 个街区的宽度 (为 50~60m)。图 8-44 给出了 DGPS/DR/MM 组合定位结果，可以看到我们的系统可以很好地解决受遮挡致密路段区域的定位问题。

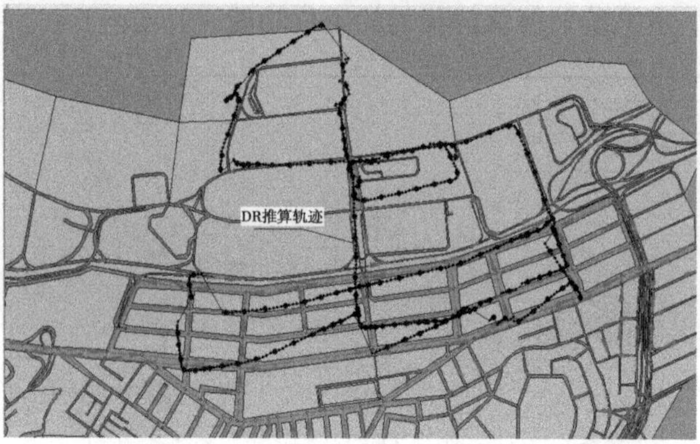

图 8-43　DGPS/DR 模式下的原始定位结果

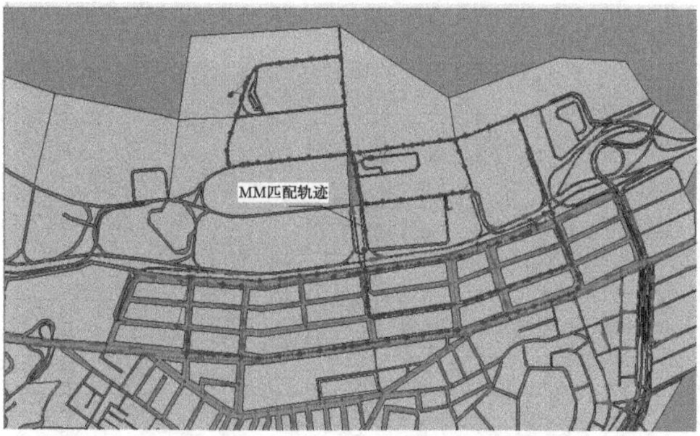

图 8-44　DGPS/DR/MM 组合定位结果

8.4.4　部署及日常应用

作者在香港街区进行了上万公里的跑车实验，近半年的实地跑车和虚拟仿真跑车实验，优化了系统的器件选型、硬件设计、软件架构、算法模型、系统参数，为实用化的 GPS/DR/MM 车辆组合定位系统奠定了理论和实验基础，并被逐渐配备到消防处消防车上。图 8-45 是配备了 GPS/DR/MM 组合定位模块的香港消防处大型消防车实物图，图 8-46 是配备了 GPS/DR/MM 组合定位模块的香港消防处消防摩托车。

目前，不断改进的模型和算法已成功应用到香港特别行政区第三代车辆调派系统近 800 多辆消防车上，并服务于其日常消防工作。

图 8-45　配备 GPS/DR/MM 组合定位系统的香港消防处大型消防车

图 8-46　配备 GPS/DR/MM 组合定位系统的香港消防处摩托车

索　引